WESTEND

Sabine Kuegler

# Ich schwimme nicht mehr da, wo die Krokodile sind

Unter Mitarbeit von
Katja Suding

WESTEND

Mehr über unsere Autoren und Bücher:
www.westendverlag.de

Die Deutsche Nationalbibliothek verzeichnet diese Publikation in der Deutschen Nationalbibliografie; detaillierte bibliografische Daten sind im Internet über http://dnb.d-nb.de abrufbar.



FSC
www.fsc.org
MIX
Papier | Fördert gute Waldnutzung
FSC® C014889

ISBN: 978-3-86489-427-5
2. Auflage 2023

Umschlaggestaltung: Buchgut, Berlin
Covermotiv: © Philipp von Hessen
Autorinnenfoto: © Monika Albers
Satz: Publikations Atelier, Weiterstadt
Druck und Bindung: Friedrich Pustet GmbH & Co. KG, Regensburg
Printed in Germany

# Inhalt

Allgemeiner Hinweis:
Die Namen einiger Personen im Buch wurden geändert.

*Für Micky*

# Prolog

## *Nomansland, Papua-Neuguinea, 2016*

Mit einem Ruck fuhr ich hoch. Ich schwitzte stark und mir war schrecklich übel. In meinem Kopf drehte sich alles rasend schnell. Ich kroch an den Rand der Holzplattform, die wie in vielen Gegenden Papua-Neuguineas vor dem Haus stand, und übergab mich. Meine Eingeweide fühlten sich an, als seien sie zu Tausenden engen Knoten gewickelt. Mir war heiß, als stünde ich in Flammen. Ich kroch zurück auf die Matte und legte mich hin. Eine kühle Hand hob meinen Kopf an. Ich fühlte Wasser auf meinen Lippen und hörte eine Stimme, die mir sagte, ich solle trinken. Ich erbrach es sofort. Ich trank wieder, diesmal in kleineren Schlucken. Doch wieder konnte ich nichts bei mir behalten. Ich fiel in einen unruhigen Schlaf und als ich erneut aufwachte, ging es mir noch schlechter.

Die nächsten Tage haben nur Bruchstücke in meinem Gedächtnis hinterlassen. Ich erinnere mich daran, wie ich in die Hütte getragen wurde, an den brennenden Schmerz, der sich in meinem Körper ausbreitete, an die Krämpfe in meinen Muskeln, an die sengende Hitze, die mich schreien ließ. An das Erbrechen von Blut, das meine Decke rot färbte, an die ständigen, stechenden Kopfschmerzen, die so stark waren, dass ich meinen Kopf auf den Boden schlagen wollte, um den Schmerz zu stillen. Ich fühlte mich wie in der Hölle, bettelte, weinte und schrie um Linderung, bis ich in die Dunkelheit zurückfiel, nur um wieder in die Welt der Lebenden zurückzukehren und der ganze Kreislauf aus Schmerzen, Erbrechen und Schreien von Neuem begann.

Es muss der dritte Tag gewesen sein, als ich mich nicht mehr bewegen konnte. Die Schmerzen waren unerträglich, ich hatte die

Kontrolle über alle Körperfunktionen verloren. Ich schien nur noch eine leere Hülle aus Fleisch und Knochen zu sein. Meine Kleider waren mit Schweiß, Blut und Körperflüssigkeiten getränkt. Als ich aufblickte, sah ich ein bekanntes Gesicht. Micky weinte und ich wusste, dass etwas schiefgegangen war. Anstatt ein Heilmittel zu finden, tötete es mich. Seine Stimme sagte immer wieder: »Es tut mir leid, es tut mir leid.« Im Hintergrund hörte ich Trauergesänge. Der ganze Stamm hatte sich draußen versammelt, um mir die letzte Ehre zu erweisen und meine Seele ins Jenseits zu schicken.

Ich schloss die Augen, wollte weinen, aber es kamen keine Tränen, mein Körper war völlig dehydriert, trotz des Wassers, das mir in die Kehle gezwungen wurde. »Es ist nicht deine Schuld, Micky«, dachte ich, aber ich war zu schwach, um zu sprechen. »Das muss mein Schicksal sein«, war mein einziger Gedanke. Mickys Stimme klang weit weg, die Trauergesänge verklangen, bis ich sie nicht mehr hören konnte. Als ich so dalag, spürte ich plötzlich, wie eine eigenartige Ruhe über mich kam. Ich streckte die Hand aus und ergriff seine. So würde ich wenigstens nicht allein sterben. Das Letzte, was ich sah, waren die Gesichter meiner Kinder. »Es tut mir so leid«, flüsterte ich. Dann wurde alles schwarz.

# Ursprung

Ich lebte einst in einer farbenfrohen und magischen Welt. Es gab kein Gestern oder Morgen, nur eine nie endende Gegenwart. Mein Geist war frei wie die Vögel, die durch den tiefblauen Himmel flogen. Ich kannte keine schlimmen Erinnerungen an die Vergangenheit, keine Gefühle des Versagens oder der Verzweiflung, die mich nachts quälten, keine Zukunftsängste. Vergangenheit und Zukunft existierten für mich nicht. Nur die endlose Gegenwart füllte jeden Augenblick mit der Intensität des Lebens um mich herum. Jeder Atemzug war wie eine sanfte Brise an einem heißen Tag. Alles pulsierte mit Energie, wunderschöne Farbschattierungen ruhten wie der Morgentau auf allem, was in dieser Welt lebte. Die Schönheit der Natur versetzte mich in endloses Staunen, von dem Moment an, wo die Sonne morgens prachtvoll aufging, bis sie abends glühend unterging. Winzige weiße Blumen bedeckten das Unterholz des riesigen Urwalds wie ein weicher weißer Teppich und schufen kleine Oasen des Lichts und der Magie, die mich in ihrer Vollkommenheit faszinierten.

Selbst der Tod machte mich damals nicht traurig. Für mich war klar, nur der physische Körper kehrt in die Erde zurück, während die Seele als endlose Energie des Lichts ihre einzigartige Reise fortsetzt. In warmen Nächten lag ich im Gras und schaute in den sternenübersäten Himmel. Wenn ich lange genug hinschaute und mich auf die winzigen Lichter konzentrierte, streckten sie sich zu mir aus und zogen mich tief in das Universum hinein. Dort hielt ich Ausschau nach den Seelen, die durch den schwarzen Kosmos rasten mit einer Lichtspur im Schlepptau. Ich winkte ihnen zu, wenn sie vorbeiflogen, fragte mich, wohin ihre Reise wohl gehen würde, und wünschte ihnen alles Gute.

Ich konnte mir damals nicht vorstellen, dass sich mein Leben je wirklich ändern würde. Ich war überzeugt, dass es so unbeschwert sein würde wie die weißen Wolken, die an einem sonnigen Tag gemächlich vorbeiziehen. Ich hatte keine Ahnung, was das Leben an unvergleichlichen Erlebnissen für mich bereithalten würde.

Meine Geschichte beginnt an dem Tag, an dem mein Vater das Volk der Fayu entdeckte. Von dem Zeitpunkt an prallten in mir zwei Welten aufeinander. Denn ich trage die Kultur, die Psychologie, die Mentalität und die Spiritualität zweier nicht nur unterschiedlicher, sondern in Teilen auch gegensätzlicher Gesellschaften in mir. Daraus entstand ein innerer Konflikt, der jahrelang in mir tobte. Es fühlte sich an, als würden zwei völlig verschiedene Seiten von mir gegeneinander kämpfen und mich fast zerreißen.

Mein Leben verlief in jeder Hinsicht außergewöhnlich, voll extremer Höhen und Tiefen, gespickt mit unvorstellbaren Abenteuern, abgöttischer Liebe, absoluter Schönheit, schlimmstem Schmerz und erschütternden Tragödien. Die Menschen sind von meiner Vergangenheit fasziniert, doch ich kann ihnen nicht sagen, woher ich komme. Ich bin zwischen zwei Welten gefangen. In einer existiert der Lauf der Zeit nicht, wie wir ihn im Westen kennen, materielle Dinge haben dort keine Bedeutung. In der anderen wird das Leben von der Zeit beherrscht, dort wird jede Sekunde, jede Minute, jede Stunde berechnet und geplant, die materiellen Aspekte des Lebens bestimmen das Schicksal des Menschen.

Trotz meiner Zerrissenheit möchte ich kein anderes Leben führen. Ich hatte eine zauberhafte und wunderschöne Kindheit und Jugend, nie würde ich sie gegen eine westliche Erziehung eintauschen wollen. Es war ein Leben, das perfekt zu mir passte und unendlich schien. Ich habe Dinge gesehen und erlebt, die die allermeisten nur aus Büchern oder Filmen kennen. Doch dieses Leben hat eine Kehrseite, die dunkel und grausam ist.

# Kinderjahre in Nepal

Geboren wurde ich am 25. Dezember 1972 in Patan, Nepal. Meine Eltern, Doris und Klaus-Peter, arbeiteten dort als Sprachwissenschaftler und Missionare mit einem kleinen Stamm, den Danuwari, die in der Terai-Ebene an der Grenze zu Indien lebten. Meine Eltern stammen ursprünglich aus Deutschland, hatten die Annehmlichkeiten der westlichen Zivilisation aufgegeben und waren schon vor meiner Geburt nach Nepal gezogen. Ich habe eine ältere Schwester namens Judith, mein jüngerer Bruder heißt Christian. Wir lebten in dem kleinen Dorf Hatitunga. Unser Haus war ein einfacher Lehmbau mit einem Strohdach, einem Lehmboden und einer Holztür. Ein Baumstamm mit ein paar Kerben diente als Leiter, über die man ein kleines Schlafzimmer und einen schmalen Balkon erreichen konnte. Wenn die Nächte kalt wurden, schliefen wir zusammengekauert im Schlafzimmer, die heißen Nächten verbrachten wir auf dem Balkon. Gekocht wurde auf einem Kerosinherd, gegessen am Boden auf einer geflochtenen Matte. Fließendes Wasser gab es nicht, wir wuschen uns im nahe gelegenen Fluss. Er diente außerdem zum Waschen der Wäsche, und wir holten das Wasser zum Kochen und Trinken daraus. Die meisten unserer Lebensmittel brachten wir aus der nepalesischen Hauptstadt Kathmandu mit, manchmal verkauften uns die Danuwari Gemüse, das sie selbst angebaut hatten. Obwohl das tägliche Leben für meine Eltern eine Herausforderung war, war das Dorf für uns Kinder eine wunderbare Umgebung. Die meiste Zeit verbrachte ich draußen, spielte mit den Kindern aus der Umgebung, hütete Ziegen mit den älteren Kindern oder schwamm im Fluss.

Darüber hinaus habe ich nur wenige Erinnerungen an mein Leben in Hatitunga.

Kurz vor meinem vierten Geburtstag mussten wir als Ausländer aus politischen Gründen das Land sehr plötzlich verlassen. Für meine Eltern, die geplant hatten, auf unbestimmte Zeit in Nepal zu bleiben, war das ein großer Schock. Wir packten unser Hab und Gut zusammen, verabschiedeten uns von den Danuwari und machten uns auf den Weg nach Deutschland – in ein Land, das ich nicht kannte.

Von Anfang an fühlte ich mich fremd in der ungewohnten neuen Umgebung, die meine Eltern ihr Zuhause nannten. Sie meldeten mich im Kindergarten an, ich erinnere mich noch gut an den ersten Tag, an dem meine Mutter mich in einen Raum voller hellhäutiger Kinder brachte, deren Haare noch weißer waren als ihre Haut. Sie wirkten seltsam und fremd auf mich. Ich war verwirrt, dass weder die Kinder noch die Erzieherinnen Englisch, Nepalesisch oder Danuwari verstanden, geschweige denn sprachen. Auf mich wirkten die Kinder sehr aggressiv, das war am schlimmsten für mich. Ich empfand sie als laut und aufdringlich, sie stritten sich um Spielzeug oder darum, wer während der Märchenstunde neben wem sitzen durfte. Einmal verletzte ein Junge einen anderen im Streit schwer mit einer Schere am Kopf. Ungläubig verfolgte ich die chaotische Szene, die sich vor meinen Augen abspielte. Mich hat der Vorfall nachhaltig beeindruckt, in Nepal hatte ich so etwas noch nicht erlebt.

Die Monate gingen ins Land, ich lebte mich ein wenig ein. Doch eines Morgens war ich verschwunden. Meine Eltern suchten überall nach mir, ohne Erfolg. Schließlich verständigten sie die Polizei. Für meine Eltern begannen qualvolle Stunden. Gegen Mittag ging bei der Polizeistation ein Anruf von einer Autobahntankstelle ein. Mobiltelefone gab es damals noch nicht. Gemeldet wurde ein kleines Kind auf einem roten Dreirad, das auf dem Seitenstreifen fuhr. Voller Entschlossenheit fuhr es geradeaus, guckte weder nach rechts und links oder gar nach hinten. Ein Polizeiwagen kam hinter mir zum Stehen und einer der Beamten fragte mich, wohin ich wolle. Ich erzählte ihnen, dass ich auf der Suche nach meinem Zuhause sei, nach meinen Bergen. Obwohl ich schon fast zwei Jahre in Deutschland war, muss ich immer noch furchtbares Heimweh gehabt haben.

Umso glücklicher war ich, als meine Eltern uns einige Wochen später mitteilten, dass sie eine neue Aufgabe bekommen hatten und wir Deutschland bald verlassen würden. Ich war erst fünf Jahre alt, noch zu klein, um zu begreifen, wohin genau wir gehen würden, aber voller Vorfreude bereitete ich mich auf dieses neue Abenteuer vor. Als wir unsere Sachen packten und uns von Familie und Freunden verabschiedeten, ahnte keiner von uns, welch unglaubliches Abenteuer uns bevorstand. Eine Reise, die für mich auf den höchsten Gipfeln der Welt begonnen hatte und uns in tiefes, sumpfiges Gelände führen würde, auf die indonesische Insel Neuguinea im Südpazifik.

In West-Papua erwartete mich eine völlig neue, aufregende Welt. Wir wohnten zunächst in einem kleinen Gästehaus in Abepura, einer Stadt etwa dreißig Autominuten von der Provinzhauptstadt Jayapura entfernt. Ich nahm alles mit großer Begeisterung auf: die neuen Geräusche, Gerüche, die Vegetation und die Menschen. Es dauerte nur ein paar Wochen, bis wir anfingen, uns mit den Kindern in unserer Nachbarschaft anzufreunden und ihre Sprache zu sprechen. In dieser Zeit lernte ich auch eine meiner ersten indonesischen Freundinnen kennen, sie hieß Mari. Ihre Familie wohnte ein paar Straßen weiter, und sie kam fast jeden Tag, um mit mir zu spielen. Durch sie und ihre Familie konnte ich die indonesische Kultur kennenlernen, für mich war sie voller neuer Erfahrungen. Ich war fasziniert von der Art und Weise, wie die Menschen ihren Alltag lebten, wie sie mit Armut, Krankheit und Familienproblemen umgingen, wie sie lachten, liebten oder wie sie trauerten.

Kurz nach unserer Ankunft in Indonesien wurde mein Vater von einer weltweit tätigen Sprachforscher-Organisation gebeten, mit einem damals gerade neu entdeckten Stamm, den Fayu, Kontakt aufzunehmen. Seine Aufgabe sollte darin bestehen, mehr über den unbekannten Stamm herauszufinden, auch und vor allem, welche

Sprache sie sprachen. Über sie war fast nichts bekannt, nicht einmal, wo genau sie zu Hause waren und wie viele sie waren. Nachdem er mit meiner Mutter darüber gesprochen hatte und ihr Einverständnis erhalten hatte, nahm mein Vater den Auftrag an. Das größte Abenteuer unseres Lebens begann.

# Die Fayu

Es war einmal ein großer und blühender Stamm. Sein Gebiet liegt am Ende eines Tals, das manchmal als das »Verlorene Tal« bezeichnet wird. Das Tal ist mehrere Hundert Kilometer lang und von hohen Bergen umgeben, was den Zugang erschwert. Das Gebiet, in dem der Stamm der Fayu lebt, ist von Sümpfen und dichtem Dschungel bedeckt. Tiefe Flüsse durchziehen die Landschaft in diesem isolierten Teil der Insel Neuguinea. Doch wenn eine Gesellschaft völlig isoliert ist, kann sie von innen her zu verfaulen beginnen, wie Wasser in einem Becken, in dem nichts mehr fließt. Ohne Input von außen oder Austausch mit anderen Gesellschaften und Stämmen begannen sie, sich gegeneinander zu wenden. Vielleicht begann es mit einem Streit, vielleicht einem Missverständnis. Als mein Vater 1978 auf die Fayu stieß, befanden sie sich in einem schrecklichen Krieg. Die einst starke Stammesgesellschaft traf mittlerweile nur noch aufeinander, um sich gegenseitig zu töten. Jegliche Form von Entwicklung war zum Stillstand gekommen, Traditionen, Bildung und medizinisches Wissen gerieten in Vergessenheit. Das Leben drehte sich nur noch um Rache und Krieg.

Was die Sache noch schwieriger machte, war die Tatsache, dass die Fayu nicht an einen natürlichen Tod des Menschen glaubten. Für sie gab es nur zwei Todesursachen – den Pfeil oder einen Fluch. Wenn jemand krank wurde oder von einer Schlange gebissen wurde, so schoben sie das auf einen Fluch, der von einem verfeindeten Stamm ausgesprochen wurde. In ihrer Denkweise musste dieser Tod gerächt werden. Was wiederum Rache auf der anderen Seite hervorrief. So wurden mit der Zeit alle Stammesangehörigen in diesen blutigen Krieg verwickelt, sogar Kinder. Rache und Tod waren zum beherrschenden Lebensinhalt geworden. Der Hass hatte überhandgenommen und begann, den Stamm von innen heraus zu zerstören.

Der Fayu-Stamm bestand aus vier Clans, die damals aus jeweils etwa hundert Personen bestanden: den Tigre, den Iyarike, den Tearu und den etwas weiter von den anderen entfernt lebenden Sefoidi. Sie befanden sich in einem fortwährenden Kriegszyklus, der ihre Kultur und Traditionen langsam zerstörte und ihre Zahl schrumpfen ließ, bis sie kurz vor dem Aussterben standen. Die im Westen verbreitete romantische Vorstellung von einem Stamm, der abgeschieden von der Zivilisation glücklich im Dschungel lebt, traf auf die Fayu definitiv nicht zu. Genauso wenig wie auf viele andere Stämme, wie ich im Laufe der Jahre erfahren musste.

Die erste Expedition meines Vaters zu den Fayu war von vielen Zufällen und Unsicherheiten geprägt. Wer in Deutschland in den Alpen wandern geht, der hat eine Karte, wahrscheinlich sogar ein GPS-Gerät, und kann sehr genau Standorte bestimmen, auch wenn sie abgelegen sind. Der erste Anhaltspunkt meines Vaters, der ihm helfen sollte, die Fayu zu finden, war ein Stück Papier, auf dem stand: »Zwei bis drei Tagesreisen westlich vom Stamm der Dou« sowie ein paar Fayu-Worte in Lautschrift. Dass es diese Informationen überhaupt gab, verdanken wir einer glücklichen Fügung. Einem Vorfall, der sich im April 1978 ausgerechnet an dem Tag ereignete, als wir Deutschland in Richtung Indonesien verlassen hatten. Auf dem Gebiet des Dou-Stammes war das Dorf Kordesi als Standort für eine kleine Landebahn ausgewählt worden, die tatsächlich kaum mehr als ein länglicher Streifen Gras war. Während der Arbeiten an dieser Landebahn erschien eine Gruppe von Fayu-Kriegern auf der Bildfläche. Die Dou-Bewohner erschraken und erklärten dem verantwortlichen Konstrukteur, einem Amerikaner namens John, dass es sich um Angehörige eines Stammes handelte, mit dem sie seit langer Zeit Krieg führten. Bei dieser Begegnung war John in der Lage, ein paar der

Worte, die die Krieger sprachen, in Lautschrift aufzuschreiben. Ein Sprachwissenschaftler in Jayapura fand später anhand von Vergleichen mit den bisher dokumentierten Inselsprachen heraus, dass es sich um eine vollkommen neue Sprache und damit einen bisher unbekannten Stamm handelte, heute bekannt als die Fayu.

Mein Vater stellte sich ein Team zusammen. Bei seiner Expedition wurde er von einem Amerikaner begleitet, der Indonesisch sprach, und von einem Einheimischen aus dem Stamm der Dani, der neben der Dou-Sprache auch Indonesisch beherrschte. Auf der Suche nach den Fayu folgten sie den Anweisungen der Notiz und durchquerten dabei das Gebiet des Kirikiri-Stammes, bis sie deren Grenze passierten und unbekanntes Terrain betraten. Tagelang fuhren sie in einem großen Kanu mit Außenbordmotor den Fluss hinunter, hatten aber keinen Erfolg. Weder die Kirikiri noch die Dou konnten ihnen helfen.

Denn niemand von ihnen wagte sich in das Fayu-Gebiet vor, und diejenigen, die es doch taten, kehrten nicht zurück. Schließlich gingen sie in das Dou Gebiet zurück, da ihnen Lebensmittel und Treibstoff fast ausgegangen waren. An diesem Abend kam meinem Vater im Gespräch mit den Dou eine interessante Geschichte zu Ohren. Sie erzählten von einem Kirikiri-Mann, der sich in eine Fayu-Frau verliebt hatte. Sie lebten an der Grenze des Kirikiri-Gebiets.

Mein Vater schöpfte neue Hoffnung. Vielleicht konnten die beiden ihm sagen, wo die Fayu zu finden waren. Sie machten sich auf die Suche nach dem jungen Paar und brauchten nicht lange, um sie zu finden. Als die junge Fayu-Frau die Karte inspizierte, die mein Vater von der Stelle gezeichnet hatte, an der sie zuvor gesucht hatten, wies sie ihn darauf hin, dass sie den falschen Fluss hinuntergefahren waren, und erklärte, dass sie erst dem Rouffaer-Fluss folgen sollten, um dann auf den Klihi-Fluss abzubiegen, der sie direkt zu den Fayu bringen würde. Das Team aber kehrte zunächst in die Hauptstadt Jayapura zurück, um sich mit neuen Vorräten auszustatten und die Suche fortzusetzen. Bestens ausgerüstet starteten sie einige Monate später ihre zweite Expedition.

Eine Herausforderung jedoch blieb für meinen Vater, und das war die Sprachbarriere. Selbst wenn es ihm gelänge, die Fayu zu finden, wie würde er sich mit ihnen verständigen können? Und wieder kam ihm der »Buschfunk« zu Hilfe, denn bei den Dou-Männern hörte mein Vater von einem jungen Mann namens Nakire, der als kleines Kind zusammen mit seiner Mutter während eines Kriegszuges der Dou aus dem Stamm der Fayu entführt worden war. Nakire lebte zwar nicht mehr bei den Dou und erinnerte sich auch nicht mehr an die Fayu, dennoch sprach er deren Sprache noch. So spürte das Expeditionsteam ihn auf und er willigte ein, sich ihnen anzuschließen.

Das Team war nun komplett, sie überquerten die Grenze und machten sich auf den Weg ins Fayu-Gebiet. Stundenlang fuhren sie den Fluss hinunter, aber mein Vater und sein Team trafen auf keine Menschenseele, es gab keinen Hinweis auf Dörfer, nur den unendlichen Dschungel, der den Fluss an beiden Seiten säumte. Schließlich stießen sie auf ein paar Kanus, die am Flussufer festgemacht waren.

»Wo Kanus sind, müssen auch Menschen sein«, dachte mein Vater und beschloss, haltzumachen, um der Sache nachzugehen. »Steig du als Erster aus, du sprichst ihre Sprache«, bat mein Vater Nakire, doch der weigerte sich. »Ich bleibe hier, ich habe Angst«, antwortete er. Was mein Vater damals nicht wusste, war, dass sie im Gebiet einer der vier Clans waren, der Nakire ursprünglich nicht angehörte.

Als mein Vater ausstieg, trat plötzlich ein Mann aus dem Dschungel. Er war die wildeste Erscheinung, die mein Vater je gesehen hatte. Seine Nase war von langen Knochen durchbohrt, sein Kopf mit Federn geschmückt und sein Körper mit einer Substanz eingerieben, die schrecklich roch. In seinen Händen hielt er Pfeil und Bogen, sein Gesicht zeigte Wut. Er war komplett nackt, trug nur ein aus Baumrinde geflochtenes Band um seine Taille. Direkt hinter ihm erschien ein weiterer Mann, der ebenfalls einen Bogen hielt und einen Pfeil direkt auf Nakire gerichtete hatte. Nakire sprang auf, bewaffnete sich ebenfalls und plötzlich standen sich die beiden Männer schussbereit gegenüber. Die Spannung in der Luft war riesig und mein Vater handelte schnell und intuitiv. Er sprang zwischen die beiden Männer, streckte die Arme aus und schrie: »Halt, nicht schießen, wir kommen in Frieden. Legt die Waffen nieder.«

Nach ein paar sehr angespannten Minuten sagte Nakire etwas in der Fayu-Sprache und beide Männer senkten ihre Waffen nieder. Der erste Mann war Ziau, einer der Männer, die im Jahr zuvor in Kordesi erschienen waren. Er war schon einmal auf einen weißen Mann getroffen und daher nicht allzu schockiert, meinen Vater zu sehen. Mein Vater erklärte Ziau, dass sie gekommen waren, weil er die Fayu treffen wollte. Ziau forderte sie auf, ihm zu folgen. Die kleine Gruppe ging in den Dschungel hinein und folgte einem schmalen Pfad, bis sie eine kleine Lichtung erreichte. Auf der Lichtung stand eine Hütte. Der schreckliche Geruch, der auch von Ziau ausging, wurde immer schlimmer, bis mein Vater das Gefühl hatte, sich übergeben zu müssen. Schockiert sah er in der Hütte einen verwesenden menschlichen Körper liegen. Tausende Insekten und Fliegen bedeckten die Leiche. Ziau erklärte, dass dieser Mann von jemandem aus Nakires Clan getötet worden sei und sie auf Rache aus seien. Aber er versprach, solange Nakire bei meinem Vater und seinem Team wäre, würde ihm nichts passieren.

Da es bereits dunkel wurde, bot Ziau ihnen an, über Nacht zu bleiben. Wegen des entsetzlichen Gestanks lehnte mein Vater höflich ab. Sie kehrten in ihrem Kanu auf dem Weg zurück, den sie gekommen waren, bis sie eine verlassene Hütte erreichten, in der sie die Nacht verbrachten.

Am Feuer fragte mein Vater Nakire nach der verwesenden Leiche. Nakire erklärte ihm eine der vielen einzigartigen Eigenschaften seines Stammes: »Die Fayu begraben ihre Toten nicht. Sie leben mit dem verstorbenen Körper, essen und schlafen mit der Leiche in derselben Hütte, bis der Körper vollständig verwest ist. Als Zeichen der Trauer reiben sie sich mit den Flüssigkeiten ein, die aus dem Leichnam treten. Später hängen sie die Knochen in ihren Hütten auf, um sie für immer in Erinnerung zu behalten.«

Am nächsten Morgen fuhren sie weiter und kamen in das Gebiet der Iyarike, dem Clan von Nakires Mutter. Trotz langer Suche trafen sie keine Menschenseele. Sie kehrten am späten Nachmittag zu einer größeren Lichtung zurück, auf der sie zuvor auf eine verlassene Hütte gestoßen waren. Dort beschlossen sie zu bleiben, denn mein Vater dachte sich, wenn ich sie nicht finden kann, dann warte ich, bis sie uns finden. Somit begann das Warten. Drei Tage vergingen, ohne dass irgendetwas passierte.

Am vierten Tag, sie hatten gerade gefrühstückt, trat eine Gruppe von Kriegern des Iyarike-Clans aus dem Dschungel. Sie waren schwer bewaffnet, und auch sie hatten Knochen durch die Nasen gebohrt und trugen Federn auf den Köpfen, ihre Körper waren mit trockenem Schlamm beschmiert. Sofort umzingelten die Krieger ihr Lager, während der Anführer, ein Mann namens Teau, zu ihnen trat. Er grüßte sie nicht, sagte auch sonst kein Wort, Haltung und Mimik zeugten von Feindseligkeit. Er rief ein paar seiner Männer zu sich, sie begannen, ihr Gepäck zu durchwühlen. Sie durchsuchten jede Tasche und jede Kiste, kippten den Inhalt auf dem Dschungelboden aus und ließen ihn dort achtlos liegen. Sie schauten sogar unter die Moskitonetze und Schlafmatten.

Während dieser Zeit sprach keiner der Krieger auch nur ein einziges Wort, sie würdigten meinen Vater und sein Team keines Blickes. Mein Vater spürte instinktiv, dass es richtig war, die Krieger suchen zu lassen, was sie finden wollten. Er wies das Team an, sich ruhig zu verhalten. Die Atmosphäre war angespannt, vor allem bei Nakire lagen die Nerven blank, denn er hatte den Kontakt zu seinem Volk vor Jahren verloren. Für sie war er ein Außenseiter geworden, dem man nicht trauen konnte.

Als die Fayu-Krieger ihre Suche erfolglos beendet hatten, lud mein Vater Teau ein, sich zu setzen und mit ihnen zu sprechen. Mein Vater fragte ihn, wonach sie gesucht hatten. Teau erklärte meinem Vater, warum man sie so feindselig behandelte und warum sich ihnen in den letzten Tagen niemand gezeigt hatte. Einige Wochen vor der Ankunft meines Vaters war eine Gruppe indonesischer Krokodiljäger in der Gegend gewesen. Sie hatten auf zwei von Teaus Männern geschossen und sie getötet, und nun waren die Iyarike auf Rache aus. Als mein Vater und sein Team ihr Gebiet betraten, genau wie die Krokodiljäger mit einem Außenbordmotor am Kanu, gingen die Iyarike davon aus, dass auch diese neuen Eindringlinge zum Team der Krokodiljäger gehörten, und sannen auf Rache.

Was die Iyarike davon abhielt, meinen Vater und sein Team zu töten, war allein die Tatsache, dass sie noch nie zuvor einen Mann mit einer anderen Hautfarbe gesehen hatten. Sie waren sich nicht einmal bewusst, dass es eine Welt außerhalb ihrer eigenen gab.

»Farblos« war das Wort, dass sie für meinen Vater und später auch uns benutzten. Im Dschungel waren wir bald als »farblose Familie« bekannt. Denn für die Stammesvölker sind wir keine weißen Menschen, für sie sind wir farblos. Als Kind habe ich mit den Fayu oft gelacht, wenn sie uns sagten, dass wir wie Leichen aussähen, die zu lange im Fluss gelegen haben. In ihren Augen sind wir keine schönen Menschen, sondern sehen seltsam und hässlich aus. Sie können uns auch nur schwer voneinander unterscheiden.

Jahre später sagte Teau meinem Vater, wenn sie Waffen oder Krokodilhäute gefunden hätten, wären sie alle getötet worden. Doch da das nicht der Fall gewesen war, war Teau damals neugierig geworden und hatte meinen Vater gefragt: »Farbloser Mann, was machst du hier und warum bist du gekommen?« »Ich möchte gerne mit meiner Familie bei euch leben. Ich möchte eure Sprache lernen und eure Kultur verstehen.« Als Teau dies gehört hatte, wurde er für einige Minuten still und schien in Gedanken versunken zu sein. Die Spannung wuchs mit jeder Minute, die verging. Schließlich sah Teau meinen Vater direkt in den Augen, was er sagte, überraschte ihn. »Bitte komm zurück«, sagte Teau. »Wann soll ich zurückkommen?«, fragte mein Vater. »In drei Monaten«, antwortete Teau, »das wird mir genug Zeit geben, meinem Volk zu sagen, dass ihr in Frieden kommt und dass euch niemand etwas antun soll.«

Der Moment der Rückkehr meines Vaters drei Monate später war für die Fayu als ganzer Stamm von großer Bedeutung. Es war das erste Mal seit Generationen, dass sich drei Fayu-Clans aus einem anderen Grund trafen, als sich gegenseitig zu töten. Die Neugier auf den Neuankömmling mit der seltsamen Hautfarbe hielt sie davon ab. Schließlich war es Baou, der Häuptling der Tigre, der meinem Vater die Erlaubnis erteilte, bei den Fayu zu bleiben, und der das Gebiet zuwies, wo wir als Familie leben würden. Und dieses Gebiet war klug gewählt: Denn die Stelle war neutraler Boden an der Grenze zwischen den Gebieten zweier Clans. Häuptling Baou stellte damit sicher, dass keiner der Clans uns für sich beanspruchen konnte und damit einen neuen Konflikt auslösen würde, nicht einmal sein eigener. Damit behielten wir einen neutralen Status. Diese neutrale Zone sollte später eine große Rolle auf dem langen Weg zum Frieden spielen.

# Macht der Vergebung

Ich war gerade sieben Jahre alt geworden, als mein neues Leben im Dorf Foida begann – ein aufregendes Leben. Jeden Tag erlebte ich neue Abenteuer, lernte Überlebenstechniken kennen und verwandelte mich im Laufe der Jahre von einem farblosen Kind aus einer deutschen Familie in ein farbloses Mitglied des Fayu-Stammes. Ich übernahm ihre Kultur, ihre Lebensweise, lernte, wie man in dieser rauen Umgebung überlebt. Auch für mich gab es bald keine Außenwelt mehr, keine andere Kultur als die, in der ich lebte. Ich war glücklich und blühte auf in dieser Welt voller Stammesgeister, Naturgesetze und magischer Schönheit. Die Zeit, so wie wir sie im Westen wahrnehmen, war stehen geblieben. Der Ablauf des Tages wurde nicht von der Uhr, sondern von der Natur selbst diktiert. Wir standen auf, wenn die Sonne morgens aufging, und gingen ins Bett, wenn sie abends unterging. Wenn die Sonne schien, spielten wir draußen auf dem unendlichen Spielplatz, den die Natur uns bot, wenn es regnete, saßen wir in unserem einfach gebauten Holzhaus und warteten darauf, dass der Regen aufhörte.

Und doch war das Leben im Stamm oft hart, nicht nur körperlich, sondern im Fall der Fayu auch einfach brutal. Kinder wurden vor den Augen ihrer Eltern abgeschlachtet, Eltern vor ihren Kindern, Hass und Angst beherrschten jeden ihrer wachen Momente. Sie wussten nie, wann ein Pfeil aus dem Unterholz heranfliegen und sie töten würde. Deshalb spielten die einheimischen Kinder nicht, sondern saßen entweder nahe bei ihren Eltern oder mit dem Rücken an einen Baum gelehnt.

Weil ständig gekämpft wurde, blieb nicht viel Zeit zum Sammeln von Nahrungsmitteln. Sie hatten auch keine wirkliche Vorstellung vom Gemüseanbau im Garten, und so waren die meisten unterernährt und viele starben an leicht vermeidbaren Krankheiten. Infektionen wurden nicht behandelt, Kranke dem Sterben überlassen – denn wer kann schon einem Fluch widerstehen? Die durchschnittliche Lebenserwartung lag bei rund vierzig Jahren. Frauen brachten durchschnittlich sechs Kinder zur Welt und wenn sie Glück hatten, schafften es zwei von ihnen bis ins Erwachsenenalter. Meist brachten die Frauen ihre Kinder allein zur Welt, ohne dass ihnen jemand half oder sich um sie kümmerte. Viele Neugeborene starben bereits in den ersten Tagen nach der Geburt, weil die Nabelschnur mit einem Stück Bambus durchtrennt wurde und es dadurch zu Infektionen kam.

Die Fayu wuschen sich nicht, hatten keinen Sinn für Hygiene und jegliches medizinische Wissen ihrer Vorfahren verloren. Auch wenn jemand mit einem Pfeil angeschossen oder einer Steinaxt verletzt wurde, kam der Tod nicht sofort, da die meisten daran starben, dass sich die Wunde infizierte. Ihre Körper waren in Folge der Unterernährung nicht mehr in der Lage, Infektionen abzuwehren. Tagelang litten sie, lagen in ihren Hütten und warteten auf einen qualvollen Tod.

Oft erzählten uns die Fayu davon, dass sie im Laufe der Jahre jede Hoffnung auf eine bessere Zukunft verloren hatten. Sie waren sich der Welt außerhalb ihrer Grenzen nicht bewusst, sie wussten nicht, dass sie in einem Land namens Papua lebten oder dass irgendwo andere Länder und Kulturen existierten. Sie fühlten sich in einer Falle, aus der es keinen Ausweg gab.

Wir hatten ein Handelssystem mit den Fayu begonnen. Sie brachten uns Fleisch, Lebensmittel oder andere Dinge, und wir tauschten sie gegen Messer, Streichhölzer, Angelhaken und sonstige nützliche Gegenstände. Das bedeutete jedoch, dass sich verschiedene Clans häufig begegneten, oft brachen Streitigkeiten aus. Manchmal eskalierten diese Auseinandersetzungen und es kam zu einem ausgewachsenen Krieg.

Später sagten die Fayu meinem Vater oft, sie wünschten, er wäre früher gekommen, da ihr Bruder, ihre Mutter, ihr Vater oder ihre Kinder dann vielleicht noch am Leben wären. Meine Eltern hatten schon früh beschlossen, sich nicht in die Kriege der Fayu einzumischen, sie waren der Auffassung, dass nur sie selbst in der Lage wären, Frieden zu schließen. Was sie ihnen bieten konnten, wäre eine Plattform, auf der sie wieder kommunizieren konnten, die Anlass bot für ein Aufeindertreffen, das nichts mit Töten und Krieg zu tun hatte.

Also gingen wir ins Haus, wenn es wieder mit dem Kämpfen losging, und warteten, bis es zu Ende war. Dann gingen wir hinaus und kümmerten uns um die Verwundeten, wenn es welche gab. Jedes Leben, das wir durch die Behandlung von Wunden und Infektionen retten konnten, war für uns ein kleiner Sieg gegen den Hass. Und wir konnten mit der Zeit der Vorstellung der Fayu entgegenwirken, dass Flüche für die Todesfälle verantwortlich seien. Die Fayu beobachteten, wie meine Mutter als Krankenschwester sich um die Kranken kümmerte, die meist wieder gesund wurden. Sie sahen, wie sie die Frauen während der Geburt begleitete und ihnen Handtücher und Decken gab, um sich und das neugeborene Kind zu schützen. Und Nahrung, um wieder zu Kräften zu gelangen. Sie gingen mit uns im Fluss baden und begannen, uns darin nachzuahmen, wie wir unsere Gemüsegärten anlegten. Über die Jahre sank die Sterblichkeit merklich. Und mit jedem Fayu, der nicht starb, gab es ein Grund weniger, Rache zu nehmen, der Todeszyklus begann langsam zu brechen. Doch das alles brauchte Zeit und der Anfang war von Strapazen und Rückschlägen geprägt. Die Jahre vergingen, und obwohl das Leben meist friedlich war, gingen die Stammeskriege weiter.

Eines Tages geschah etwas, das alles veränderte. Es begann, wie es immer begann. Ein Streit war zwischen zwei Clans ausgebrochen, diesmal zwischen den Tigre und den Iyarike. Das Gebrüll begann, dann das Geschrei. Bald schon weinten die Kinder und rannten zu ihren Müttern, um sich in Sicherheit zu bringen. Die Gesichter der Frauen verzerrten sich vor Angst und sie flüchteten in den Dschungel. Dann waren nur noch die Männer übrig. Das war für mich immer das Signal, ebenfalls Zuflucht zu suchen. Mein Bruder folgte mir ins Haus, mein Vater schloss die Tür. Ich kletterte auf unsere Holzbank und beobachtete das Geschehen vom Fenster aus. Die Situation eskalierte an diesem Tag schneller als sonst, als stünde eine Explosion bevor. Ich spürte, wie sich die Atmosphäre zu verändern begann. Aggressivität und Feindseligkeit erfüllten die Luft und sorgten für maximale Anspannung. Vögel und Insekten waren verstummt, und obwohl die Sonne noch vom Himmel schien, wurde die Welt um mich herum plötzlich unheimlich dunkel. Was eben noch hell und bunt war, erschien jetzt düster und bedrohlich.

Die Fayu hatten eine sehr besondere Art, Krieg zu führen. Sie standen sich gegenüber und führten einen Kriegstanz auf, wobei sie in einer Hand den Bogen und in der anderen einen speziell für den Angriff auf Menschen entwickelten Pfeil mit einer tödlichen Spitze aus Knochen hielten. Einer der Krieger begann. Er stampfte mit den Füßen auf den Boden, ein Fuß nach dem anderen, immer hin und her. Bald schlossen sich die anderen an, auch sie stampften mit den Füßen, bis sie perfekt synchron waren. Ich konnte die Vibrationen unter mir spüren. Dann rannten sie in entgegengesetzte Richtungen auseinander, schließlich wieder aufeinander zu. Dabei stießen sie einen rhythmischen Kriegslaut aus, immer wieder, stundenlang. Irgendwann begannen sich ihre Bewegungen zu verändern, sie wurden fließender. Ihre Gesichter verloren jede Form von Ausdruck, dann verfielen sie in einen tranceähnlichen Zustand. Mir blieb es ein Rätsel, wie ein Mensch das über viele Stunden tun konnte, in der sengenden Hitze, ohne Pause, ohne Wasser.

In den Gesichtern der Krieger sah ich Wut und Hass. Dann kam der Moment, in dem sie jede Vernunft, Menschlichkeit und Empathie verließ. Ich sah es in ihren Augen, sie waren weit aufgerissen, dahinter eine totale Leere. Es hatte begonnen. Oft endete es, ohne dass ein Pfeil flog. Die Fayu brachen unter der Anstrengung zusammen. Oder die Sonne ging unter, niemand konnte mehr etwas sehen und die Menge löste sich auf. In anderen Fällen dauerte die Schießerei nur ein paar Minuten, bis eine der Gruppen floh.

Wir lebten bereits seit mehreren Jahren unter den Fayu und waren an diese Szenen gewöhnt. Doch dann kam dieser Tag, den ich nie vergessen werde. Wieder einmal dauerte der lautstarke Kriegstanz der Tigre und Iyarike schon mehrere Stunden. Doch dieses Mal passierte etwas Neues: Meine Schwester Judith hielt die Spannung nicht mehr aus, begann zu weinen und hörte nicht mehr auf. Ihr war der stundenlange Lärm zu viel geworden. Meine Mutter saß bei ihr und versuchte, sie zu trösten und abzulenken, aber nichts half. Obwohl wir uns jahrelang aus den Kriegen der Fayu herausgehalten hatten, war das meinem Vater dieses Mal nicht möglich: Plötzlich sprang er auf. Er rannte hinaus und direkt zwischen die Krieger, schnappte sich ihre Pfeile und zerbrach sie. Dabei brüllte er die Krieger an, sie sollten aufhören. Die Fayu waren schockiert, sie hörten auf zu tanzen, senkten ihre Waffen und starrten ihn an. Mein Vater griff sich die beiden Häuptlinge und zeigte auf unser Haus. »Ich kann das meiner Familie nicht mehr antun«, wandte er sich eindringlich an die beiden Häuptlinge. »Es gibt zwei Möglichkeiten. Entweder hört ihr mit euren Kämpfen vor unserem Haus auf und bringt euch woanders gegenseitig um. Oder ich nehme meine Familie und wir verlassen euch. Es ist eure Entscheidung.«

Dann drehte er sich um, stürmte zurück ins Haus und schlug die Tür zu. Ich beobachtete ihn mit großen Augen, konnte nicht glauben, was ich gerade gesehen hatten, dass mein Vater derart die Fassung verlor. Ich sah zu, wie er sich hinsetzte, er zitterte am ganzen Körper. Draußen sah ich die Krieger, wie sie sich versammelt hatten und untereinander diskutierten. Nach einiger Zeit kam Häuptling Baou und bat meinen Vater, herauszukommen.

»Ich habe die Befugnis erhalten, im Namen beider Clans zu sprechen«, sagte Häuptling Baou. »Wir wollen nicht, dass ihr geht, du und deine Familie.« Er versprach, dass sie uns künftig verschonen wollten und es keine Kriege mehr vor unserem Haus oder in der Nähe geben würde. Dann zeigte er auf einen Steinhaufen, den sie aufgetürmt hatten. »Wir werden mit diesen Steinen einen großen

Kreis rund um euer Haus legen. Innerhalb des Kreises darf ab heute niemand mehr eine Waffe tragen.« Mein Vater willigte ein.

Die neue Regelung galt auch für die beiden anderen Fayu-Clans, die Sefoidi und die Tearu. Auch sie erklärten sich damit einverstanden. Von diesem Tag an haben wir in unserer Gegend keinen Krieg mehr erlebt.

Doch es geschah etwas noch viel Erstaunlicheres. Etwas, das so mächtig wurde, dass es eine riesige Welle verursachte, die sich durch das gesamte vergessene Tal ausbreitete. Denn die Fayu-Krieger hatten sich bisher nie ohne ihre Waffen bewegt. Sogar wenn sie sich zum Essen setzten oder während sie schliefen, ließen sie ihre Waffen niemals los. Jetzt mussten sie es lernen. Wenn sie uns in der ersten Zeit besuchten, blieben sie zunächst direkt an der Steingrenze sitzen, innerhalb der waffenfreien Zone. Ihre Waffen legten sie außerhalb ab, aber immer noch in Reichweite. Mit der Zeit gewöhnten sie sich daran und ihr Selbstvertrauen wuchs, sie entfernten sich immer weiter von ihren Waffen.

Monatelang saßen die vier Clans getrennt voneinander im Steinkreis und warfen sich gegenseitig wütende Blicke zu. Doch das Leben im Dschungel kann sehr langweilig werden. Bald rückten sie näher zusammen, dann begannen sie, ihr Essen miteinander zu teilen und fanden schließlich andere Gesprächsthemen als die Frage, wer wen getötet hatte oder wer dem anderen was angetan hatte. Sie begannen, über das zu sprechen, was sie am Tage gesehen oder erlebt hatten. Sie sprachen über die Jagd. Erzählten sich, was in ihren Familien vor sich ging. Wer geheiratet hatte oder ein Kind bekommen hatte.

Einige Familien bauten sogar ihre Hütten innerhalb dieser neutralen Zone auf. Das bot einen großen Vorteil für sie. Sie konnten endlich nachts schlafen, ohne Angst haben zu müssen, angegriffen zu werden. Sie konnten entspannt im Freien zusammensitzen und essen. Die Kinder spielten erstmals frei und ungezwungen mit uns.

Mit der Zeit fiel mir auf, dass sich der Steinrand auf wundersame Weise immer weiter ausdehnte. Eines Tages fand ich heraus, wieso. Ich ging zwischen den Hütten umher und sah einen jungen Mann, der sich eine Hütte bauen wollte, aber innerhalb der Grenze keinen Platz mehr fand. Er sah sich um, um zu prüfen, ob ihn jemand beobachtete. Er bemerkte nicht, dass ich hinter einer der Hütten in der Nähe hervorspähte. Er ging schnell zur Steingrenze und bewegte die Steine gerade so weit weg, dass genug Platz für eine kleine Hütte geschaffen war, die er sich mit einem Strahlen im Gesicht baute. Für mich war es eine große Freude, das zu sehen, und ich lief ich den Rest des Tages mit einem wunderschönen Glücksgefühl herum.

Dann kam der unglaubliche Tag, an dem die vier Clans mit einer traditionellen Zeremonie und einer großen Feier offiziell Frieden schlossen. Zuerst die Tigre und Iyarike, dann schlossen sich die Tearu an und zuletzt die Sefoidi. Das Leben begann, sich für uns alle massiv zu verändern. Jetzt, da es keinen Krieg mehr gab, hatten alle mehr Zeit zum geselligen Beisammensein. Mehr Zeit für die Nahrungssuche – sammeln, angeln und jagen. Ihr alltägliches Leben verbesserte sich, weil die Fayu begannen, bessere Hütten, Kanus und Werkzeuge zu bauen. Am abendlichen Lagerfeuer saßen sie nun zusammen und erzählten ihre Geschichten, die sie durch den Krieg verloren hatten, und die sie jetzt wieder an die nächsten Generationen weitergaben. Wie sie ein Wildschwein gejagt hatten, das so groß war wie ein Haus, oder einen Kasuar, der größer war als zwei Männer, die übereinanderstanden. Sie bekamen das Leben zurück, das ihnen Hass und Krieg vor langer Zeit genommen hatte. Ihr Gesundheitszustand verbesserte sich, die Lebenserwartung nahm zu. Um den neu gewonnenen Frieden zu sichern, heirateten sie in die Clans der anderen ein.

Sie begannen, neue Wege zu finden, um Konflikte zu lösen, und erließen neue Gesetze. Bislang gab es nur eine einzige Form der Strafe, die Todesstrafe. Jeder, der die Regeln brach, wurde mit dem Tod bestraft. Nun führten sie das System der Entschädigung ein. Höhe und Art der Entschädigung richteten sich nach der Schwere des Regelbruchs. Entschädigt wurde etwa in Form eines Wildschweins, eines Kanus, einer Steinaxt, durch Lebensmittel oder andere Dinge von Wert.

Aber es geschah noch etwas anderes, was uns staunen ließ. Als die Fayu ihre Waffen niederlegten, sagten die Kirikiri: »Wenn die Fayu ihre Waffen niederlegen, was nützt es uns dann, unsere Waffen hochzuhalten?« Und sie legten ihre Waffen nieder. Als die Dou sahen, was die Fayu und Kirikiri taten, sagten sie: »Wenn die Fayu und Kirikiri aufhören zu kämpfen, warum sollen wir dann weitermachen.« Und auch sie legten ihre Waffen beiseite.

Im Laufe der Jahre breitete sich dieser Frieden von einem Stamm zum nächsten im verlorenen Tal aus. Auch solche Stämme, die gar keine Berührung mit den Fayu hatten und nichts über sie oder die Kirikiri wussten, wurden davon erfasst. Sie legten ihre Waffen nieder und eine Zeit des Friedens begann. Es waren nicht der »weiße Mann von außen«, nicht Militär, Gesetze oder gar Bildung, sondern die unbändige Kraft der Vergebung, die diesem isolierten Teil der Welt den Frieden brachte. Sie wuchs in einem kleinen Stamm, deren Mitglieder über kein Bildungssystem verfügten und bei unserer Ankunft als Jäger und Sammler lebten. Doch in ihren Herzen fanden die Menschen die unglaubliche Kraft, einander zu vergeben.

Für mich gehört es zu den großartigsten Dingen meines Lebens, Zeuge des Wiederaufbaus einer Kultur und eines Stammes gewesen zu sein, der kurz vor dem Aussterben war. Die erstaunlichen Auswirkungen auf eine Gesellschaft zu sehen, die nicht mehr in ständiger Angst, mit Hass und im Krieg lebt. Obwohl ich das alles als Heranwachsende beobachtet habe, wurde mir erst viel später klar, was für eine unglaubliche Leistung die Fayu tatsächlich vollbracht haben. Ich stelle mir vor, wie es ist, jemandem gegenüberzusitzen, der vor meinen Augen mein Kind zerstückelt, meinen Mann getötet, meine schwangere Schwester, meinen Bruder, Vater, Mutter oder Freund abgeschlachtet hat. So viele waren zu Tätern und gleichzeitig zu Opfern geworden. Hass hatte ihre Herzen erfüllt und niemanden verschont.

Was für eine enorme Kraft brachten die Fayu auf, als sie einander vergaben und ihre Söhne und Töchter in Familien einheirateten, die noch kurz zuvor die schlimmsten Feinde gewesen waren. Der Weg dahin war weit für die Fayu. Denn sie waren im Vergleich zu den umliegenden Stämmen ein kleiner Stamm, galten aber als der brutalste unter ihnen und waren am meisten gefürchtet. So sehr, dass die Stämme der Dou und der Kirikiri, obwohl sie mit der Außenwelt in Kontakt standen, nie über die Existenz der Fayu sprachen. Sie glaubten, dass ihre bloße Erwähnung Zerstörung und Angst über sie selbst bringen würde.

Von den Fayu habe ich gelernt, dass echter und dauerhafter Frieden nicht erzwungen werden kann, sondern dass er durch Vergebung und den Willen zur Veränderung erreicht werden muss. Denn so sehr Hass ihr Leben, ihre Kultur und ihre Sprache verzehrte und beinahe zerstörte, so mächtig war die Vergebung, die nicht nur die Menschen um sie herum beeinflussen konnte, sondern auch eine Welle auslöste, die wuchs und Veränderungen für kommende Generationen mit sich gebracht hat. Die Fayu hatten sich nach Frieden gesehnt, er brauchte nur eine Chance, und als sie sie bekamen, ergriffen sie diese. Ihr Wunsch nach Versöhnung war stärker als ihr Verlangen nach Rache. Auch wenn der Weg zum Frieden nicht einfach war und sie oft vor Herausforderungen standen, gaben sie nie auf.

Es gibt Menschen, die meinen Eltern vorwerfen, in das Leben dieses unbekannten Stammes eingedrungen zu sein und ihn von außen beeinflusst zu haben. Ich denke dann daran, dass die Fayu uns immer wieder gesagt haben, dass sie nicht mehr existieren würden, wenn wir damals nicht gerade noch rechtzeitig zu ihnen gekommen wären. Meine Eltern liebten die Fayu wirklich und allein ihre Anwesenheit gab ihnen die Chance, sich grundlegend zu ändern. Die Fayu hatten uns akzeptiert, diese seltsame, farblose Familie aus einer unbekannten Welt. Sie beschützten uns, teilten ihre Nahrung mit uns und ließen uns an ihrer Welt und Kultur teilhaben.

Heute sind die Fayu ein blühender Stamm, und ihre Zahl steigt stetig an. An ihrer Spitze steht nun eine neue Fayu-Generation und die Geschichte, wie sie als Stamm zum Frieden fanden, ist Teil ihrer neuen Geschichte geworden. Sie wird von den Eltern an ihre Kinder weitergegeben, die in eine Welt hineingeboren werden, in der unzählige Möglichkeiten auf sie warten. Wie sie diese Chancen nutzen, bleibt ihnen überlassen. Aber ich hoffe, dass sie das, wofür ihre Eltern und Großeltern so hart gekämpft haben, weiterführen werden. Die ältere Generation hat diese Welt verlassen, aber sie hat das schönste und mächtigste Geschenk hinterlassen, das sie ihren Kindern und Enkelkindern machen konnte: Frieden und Vergebung.

# Wo die Krokodile sind

Ich erinnere mich an viele Begebenheiten, die einerseits zeigen, wie unwissend meine Familie anfangs in der Welt der Fayu war, aber andererseits auch, wie unterschiedlich unsere Kulturen funktionieren und welche Missverständnisse das auslöst. Ein Beispiel dafür ist ein Ausflug, den wir damals unternommen hatten. Es war früh am Nachmittag. Die Sonnenstrahlen schienen unbarmherzig auf mich herab, während ich auf einem kleinen Brett saß, das als Sitz in unserem langen Holzkanu diente. An diesem Tag war es besonders heiß, die Fahrt entsprechend beschwerlich. Die Luft war schwer und klebrig. Die Hitze umhüllte mich wie ein Kokon, jede Bewegung kostete Kraft. Selbst der leichte Fahrtwind brachte keine Erleichterung.

Meine Kleidung war nassgeschwitzt und das Geräusch des Außenbordmotors machte mich schläfrig. Ich beobachtete den dichten, unberührten Dschungel, der an mir vorbeizog, während wir den Klihi-Fluss hinunterfuhren. Wir lebten nun schon seit einiger Zeit beim Stamm der Fayu, ich war ungefähr neun Jahre alt. Wie immer am Sonntag machten wir einen Ausflug, um andere Fayu-Clans zu besuchen. Wir, das waren mein Vater, meine Mutter, mein Bruder, meine Schwester und ich. Begleitet wurden wir von mehreren Fayu-Männern. An diesem Sonntag hatten wir beschlossen, die Sefoidi zu besuchen, einen der vier Fayu-Clans, der mehrere Stunden flussaufwärts lebte. Ich liebte diese Ausflüge, denn sie bedeuteten, unbekannte Gebiete in diesem riesigen Tal voller dunkler Sümpfe, grüner Dschungel und blauer, sich verschlingender Flüsse erkunden zu dürfen.

Wir waren schon auf dem Rückweg. Ich streckte meine Hand hinunter und bespritzte Gesicht und Nacken mit Wasser, um mich ein wenig abzukühlen. Plötzlich lenkte mein Vater das Kanu in eine andere Richtung. Er hatte einen kleinen Fluss entdeckt, der in den dichten Dschungel abzweigte, und steuerte das Kanu in diesen geheimnisvollen Fluss hinein. Er war uns zuvor nie aufgefallen, da der Eingang kaum sichtbar war. Er war nicht breit, die Äste der Bäume hingen weit über die Ufer und schlossen den Fluss noch mehr ein. Uns begrüßte eine wunderschöne Landschaft, als wir uns behutsam den bezaubernden Wasserweg hinaufbewegten. Vögel gab es hier in Hülle und Fülle, sie flogen in den Ästen, rote Orchideen schmückten die grünen Bäume und Lianen hingen tief ins Wasser, das im Vergleich zum Klihi-Fluss viel langsamer floss. Als der Fluss noch schmaler wurde, sah ich die umgefallenen Baumstämme, die im Wasser stecken geblieben waren und verwobene Flöße bildeten.

Meine Aufregung wuchs, denn ich wusste, dass wir jetzt bald die lang ersehnte Erleichterung von der Hitze bekommen würden. Mein Vater hielt auf dem Rückweg von unseren Ausflügen stets eine Zeitlang an, damit wir schwimmen gehen konnten. Ich hatte also schon sehr viele solcher Orte gesehen, aber keiner der Flüsse war so schön wie der, in dem wir uns gerade befanden. Die Luft hier war angenehm, und das Wasser lud dazu ein, mich an seiner Kühle teilhaben zu lassen, die von der Quelle irgendwo in den fernen Bergen ausging. Bald war der Fluss so schmal und die Flöße so groß, dass wir mit dem Kanu nicht weiterfahren konnten.

Was für eine große Freude, als ich ins Wasser sprang. Ich spürte die lindernde Frische, als ich mich tief ins Wasser sinken ließ, sie beruhigte meine brennende Haut. Wie sehr ich es liebte zu schwimmen, in die sanfte Strömung einzutauchen und zu spüren, wie die Energie in meinen Körper zurückkehrte. Bald war auch der Rest meiner Familie ins Wasser gesprungen und genoss die reizvolle Szenerie, die uns umgab. Ich hörte die Vögel und Insekten, roch den exotischen Duft des Dschungels und wandte mein Gesicht, um in den klaren blauen Himmel zu schauen. Wie anders er von hier schien. Eben noch strahlte er wie ein heißer, glühender Ofen, jetzt lag er kühl und sanft da oben. Wir waren schon eine Weile im Wasser, als uns auffiel, dass die Fayu allesamt noch immer im Boot saßen und uns mit großen Augen beobachteten.

Ich wunderte mich, denn normalerweise waren sie die Ersten, die ins Wasser sprangen. Mein Vater schwamm zum Boot und fragte Nakire, »Nakire, was macht ihr da? Warum seid ihr noch im Kanu? Kommt ins Wasser, es ist so schön kalt!« Aber sie schüttelten den Kopf, als Nakire mit einem ernsten Gesichtsausdruck antwortete: »Klausu, wir schwimmen nicht in diesem Fluss.« Mein Vater fragte mit einem besorgten Gesichtsausdruck: »Warum nicht? Ist das ein heiliger Fluss für die Fayu?« »Nein«, antwortete Nakire mit ruhiger Stimme, »das ist der Fluss, in dem wir die Krokodile jagen, die wir euch bringen.«

In Nullkommanichts haben wir uns aus dem Wasser gerettet. Wir saßen schockiert da, als mein Vater sich an die Fayu wandte und fassungslos fragte: »Warum habt ihr uns nicht gesagt, dass dies der Krokodilfluss ist?« »Aber Klausu«, antwortete Nakire ganz sachlich, »jeder weiß, dass dies der Krokodilfluss ist.«

Jahre später erzählten uns die Fayu, wie fasziniert sie an jenem Tag waren, als sie uns mit solcher Freude in den Fluss springen sahen. Sie waren ungeheuer beeindruckt, wie tapfer und mutig wir waren, und nahmen an, dass unser Gott sehr mächtig und uns sehr wohlgesonnen sein müsse, da wir offenbar keine Angst vor den gefährlichen Krokodilen haben mussten. Umso enttäuschter waren sie, als sie bemerkten, dass es gar nicht Tapferkeit oder Mut waren, die uns mit den Krokodilen schwimmen ließ, sondern schlicht und einfach unsere Unwissenheit. Immer wieder gaben sie diese Geschichte in den folgenden Jahren zum Besten, sie brachte nicht nur die Fayu, sondern auch uns herzhaft zum Lachen.

Für mich war es die erste bewusste Begegnung mit dem Konzept von Kulturen, die sehr unterschiedlich sein können, ein Thema, das später mein ganzes Erwachsenenleben prägen sollte. Die Fayu hatten noch nie eine andere Kultur als die ihre kennengelernt. Sie konnten nicht begreifen, dass jemand etwas, was für sie so selbstverständlich war, nicht wusste oder kannte. Deshalb waren sie gar nicht erst auf die Idee gekommen, uns vor den Krokodilen im Fluss zu warnen. Für sie war vollkommen klar, dass das jeder wissen müsse.

Als die Jahre vergingen und ich immer tiefer in die Fayu-Kultur eintauchte, begann auch ich wie die Fayu zu denken, zu fühlen und zu reagieren. Da ich von klein auf bei ihnen lebte, wurde ich darauf programmiert, in ihrer Kultur und ihrer Umgebung zu überleben. Und obwohl ich europäische Eltern habe, habe ich nicht geahnt, welche Auswirkungen meine Prägung auf mein späteres Leben haben würde. Wie tief sich mein Aufwachsen im Dschungel auf meine Persönlichkeit, meine Empfindungen und meinen Charakter auswirken würde. Ich sehe aus wie eine normale Europäerin, aber innerlich bin und bleibe ich eine Frau vom Stamm der Fayu.

# Der Jagdtrieb

Kurz nach unserer Ankunft im Fayu-Territorium, fiel meinem Bruder und mir auf, dass die Fayu-Kinder nicht spielten. Mehrfach versuchten wir, uns ihnen zu nähern, doch sie begannen entweder zu weinen oder rannten vor uns davon. Damals waren wir noch zu jung, um zu verstehen, warum sie nie spielten. Heute weiß ich, dass es mit dem erbitterten Krieg zu tun hatte, den die Fayu-Stämme untereinander wie auch mit ihren Nachbarstämmen führten.

Also blieben wir Geschwister beim Spielen zunächst unter uns warteten einfach, bis die Fayu-Kinder von allein auf uns zukamen. Das war einige Wochen später der Fall und ich fand meinen ersten Fayu-Freund, einen Jungen namens Tuare. Mein Vater hatte den Fayu zwar gesagt, dass ich ein Mädchen sei, doch dic Stammesangehörigen waren verwirrt. Denn je mehr sie mich in diesen ersten Monaten beobachteten, desto mehr waren sie davon überzeugt, dass ein Irrtum vorlag und ich eigentlich ein Junge war. Ich erkannte es damals nicht, aber genau dieser Umstand sollte einen sehr großen Einfluss auf mein späteres Leben haben.

In vielen Kulturen macht es einen mehr oder weniger großen Unterschied, ob ein kleines Kind von der Gemeinschaft, in der es lebt, als Junge oder als Mädchen angesehen wird. Im Stammesleben aber sind dieser Unterschied und die daraus folgenden Konsequenzen fundamental. Denn die Rollen von Mädchen und Jungen sind grundverschieden. Sie werden schon sehr früh für festgelegte Positionen und Funktionen innerhalb der Gemeinschaft trainiert und vorbereitet, die das Überleben des Stammes sichern sollen.

Den Mädchen wird beigebracht, Nahrung zu sammeln, Sago zu machen, Netze zu knüpfen, zu angeln, Essen zuzubereiten und sich um die Kinder zu kümmern. Den Jungen wird beigebracht, Hütten zu bauen, den Stamm vor Bedrohungen zu schützen, Waffen und Kanus herzustellen. Und zu jagen.

Dann kam ich in den Dschungel. Plötzlich war da dieses Kind, ausweislich seiner Eltern ein Mädchen, das seine Zeit aber nicht mit den Mädchen und Frauen verbringen wollte. Das stattdessen ein großes Interesse an Waffen zeigte, schneller rennen konnte als die meisten Jungen, höher in die Bäume klettern konnte und den Jungen bei ihrem Training folgte. Als ich weggeschickt und mir gesagt wurde, zu den Frauen zurückzukehren, weigerte ich mich. Die Fayu zogen in Erwägung, dass ich in Wahrheit möglicherweise doch ein Junge war. Sie trafen schließlich die Entscheidung, mich wie einen Jungen auszubilden. Und später, wenn ich älter wäre, könnten sie immer noch überprüfen, ob ich tatsächlich ein Junge sei.

Im Dschungel geht es immer um das Überleben der Gruppe, nicht des Einzelnen. Es geht nicht um die eigenen Wünsche oder den eigenen Ehrgeiz. Es geht zuallererst darum, den Stamm zu sichern und zu ernähren. Dafür hat jeder und jede eine definierte Rolle zu spielen. Denn nur wenn diese strenge Ordnung aufrechterhalten wird, kann der Stamm gedeihen und überleben. Aber ich war nicht ursprünglich ein Teil des Stammes, denn ich kam aus einer anderen Welt. Und so geschah etwas völlig Undenkbares. Als vermeintlicher Junge, der aber in Wirklichkeit ein Mädchen war, wurde ich zum Jäger ausgebildet. Die Folgen dieser Entscheidung waren dramatisch.

Es begann mit einem Ausflug in den Dschungel. Ich war ungefähr acht Jahre alt. Ich wurde auf eine kleine Lichtung gebracht und erinnere mich noch genau daran, wie schön es dort war. Denn im Gegensatz zum Unterholz, wo hohe Bäume das Sonnenlicht blockierten, war diese Lichtung mit wunderschönen kleinen weißen Blumen bedeckt, durch die die Sonne hindurchscheinen konnte, es schien fast magisch. Mir wurde gesagt, ich solle mich in die Mitte dieser Lichtung stellen, meine Augen schließen und meine Arme ausbreiten. Ich sollte lernen, ohne meine Augen zu sehen, ohne meine Nase zu riechen, ohne meine Ohren zu hören, und ich sollte alle meine Gedanken anhalten. Bevor ich Pfeil und Bogen in die Hand nehmen durfte, bevor ich jagen lernen konnte, musste ich lernen, meine Instinkte zu entwickeln.

Ich stand wochenlang auf dieser Lichtung, oft frustriert, müde und wütend. Ich konnte nicht verstehen, was sie meinten. Wie kann man ohne Augen sehen, ohne Ohren hören und ohne Nase riechen? Bis ich eines Tages hinter das Geheimnis kam. Ich stand wieder einmal frustriert und gelangweilt auf der Lichtung. Ein Schwarm von Moskitos flog um mich herum, es war lästig. Ich fing an, sie wegzuwischen, wurde aber aufgefordert, damit aufzuhören. Sie sagten mir, ich solle mich nicht bewegen und mich auf das Summen konzentrieren, ich solle versuchen, Teil des Geräusches zu werden, bis ich nur noch das Summen hörte, das alle anderen Geräusche übertönte. Wenn ich gestochen wurde, durfte ich mich nicht bewegen oder reagieren, sondern musste ganz in diesem Mückenschwarm aufgehen, ein Teil von ihm werden. Mir wurde gesagt, ich solle alles um mich herum zum Stillstand kommen lassen und ein einzelnes Geräusch heraushören. Ich sollte mich auf das Geräusch konzentrieren und lernen, die Unterschiede in den Lauten eines Tieres, die verschiedenen Tonhöhen und den Rhythmus zu erkennen.

Geräusche spielen bei der Jagd eine wichtige Rolle. Selbst das kleinste Geräusch musste gehört und identifiziert werden. Es ist wie das Erlernen einer Sprache ohne Worte, die nur aus Geräuschen besteht. Jedes Insekt, jeder Käfer, jeder Vogel, jedes Säugetier und sogar die Bäume haben ihren eigenen Dialekt. Der Dschungel hat eine eigene Sprache. Ich musste sie lernen, musste lernen, sie zu verstehen. Ich lernte, die Sprache der Insekten zu begreifen, die mir sagten, ob sie sich sicher oder bedroht fühlen. Ein leises Summen kann sich plötzlich in ein wildes Summen verwandeln, das Gefahr oder eine Störung bedeutet. Jeder Vogel hat einen einzigartigen Ruf, der eine bestimmte Bedeutung hat. An den Geräuschen von Fröschen und Insekten konnte ich erkennen, welche Tageszeit es war. Sogar die Blätter der Bäume, wenn der Wind durch sie hindurchfegte, gaben mir eine Botschaft, vor allem, in welche Richtung ich mich stellen musste, um den Geruch des zu jagenden Tieres aufzunehmen.

Dann begann mein Training der Gerüche. Ich musste an allen Dingen riechen, die mich umgaben, Blätter pflücken, um zu lernen, wonach sie rochen. Dann andere Pflanzen, Insekten, Käfer, Tiere, Wasser, Menschen, Hölzer, Sümpfe, Blumen. Sie alle haben ihren eigenen Geruch, den ich kennenlernen musste. Monatelang habe ich an allem gerochen, was ich in die Finger bekam. Wieder wurde mir gesagt, ich solle alles um mich herum ausblenden, mich nur auf einen einzigen Geruch konzentrieren, Teil des Geruchs werden und ihn mir in mein Gedächtnis einprägen.

Dann wurde mein Tastsinn geschult. Ich begann, Blätter, Pflanzen, Blumen und Bäume zu ertasten und ihre Beschaffenheit zu fühlen. Wenn ich ein Insekt oder einen Käfer aufhob, fühlte ich sie in meiner Hand, die Weichheit der Körper, die winzigen Beine, die auf meiner Haut krabbelten, stachelig, sanft oder scharf. Indem ich fühlte, wie sie über meine Haut krabbelten, sollte ich erfahren, um welche Art von Insekt es sich handelte. Mir wurde gesagt, ich solle die Augen schließen, mich in das Tier hineinversetzen und seine Reaktionen erfahren. Jedes Blatt und jede Blume hat eine andere Oberfläche, manche rau, manche weich, manche lassen die Haut brennen, andere sind kühl und beruhigend.

Je mehr sich all meine Sinne entwickelten, desto mehr begann sich die Welt um mich herum zu wandeln. Ich wurde mir jeder Veränderung in meiner Umgebung bewusst, ganz gleich, wie klein oder unbedeutend sie war. Was einst Anstrengung bedeutete, zu hören oder zu riechen, wurde bald spielend leicht. Alles um mich herum wurde Teil von mir, bis ich schließlich tatsächlich in der Lage war, ohne meine Augen zu sehen. Geruchssinn, Tastsinn, Gehör und das Wissen darüber, wie sich die Dinge anfühlen, anhören oder wie sie riechen, gaben mir die Fähigkeit, weit über das hinauszublicken, was unsere Augen uns zeigen. Ich begann, Sinne zu entwickeln, die über das Normale hinausgehen. Am Ende meiner Ausbildung konnte ich alles um mich herum wahrnehmen. Ich wusste schon Stunden vorher durch den Geruch der Luft und die veränderten Geräusche der Insekten und Tiere, dass es regnen würde. Ich wusste im Vorhinein, dass uns ein Erdbeben traf oder ein Krieg ausbrach.

Doch die geschärfte Wahrnehmung, die ich fürs Jagen brauchte und trainierte, bewirkte noch etwas ganz anders. Ich lernte auch, die Gefühle der Menschen um mich herum wahrzunehmen. Jeden Gedanken, jede Emotion, jedes Verlangen und jede Abneigung konnte ich sehen. Ich erkannte, dass Emotionen und Gedanken unseren stofflichen Körper in einer Weise verändern, die die meisten im Westen nicht erkennen können. Sie haben einen Einfluss auf unsere energetische Ausstrahlung und darauf, wie sich unsere Haut anfühlt, sie verändern unseren Geruch und sogar unsere Stimme. Ich sehe sie in den Augen, die tatsächlich das sprichwörtliche »Fenster zur Seele« sind. Als Kind habe ich oft bei den Fayu beobachtet, wie sich ihre Augen bei ihrem Kriegstanz veränderten, bis nur noch Leere übrig war. Sogar den Tod kann ich in den Augen sehen, bevor er eintritt. Alles zusammengenommen ergibt für mich ein genaues Bild des Innenlebens einer Person.

Wenn jemand verbittert ist, ist die Energie stachelig, der Geruch ähnelt dem von Essig, die Haut fühlt sich prickelnd an. Wenn jemand ängstlich oder nervös ist, wird die Energie brüchig und unstrukturiert. Auf der Haut fühle ich kleine Wirbelwinde, der Geruch ähnelt dem eines säuerlichen Apfels. Wenn eine Person verliebt ist, riecht sie holzig-süßlich, manchmal sumpfig-süßlich, die Zellen auf der Haut vibrieren und leuchten. Jemand, der sehr empfindlich ist, dessen Haut fühlt sich dünn an, er riecht nach frisch gemähtem Gras und er hat eine watteweiche Energie. Wenn jemand wütend und aggressiv ist, ist die Haut hart und rau, sie riecht fischig. Die Energie ist düster, und es tut mir körperlich weh, in der Nähe solcher Menschen zu sein. Glückliche Menschen haben eine lebendige Haut, sie ist bunt wie ein Regenbogen, der sich über die Haut spannt, sie pulsiert und ist voller Energie. Die Haut von traurigen Menschen fühlt sich müde und erschöpft an, die Zellen vibrieren dann langsamer. Wenn jemand nicht genug körperliche Nähe bekommt, fühlen sich die Zellen leer an.

Mit der Zeit war ich auch in der Lage, Energien als Farben zu sehen. Ich sah sie als Farben, die ich nie zuvor wahrgenommen hatte. Das Grün des Dschungels fächerte sich zu Tausenden von verschiedenen Farbschattierungen auf. Diese Energiefarben umgaben alles in der Natur wie flüssiger Morgentau. Sie reagierten auf Einflüsse von außen, und ich konnte winzige Veränderungen sehen, wenn zum Beispiel ein Mensch oder ein Tier ein Blatt streifte oder sich die Atmosphäre vor einem Regenguss veränderte.

Im Dschungel sind diese Fähigkeiten völlig selbstverständlich, sie sichern dort das Überleben. Auch die Frauen waren in der Lage, Emotionen zu spüren und Gedanken zu sehen, auch wenn sie es nicht bei der Jagd gelernt hatten. Als ich in den Westen kam, war mir lange nicht klar, dass dort fast niemand solche Fähigkeiten hatte. Ich ging davon aus, dass auch in Europa die Menschen ihre Umwelt so wahrnehmen wie ich, ich kannte ja nichts anderes. Die gesprochene Sprache war für mich nur eine Möglichkeit unter vielen, mich zu verständigen, denn ich nahm an, dass mein Gegenüber in gleicher Weise meine Gedanken und Emotionen lesen konnte wie ich seine oder ihre. Das war aber nicht der Fall und es ließ mich oft verwirrt und frustriert zurück, wenn die Menschen im Umgang mit mir auf eine Weise reagierten, die für mich einfach keinen Sinn ergab. Irritiert hat mich auch, dass ich im Westen nur Grautöne sehen konnte, die bunten Farben aus dem Dschungel waren verschwunden. Für mich ist die Farbwelt hier im Westen eintönig und grau.

Das intensive Training meiner Sinne damals im Dschungel war nur der erste vorbereitende Schritt. Nun war ich bereit, das Jagen zu lernen. Ich erlernte den Umgang mit Pfeil und Bogen. Ich übte fleißig und schoss auf alles, was sich als Ziel eignete. Manchmal schloss ich dabei die Augen und verließ mich ganz auf meine anderen Sinne, um zu schießen und zu zielen. Pfeil und Bogen wurden mein ständiger Begleiter, und je besser ich wurde, desto mehr wuchs mein Verlangen.

Als Nächstes durfte ich bei der Jagd selbst zusehen. Dazu schmierte ich meine Haut mit Schlamm ein, um meinen Geruch zu verbergen, denn um zu jagen, muss man vollkommen unbemerkt bleiben. Ich lernte die verschiedenen Fährten der Tiere kennen, lernte, wie man den Pfaden folgt, die sie im Unterholz des Dschungels hinterlassen. Ich lernte, wohin ich ein Tier treffen musste, um einen schnellen Tod herbeizuführen. Ich konnte die Angst im Wildschwein spüren, während es gejagt wurde, ich konnte den Schmerz fühlen, als das Tier um seinen letzten Atem rang, mit meiner Hand auf dem Körper konnte ich spüren, wie das Leben den Körper verließ.

Was für ein unglaubliches Gefühl. Das Jagen verschaffte mir ein Hochgefühl, einen Rausch. Adrenalin floss durch meine Adern und gab mir das Gefühl, unbesiegbar zu sein. Wenn das tote Tier für den Abtransport vorbereitet wurde, roch ich das frische Blut. Ich begann, diesen Geruch zu lieben, wurde süchtig danach. Oft lehnte ich mich zurück, schloss die Augen, das Adrenalin floss ungehindert durch meinen Körper. Ich wurde dazu ausgebildet, ein Stammesangehöriger zu werden, ein Jäger.

Doch es sollte nicht so bleiben. Das Kind wuchs zu einer jungen Frau heran. Der Tag kam, an dem die Fayu zweifelsfrei erkannten, dass ich doch ein Mädchen war. Ich wurde unsanft aus der Männerwelt geschubst, Pfeil und Bogen wurden mir aus der Hand genommen. An den Aktivitäten der Männer durfte ich fortan nicht mehr teilnehmen. Ich wurde in die Welt der Frauen gedrängt. Aber ich hatte nie gelernt, das Leben einer Frau zu führen. Auch hatte ich keine engen Freundschaften mit den Frauen und Mädchen meines Stammes geknüpft. Dort war ich fremd, ich gehörte nicht zu ihnen. Und ich wollte nicht zu ihnen gehören, denn das Verlangen nach der Jagd war zu groß geworden. Ich verlor meine Stellung im Stammessystem und fand keine andere. Ich passte nirgendwo hin.

In dieser Zeit begann ich – aus vielerlei Gründen –, daran zu zweifeln, ob ich tatsächlich in diese Stammeswelt gehörte. Ich begann mich zu fragen, ob es in der Welt da draußen vielleicht einen Platz gab, an den ich wirklich gehörte. Denn war ich nicht ganz anders als die Menschen hier? War meine Haut nicht weiß, mein Haar nicht blond, meine Augen nicht blau? Dann kam der Tag, an dem ich zum Rand der Welt ging, die bisher mich und mein Leben geprägt hatte, und ich schaute weit über diesen Rand hinaus. In der Ferne sah ich leuchtende Lichter und wunderschöne Farben. Wie schön kam sie mir in diesem Moment vor, die Welt im Westen. Es war der Tag, an dem mir mein Onkel in Berlin das Angebot machte, mich auf ein Schweizer Internat zu schicken. Er war der Meinung, dass ich mich an das Leben im Westen gewöhnen müsse, ich sollte »zivilisiert« werden. Es war der Tag, an dem ich mich zu weit über den Rand beugte und aus meiner Welt herausfiel.

Ich verließ also meinen Stamm – und dieses Mal nicht nur für einen Besuch – und ging in eine Welt, in der die Sinne, die ich über viele Jahre hinweg geschult hatte, nicht mehr gebraucht wurden. In der das Jagdadrenalin keine Chance mehr hatte, meinen Körper zu verlassen, abgebaut zu werden. In der ich meine Sucht nicht mehr ausleben konnte. Da ich aber all dies damals noch nicht verstand, merkte ich nicht, was mit mir passierte.

Manchmal kommt in mir dieses unverkennbare Gefühl hoch. Ich muss mich dann sehr zusammenreißen. Ich fühle Emotionen, von denen ich weiß, dass ich sie unterdrücken sollte, denn sie gehören nicht hierher. Sie gehören in den Urwald. Hier im Westen sind sie fehl am Platz. Hier muss ich ein anderer Mensch sein als dort. Trotzdem kommen sie immer wieder hoch, ich kann es nicht verhindern. Es sind Gefühle von Wildheit und Lust. Es ist pures Adrenalin, das in meinen Körper schießt und den Jagdtrieb in mir erweckt.

Es beginnt damit, dass ich Blut in meinem Mund schmecke. Da ist kein Blut, aber der Geschmack ist trotzdem da. Ein salziger, metallischer Geschmack, der sich ausbreitet und in meine Kehle sickert. Mein Atem geht dann schneller, auch der Herzschlag beschleunigt sich. Adrenalin füllt meine Adern und ein kribbeliges Gefühl erfasst mich. Ich werde immer unruhiger. Mein ganzer Körper fühlt sich an, als würde er vibrieren. Meine Sinne werden schärfer, mein Blick fokussiert sich. Mein Geruchssinn erfasst alles um mich herum, ganz präzise. Ich kann jedes noch so kleine Geräusch hören, fast so, als hätte jemand in meinem Kopf den Lautstärkeregler nach oben geschoben. Jede Bewegung um mich herum, jeder Stimmungswechsel, jede Farbe wird intensiver in meiner geschärften Wahrnehmung.

Bis zu dem Punkt, an dem ich mich wie in einer anderen Dimension fühle. Langsam beginnt dieses seltsame Gefühl, meinen Körper und meinen Geist zu erobern. Ich kann es in jeder Zelle spüren, kann es auf meiner Haut spüren, ich kann es auf der Zunge schmecken, meine Fingerspitzen beginnen zu kribbeln, meine Muskeln spannen sich an und ein starkes Verlangen wächst in mir. Es ist wie eine unbändige Sehnsucht, eine Sucht, die immer stärker wird. Wie ein unglaublicher Rausch, der durch meinen Körper strömt, wie Wellen, die mich immer wieder durchspülen. Ich will dieses Gefühl, ich brauche dieses Gefühl. Mein Geist befindet sich in einem Tunnel, er hat nur noch ein Ziel. Ich will erobern. Denn ich bin auf der Jagd.

Ich bin nicht nur zwischen zwei Kulturen, zwischen zwei völlig unterschiedlichen Welten gefangen. Auch im Stammesleben habe ich keinen festen Platz. In der Kultur eines Stammes bin ich weder Mann noch Frau. Denn ich trage die Jagdsucht in mir. Meine Sinne sind zum Jagen, zum Töten, zum Überleben und zum Schutz des Stammes entwickelt. Was in unserer westlichen Welt für mich hinderlich ist, ist im Urwald überlebenswichtig. Die Stammesmänner eignen sich den Jagdtrieb durch Training von Kindesbeinen auf an. Sicher spielen auch genetische Faktoren bei der Herausbildung dieser Fähigkeiten eine Rolle, denn für das Überleben der Stämme ist das Jagdadrenalin unverzichtbar. Wenn die Männer jagen, baut sich dieser Druck auf, im ganzen Körper. Sie brauchen ihn, um erfolgreich zu sein. Erst wenn das Tier erlegt ist, meist nach vielen Stunden und nach endlosen Strapazen, lässt der Druck nach. Aber es macht abhängig, der Körper will mehr davon. Aus der Perspektive der Überlebenssicherung des Stammes ist das unverzichtbar.

Für jemanden, der im Westen aufgewachsen ist, mag das schwer zu verstehen sein. Hier müssen wir nicht mehr jagen, um zu überleben. Wir brauchen unsere Sinne nicht für die Jagd zu entwickeln. Die Stammeskulturen aber haben die Kunst des Jagens über Tausende von Jahren perfektioniert und sie sichern damit ihr Überleben unter härtesten Bedingungen. Ihre Methoden basieren auf den grundlegendsten Instinkten der menschlichen Natur und des menschlichen Verhaltens.

Noch heute habe ich diesen starken Jagdtrieb. Meistens kann ich diesen Trieb unterdrücken, das habe ich inzwischen gelernt. Aber manchmal kommt er doch hoch. Dann kommt die Sehnsucht nach diesem ganz speziellen Rausch. Meine Gefühle verändern sich, ich werde ganz leer und bin komplett fokussiert. Das Verlangen ist dann so stark, mein Adrenalinpegel so hoch, dass ich Dinge tun will, die hier jedoch nicht immer akzeptabel sind. Es ist anders als die Jagd im Dschungel, ich will keine Tiere töten, das ist es nicht. Es ist die Sucht nach dem Rausch. In mir baut sich eine große Energie auf, die ihren Weg nach draußen sucht, die abfließen möchte. Ich erlebe diesen Jagdtrieb als dem sexuellen Trieb sehr ähnlich. Und im Unterschied zu früher kann ich ihn heute einordnen. Ich kenne dieses Verlangen schon lange, wusste aber lange nicht, was es war, woher es kam und wodurch es ausgelöst wurde. Heute kann ich anders damit umgehen, weil ich mir seiner bewusst bin.

Der Jagdtrieb ist tief in mir verwurzelt. Ich habe die Fähigkeiten des Jagens schnell und umfassend gelernt und ich habe sie noch heute. Und damit auch den Jagdtrieb. Er ist auch dann präsent, wenn ich im Westen bin, wo ich ihn gar nicht brauche. Hier behindert er mich sogar. Immer wieder will er sich seinen Weg suchen. Und das kann in der westlichen Gesellschaft nicht die Jagd sein.

# Eine andere Welt

Während meiner Kindheit und Jugend im Dschungel wusste ich wenig über das Leben im Westen. Was ich erfuhr, stammte hauptsächlich aus Besuchen in der Heimat, den Geschichten, die mir meine Mutter erzählte, und aus Büchern und Zeitschriften. Wie schön alles auf diesen Hochglanzseiten aussah, wie stark und edel die Menschen in den Büchern waren, die ich las. Wie das Gesicht meiner Mutter aufleuchtete, wenn sie versuchte, uns das Leben in Deutschland mit all seinen Traditionen zu beschreiben. Oder auch nur den Geschmack von Erdbeeren mit Schlagsahne.

Als Kind war mir nicht klar, dass meine Mutter manchmal Heimweh hatte und das Leben vermisste, das sie weit hinter sich gelassen hatte, und dass ihre Erinnerungen eher von den guten und schönen Seiten geprägt waren. Es war mir nie in den Sinn gekommen, dass ich damit in meinem Kopf eine illusorische Sicht von der westlichen Welt verankert hatte, eine Fantasiewelt, die auf dem verzerrten Bild einer Kultur beruhte, in der schönes Aussehen, Reichtum und Macht das Schicksal eines Menschen bestimmen.

Oft saß ich damals in unserem Haus in Foida, langweilte mich und wartete darauf, dass der Regen aufhörte, damit ich wieder nach draußen gehen und spielen konnte. In diesen Momenten erschuf meine Fantasie eine fremde Welt mit hellen Lichtern und bunten Menschen, die wunderschön in ihrer verführerischen Mode aussahen. Aus der Ferne wirkte dieser Kosmos wahnsinnig verlockend auf mich. Ich stellte mir vor, wie die gut gekleideten Menschen auf sauberen, gepflasterten Gehwegen gingen, wie sie sich zuwinkten und lächelnd begrüßten. Wie die Geschäfte die Straße säumten, prall gefüllt mit Spielzeug aller Art, mit leckersten Lebensmitteln, edler Kleidung und allem, was das Auge und den Geschmack erfreute. In meiner Vorstellung konnte man einfach in jedes Geschäft gehen und alles kaufen, was das Herz begehrte. Dass das längst nicht auf alle Menschen zutraf und dass es im Westen auch Menschen geben könnte, die dafür nicht genug Geld hatten, kam mir gar nicht in den Sinn. Denn bei den Fayu hatte ich gelernt, dass man alles teilte, was man besaß – und deshalb niemand weniger hatte als der andere. Ich hatte noch nie weiße Menschen gesehen, die arm waren. Alle weißen Menschen, denen ich zum Beispiel in Jayapura begegnet war, die dort arbeiteten, hatten genug zum Leben, was längst nicht auf alle Einheimischen zutraf.

Ich seufzte und bewunderte diese Menschen, die in dieser bunten, fantastischen Welt lebten. Sie müssen die glücklichsten Menschen der Welt sein, dachte ich mir, denn wie könnten sie unglücklich sein, wenn sie doch alles haben, was sie sich wünschen? Wenn der Regen endlich nachließ, lief ich wieder nach draußen, und bis zum nächsten Regen existierte diese fremde Welt für mich nur als schwacher Schimmer. Doch dieser Schimmer wurde größer und heller. Im Laufe der Jahre gewann dieses imaginäre Reich in seiner Pracht und Schönheit immer mehr an Präsenz, es rückte näher und faszinierte mich mehr und mehr. Dann kam ein Brief von meinem Onkel, dem Bruder meiner Mutter. Er bot an, mich in ein Schweizer Internat zu schicken. Ich war damals 17 Jahre alt und versuchte verzweifelt herauszufinden, wo ich hingehörte. Ich hatte meine Stellung in der Männerwelt verloren, aber es nie geschafft, einen Platz in der Frauenwelt zu finden.

Ich ging damals bereits auf die Highschool in der Nähe von Jayapura und meine Eltern hatten für mich geplant, dass ich dort meinen Abschluss mache und dann auf die lokale Universität gehen sollte. Viel lieber aber wollte ich nach Europa, in ein neues Leben, in die Welt aus den Hochglanzmagazinen. Schließlich gelang es mir, meine Eltern zu überreden, mich gehen zu lassen. Ich war sehr aufgeregt. Und hatte keine Ahnung, was dieser Schritt mit mir machen würde, wie stark ich reagieren würde. Ich sah so aus wie die anderen dort und meine Eltern gehörten zum deutschen »Stamm«. Ich dachte daher, dass ich ganz einfach in dieses neue Leben hineinschlüpfen könnte. Doch es sollte anders laufen: Meine Sinne und Instinkte waren für das Überleben im Dschungel ausgebildet: Ich sehe nicht nur mit den Augen, ich nehme meine Umgebung mit allen Sinnen wahr, spüre daher ungefiltert Stimmungen. Im Westen reagierten meine Sinne vollkommen über und konnten die Geschehnisse nicht einordnen.

Kurz vor meinem 18. Geburtstag verließ ich die Welt meiner Kindheit, voller Vorfreude auf das Abenteuer, in das ich mich stürzen würde. Mein Onkel hatte mich in dem Schweizer Internat angemeldet. Es war Oktober 1989, sehr kalt. Ich war einige Tage zuvor in Deutschland angekommen und sollte von Hamburg den Nachtzug in die Schweiz nehmen. Mit meinem Koffer in der Hand kam ich am Hamburger Hauptbahnhof an. Ich fror, war nicht richtig für den Winter gekleidet, hatte keine Handschuhe und keine Mütze. Klassische Musik drang aus den Lautsprechern, Obdachlose lagen zusammengekauert in einer Ecke, Massen von Menschen waren unterwegs. Es war spät am Abend, ich hatte den Nachtzug reserviert. Ich schaute auf das Zugticket in meiner Hand. Dort waren die Zugnummer und der reservierte Sitzplatz vermerkt. Gesagt hatte man mir, an welchem Gleis der Zug halten würde. Nicht erklärt wurde mir aber, was ein Gleis ist, ich hatte das Wort noch nie gehört.

Ich stand am Eingang des Bahnhofes und überlegte fieberhaft, was dieses Wort bedeuten könnte. Die englische Übersetzung »track« hätte ich verstanden, aber da ich in englischer Sprache unterrichtet worden war, waren mir viele deutsche Wörter nicht geläufig.

Ich ging hinein, blickte mich um und sah einen Polizisten in der Ecke stehen. Ich hielt es für sicher, mich ihm zu nähern, und fragte ihn, was ein Gleis sei. Seine Reaktion schockierte mich. Er fühlte sich zum Narren gehalten, wurde wütend und herrschte mich an. Warum ich ihm so eine lächerliche Frage stellte, wollte er wissen. Meine Sinne überschlugen sich, als ich seine Wut sah. Bei den Fayu bedeutete eine solche Reaktion eines Gegenübers höchste Gefahr, angegriffen oder sogar getötet zu werden. Angst stieg in mir auf, mein Herz begann zu rasen. Hastig formulierte ich meine Frage um und erkundigte mich stattdessen, wo ich Gleis 14 finden könne. Er beruhigte sich und wies mir den Weg.

Ich folgte seinen Anweisungen und machte mich auf die Suche. Doch irgendetwas stimmte nicht, ich konnte es deutlich fühlen, spürte es in jeder Zelle meines Körpers. Noch immer mit klopfendem Herzen und vollkommen ratlos, was ich falsch gemacht hatte, drängte ich mich durch die Menschenmassen. Meine Füße schmerzten, da ich es nicht gewohnt war, Schuhe zu tragen. Ich zitterte vor Kälte. Alles um mich herum wurde dunkel, es war dieselbe Dunkelheit, die ich im Dschungel wahrgenommen hatte, bevor ein Krieg unter den Fayu ausbrach. Ich sah von oben auf die Gleise herab, es waren mehr, als ich zählen konnte. Große, metallische Stimmen dröhnten aus den Lautsprechern, Wortfetzen drangen an mein Ohr. Die Menschen waren in Eile, sie waren hektisch und hetzten umher, als ginge die Welt unter. Ich schaute nach oben und entdeckte die Anzeigentafeln mit den Gleisnummern, fand den Weg zu Gleis 14. Ich ging die breite Treppe hinunter, bis ich auf dem Betonbahnsteig stand, der weder Anfang noch Ende zu haben schien.

Ich geriet in Panik, die Dunkelheit um mich herum wuchs, und in diesem Moment war ich sicher, dass ich die Nacht nicht überleben würde. Es war nicht so sehr der Anblick um mich herum, nicht das, was ich mit meinen Augen sehen konnte, was diese lähmende Angst auslöste. Es war das, was ich wahrnahm. Ich war darauf trainiert, mit mehr als meinen Augen zu sehen, und plötzlich wurde ich mit Gerüchen, Geräuschen und Emotionen konfrontiert, die mir völlig neu waren und die ich nicht einordnen konnte. Ich hatte gelernt, mich mit all meinen Sinnen in meiner Umgebung zurechtzufinden. Diese Sinne ließen mich den Regenwald in unzähligen farbigen Schattierungen sehen, die mir perfekte Orientierung boten. Doch hier war alles grau, es gab keine Farben. Ich war verloren.

Die Menschen drängten sich an mir vorbei und in ihren Gesichtern sah ich nicht das glückliche, zufriedene Lächeln, das ich mir in meiner Fantasie ausgemalt hatte. Die Menschen hier waren voller Schmerz, Bitterkeit, Depression, Stress, Leere und Wut. Niemand lächelte. Ungefiltert spürte ich all ihre Emotionen, ihre Hoffnungslosigkeit und versuchte, mir einen Reim darauf zu machen. Wieso waren die Menschen in dieser scheinbar perfekten Welt bloß so unglücklich? Dann plötzlich kam es mir in den Sinn. Es musste ein Krieg ausgebrochen sein! Denn das, was ich in den Menschen um mich herum spürte, ähnelte dem, was ich empfunden hatte, wenn sich die Fayu-Clans untereinander bekriegten.

Ein lautes durchdringendes Geräusch riss mich aus meinen Gedanken. Aus der Dunkelheit tauchte etwas auf, das für mich damals aussah wie ein langer weißer Wurm, der auf mich zuraste. Es war ein ICE – der erste Zug, außer Bilderbuchzügen, den ich bisher in meinem Leben sah. Ich wollte weglaufen, mich verstecken, mich in Sicherheit bringen, wusste aber nicht, wohin. Der ICE kam schließlich zum Stehen, vor Angst erstarrt stand ich regungslos da. Scharen von Menschen stiegen aus, andere stiegen ein. Sie drängten und schubsten.

Eine laute Stimme aus den Lautsprechern über mir ließ mich aus meiner Erstarrung aufschrecken. Ich erinnerte mich an die Nummer des Waggons und meines Sitzplatzes, die auf dem Ticket vermerkt waren. Im Fenster des Waggons vor mir sah ich, dass eine kleine Nummer angebracht war. Ich verglich sie mit der Nummer auf dem Ticket, aber sie stimmte nicht überein. Ich ging zum nächsten Waggon, aber auch dort landete ich keinen Treffer. Ich beschleunigte mein Tempo und versuchte verzweifelt, eine passende Nummer zu finden. Plötzlich forderte die Lautsprecherstimme dazu auf, in den Zug einzusteigen, da er in Kürze abfahren würde. Panisch sprang ich in den nächstgelegenen Waggon, gerade als sich die Türen zu schließen begannen.

Ich stand da, schloss die Augen, atmetet tief durch und versuchte, den Lärm auszublenden. Ich wusste, dass ich einen Plan brauchte, um das hier zu überleben. Ich blickte auf und sah, dass die Waggons zwar durch Türen getrennt, aber miteinander verbunden waren. Auf jeder Tür stand eine Nummer. Ich ging zum vorderen Teil des Zuges und prüfte systematisch jede von ihnen, ohne Erfolg. Einen Waggon mit meiner Nummer gab es nicht. Am Ende des Zuges angekommen stand ich in einem Waggon, dessen Sitze breiter waren und schöner aussahen als in denen, durch die ich gerade gegangen war. Ratlos stand ich da. Ein Mann kam auf mich zu und bot mir seine Hilfe an. Ich zeigte ihm meine Fahrkarte, er schlug vor, mit ihm zusammen auf einen Zugbegleiter zu warten, der mich zu meinem Platz bringen sollte. Der Zugbegleiter teilte mir dann zu meinem Entsetzen mit, dass ich in den falschen Zug eingestiegen war. Entkräftet begann ich zu weinen. Er beruhigte mich, sagte, dass mein Zug gleich nach diesem fahren würde und ich beim nächsten Halt, einem weiteren Hamburger Bahnhof, aussteigen und in den richtigen Zug wechseln könnte. Als der Zug langsamer wurde, zum Stehen kam und ich wieder ausstieg, war es bereits Mitternacht. Wenige Minuten später stieg ich in den richtigen Zug, fand meinen Sitzplatz und schaffte es ohne weitere Zwischenfälle bis in die Schweiz. Wider Erwarten hatte ich die Nacht überlebt. Aber etwas Gravierendes hatte sich verändert. Meine einst so bunte Welt hatte ihre Farben verloren.

Ich verbrachte ein paar weitere Tage bei einer befreundeten Familie, dann begann der Unterricht und ich wurde ins Internat gebracht. Ehrfürchtig trat ich durch die großen Holztüren des kleinen Schlosses am Genfer See, das für das nächste Jahr mein Zuhause sein würde. An den Steinwänden hingen alte Gemälde von Menschen in seltsamen Kleidern, die Teppiche waren so dick, dass meine Schuhe darin versanken. Große Treppen schlängelten sich in die oberen Stockwerke, schicke Stühle und Sofas waren so dick gepolstert, dass ich mich nicht traute, mich hineinzusetzen, aus Angst, ich könnte nicht wieder aufstehen. Ich fühlte mich wie in einem Märchen, als wäre ich Teil eines der vielen Bücher, die ich gelesen hatte. Nur war ich keine Prinzessin, sondern eine junge Stammesangehörige, die in einer Welt aufgewachsen war, die vollständig anders war als die, in der ich mich jetzt befand. Man begrüßte mich auf Französisch, eine Sprache, die ich in der Zeit, die ich dort verbrachte, lernen sollte. Ich hörte den Anweisungen in der fremden Sprache kaum zu, während ich die Eindrücke um mich herum aufnahm. Ja, dies sah aus wie die Welt, die ich mir in all den Jahren in meinem Kopf aufgebaut hatte. Alle lächelten, trugen schöne Kleider und es roch nach schweren Parfüms und alter Geschichte. Welch ein krasser Unterschied zu mir selbst, ich fühlte mich klein und »unzivilisiert«.

Aber ich war fest entschlossen, ebenfalls ein Teil dieser Welt zu werden, irgendwie fühlte es sich an, als hätte ich vielleicht endlich meinen Stamm gefunden, die Welt, in die ich gehörte. Ich wollte alles lernen, was ich zum Überleben in dieser fremden Welt brauchte. Die Mädchen in der Schule waren nett zu mir. Sie kannten meine Vorgeschichte und hatten sich vorgenommen, die neue Mitschülerin aus dem Dschungel zu »zivilisieren«. Das taten sie. Sie brachten mir bei, wie man nach ihren Vorstellungen in der Zivilisation überleben konnte. Sie zeigten mir, wie man sich für die verschiedenen Anlässe passend kleidet und wie ich mich in allen Lebenslagen richtig zu benehmen hatte. Ich schloss Freundschaften, mochte den Unterricht und genoss die Zeit im Internat.

Äußerlich passte ich mich schnell an, lernte deshalb viel über diese neue Gesellschaft. Innerlich aber geriet meine Welt immer mehr aus den Fugen. Meine Angst wuchs und wurde schließlich ein beständiger Teil von mir. Meine sensiblen Antennen signalisierten mir eine permanente Gefahr. Ich konnte sie fühlen, riechen, sehen und schmecken, wusste aber nicht, woher sie rührte. Obwohl ich die Sprache verstand, die die Menschen sprachen, verlief unsere Kommunikation alles andere als reibungslos. Mit meinen trainierten Sinnen nahm ich Signale wahr, die nicht mit den gesprochenen Sätzen in Einklang zu bringen waren. Und stellte fest, dass auch ich meine Botschaften nicht gut transportieren konnte, weil die Menschen hier im Wesentlichen nur das entschlüsseln konnten, was mit Worten gesagt wurde. Vieles andere blieb ihnen verborgen. Doch das war mir damals überhaupt nicht bewusst. Ich fragte mich permanent, was mit mir bloß los sei: Wieso war ich so anders als die anderen? Ich sah doch so aus wie sie, meine Haut war genauso farblos wie ihre. Und doch existierte eine riesengroße Kluft zwischen uns.

Es hatte nichts mit der physischen Welt zu tun, die mir neu und unbekannt war. Am meisten Angst hatte ich vor dem, was ich fühlte, aber nicht einordnen und mir nicht erklären konnte. Meine Instinkte schalteten auf Überlebensmodus, ich fühlte ich mich innerlich völlig blind, konnte mich nicht orientieren. Ich befand mich in einer Welt, deren Ausdrucksweise ich nicht verstehen konnte. Ich war von Menschen umgeben, deren Emotionen – so, wie ich sie las – nicht zu dem passten, was sie sagten. Rein äußerlich passte ich mich an diese neue Welt an und integrierte mich vorbildlich. Innerlich begann ich langsam zu verschwinden, meine Persönlichkeit löste sich nach und nach auf. Denn die wichtigste Lektion, die ich im Dschungel gelernt hatte, lautete: Um zu überleben, muss man unsichtbar werden. Um zu überleben, muss man Teil eines Stammes oder einer Gemeinschaft werden, die eigene Individualität heißt Isolation vom Stamm und die bedeutet den Tod. Man muss sich in seiner Umgebung auflösen, eins mit ihr werden, nur dann ist das Überleben gesichert. Aber es gab noch etwas anderes, was mir sehr zu schaffen machte, es war das westliche Konzept der Zeit.

# Kulturschock

Es war an meinem elften Geburtstag, als ich meine erste Uhr geschenkt bekam. Ich war glücklich und fand mich chic mit der schönen, glänzenden Uhr am Handgelenk. Stolz zeigte ich das neue technische Wunderwerk meinen Freunden. Aber genau wie sie wusste ich nicht so recht, was ich mit ihr anfangen sollte. Für mich war sie ein Schmuckstück, ich trug es, so wie die Fayu Federn auf dem Kopf oder Knochen in der Nase trugen. Zu seinem eigentlichen Zweck, dem Anzeigen der Uhrzeit, nutzte ich sie nicht. Dazu brauchte ich sie nicht.

Denn das Konzept von Zeit im Urwald ist ein völlig anderes als das im Westen. Bei den Fayu war mein Leben eng mit der Natur verbunden, der Ablauf des Tages wurde von Sonne und Mond, von Tag und Nacht bestimmt. Immer wieder von Neuem. Die Tage fühlten sich an, als wären sie in einer Endlosschleife. Als Kind lernte ich zwar, eine Uhr zu lesen, aber da mein Zeitplan dem Takt der Natur entsprach, hatte ich keine Verwendung für dieses Wissen. Ich stand auf, wenn die Sonne aufging, suchte Schutz vor der Hitze, wenn die Sonne am höchsten stand, und ging zu Bett, wenn die Sonne unterging. Wenn es regnete, saß ich in unserer Hütte und wartete, bis der Regen aufhörte. Wir hatten weder Fernseher, Spielzeug noch viele Bücher, um uns abzulenken. Ich lebte vollkommen im Hier und Jetzt, in einem nie endenden gegenwärtigen Moment. Vergangenheit und Zukunft hatten für mich keine Bedeutung – genauso wenig wie für die Fayu. Über die Vergangenheit sprachen sie nur, wenn jemand gestorben war oder wenn es um einen Anlass ging, wie Rache zu üben und Krieg zu führen.

Von klein auf war ich vom Kreislauf der Natur fasziniert. Alles in der Natur hat seine eigene Zeit. Die festgelegte Abfolge der natürlichen Prozesse hält die Ordnung des Urwalds aufrecht, bestimmt Wachstum, Leben und Sterben. Jedes Insekt, jedes Säugetier, jeder Fisch und jeder Vogel hat einen eigenen zeitlichen Rhythmus, der auf den des jeweils anderen abgestimmt ist und ihn bedingt. Wenn ich morgens aufwachte, hörte ich eine Symphonie aus Vogelstimmen und den Geräuschen der Insekten und konnte daran erkennen, ob es ein sonniger, ein klarer, ein bewölkter oder ein regnerischer Tag werden würde.

Im Laufe des Tages veränderten sich die Geräusche. Auch die Gerüche und sogar die Farben des Dschungels wandelten sich, abhängig davon, wo die Sonne stand oder ob es regnete. In der Zeit zwischen 12 Uhr mittags bis etwa 15 Uhr am Nachmittag schien es mir, als würde die Welt langsamer werden, als würde das Leben um mich herum zum Stillstand kommen. Die Farben verblassten, wurden beinahe transparent, und die Geräusche des Dschungels wurden schwächer. Auch die Geräusche und Gerüche änderten sich im Tagesverlauf. Wenn es regnete, verstummten die Geräusche der Tierwelt und die Gerüche wurden dominant. Sie schienen lebendig zu werden. Ich konnte die verschiedenen Pflanzen riechen und die Tiere, die sich verkrochen. Die Luft roch feucht und modrig, wenn die Regentropfen auf den Urwaldboden aufprallten. Wenn der Regen nachließ, kamen die Tiere aus ihrem Unterschlupf, es breitete sich ein wunderschöner blumiger Duft aus.

Am frühen Abend, gegen 17 Uhr, tauchten bestimmte Frosch- und Insektenarten auf und begannen ihr Abendorchester, es war der Weckruf für den Beginn des Nachtzyklus. Später lag ich in meinem kleinen Bett und lauschte der Welt um mich herum. Ich identifizierte die verschiedenen Geräusche und versuchte, ihre Bedeutung zu entschlüsseln, bis ich sie schließlich intuitiv verstand. Nachtaktive Vögel, Säugetiere und Insekten krochen aus ihren Nestern und Verstecken. Nachtblühende Pflanzen öffneten ihre Blüten, und ihre Düfte erfüllten die kühle Luft. Während die Menschen und die tagaktiven Tiere schliefen, gingen die anderen im Nachtleben ihrer Routine nach – Nahrungsaufnahme, Fortpflanzung, jagen und gejagt werden. Dann, um fünf Uhr morgens, veränderte sich die Energie erneut. Sie wurde subtiler und weicher. Am nächsten Morgen begann dieser Zyklus von Neuem.

Er war meine Uhr, meine Art, die Zeit zu lesen, ich musste dafür nicht auf das leuchtende Objekt an meinem Handgelenk schauen. Als ich aufwuchs, lernte ich viel über die Zeit der Natur, wusste genau über sie Bescheid und lebte im Einklang mit ihr. Über die vom Menschen erdachte Zeit – Zeitpläne, die sie sich selbst gaben oder die ihnen von außen, manchmal willkürlich, auferlegt werden, wusste ich damals fast nichts, sie war mir fremd. Zeitdruck kannte ich daher im Urwald nicht. Dort hatte ich eine Welt in perfekter Harmonie und Balance, ein Leben, das durch den natürlichen Kreislauf der Zeit zusammengehalten wurde.

Als ich ins Internat kam, wurde ich plötzlich mit einem detaillierten Tagesablauf konfrontiert, einem, der nicht mehr der Natur folgte, sondern von Menschen gemacht war. Denn obwohl ich zuvor in Papua auf der Highschool war, dort einen Stundenplan hatte und Unterrichtsbeginn und -ende feste Zeiten hatten, war es auf dem Internat dennoch ganz anders. In der Highschool waren die anderen Kinder so wie ich, sie waren an die Zeit der Natur gewöhnt. Wir brauchten keine Armbanduhren, Beginn und Ende einer Unterrichtsstunde bestimmte die Klingel. Außerdem gab es immer jemanden, der uns sagte, wann wir wo sein mussten. Gleich in meiner ersten Woche im Internat erhielt ich einen Plan für jeden Tag der Woche, geschrieben auf einem Blatt Papier. Mir wurde eingeschärft, pünktlich zu sein. Nun war ich selbst für die Einhaltung eines Zeitplans verantwortlich, der sich nicht an der Natur, sondern an einer Uhrzeit orientierte. Ich musste meine Uhr benutzen, musste mir die unterschiedlichsten Anfangszeiten merken. Es waren so viele, dass ich in der ersten Zeit vor Verzweiflung oft geweint habe. Mit fehlte die Natur, die mir Anhaltspunkte gab, wann etwas zu tun war. Es gab keine Frösche oder

Insekten, die mich durch den Tag führten. Keine Farben oder Gerüche, an denen ich mich so viele Jahre lang orientiert hatte. Da es Winter war, war die Sonne oft nicht zu sehen, ich sah in einen grauen Himmel.

Den Takt gab nun eine Uhr an meinem Handgelenk vor, und es fühlte sich unnatürlich an. Die Zeit, die meine Armbanduhr zeigte, und meine innere Uhr, sie waren meist nicht im Einklang. So kam es, dass ich oft zu spät zum Unterricht kam, weil ich den richtigen Zeitpunkt verpasste oder die Zeit einfach komplett vergaß. Außerdem hatte ich den Eindruck, dass die Zeit hier viel schneller verging, sie schien förmlich zu rennen. Ich hatte das Gefühl, dass ich kaum noch mithalten konnte. Ich bekam Ärger von den Lehrern, was den Druck erhöhte, unter dem ich stand. Aber nicht nur die Tage waren für mich verwirrend, seltsam waren auch die Nächte. Ich konnte die guten Energien, die im Regenwald den Nachtzyklus beherrschten, nicht mehr spüren. Mit der Folge, dass ich mich nachts nicht ausreichend erholte, und selbst wenn ich stundenlang schlief, war ich nach dem Aufwachen und den Tag hindurch müde. Anfangs hatte ich oft Albträume. Ich träumte, dass die Zeit mir wie feiner Sand durch die Finger rann, dass ich immer zu langsam war, dass ich versuchte zu rennen, aber keinen Zentimeter vorankam.

Irgendwann wurden die Albträume seltener. Auch wenn die Nervosität und die Angst, etwas falsch zu machen, blieben, schaffte ich es mithilfe meiner Mitschülerinnen, pünktlich zu sein. Ich passte mich so gut an, dass die menschengemachte Zeit im Laufe der Monate und Jahre begann, auch mich zu beherrschen. Es fühlte sich an, als wäre ich in einen Strudel gestoßen worden, der sich immer schneller drehte. Es schien, als gäbe es keine Gegenwart mehr, nur noch eine Vergangenheit, nach der ich mich sehnte, und eine Zukunft, auf die ich zurannte, die ich aber nie zu erreichen schien. Je besser ich mich dieser neuen Welt anpasste, desto mehr wurde ich in einen Tornado von Ereignissen hineingezogen, die verschwommen an mir vorbeiflogen. Ich war zum Zuschauer meines eigenen Lebens geworden.

Im Internat hatte ich viel gelernt und wunderbare neue Freunde gefunden. Dennoch fühlte ich mich noch immer fremd. Ich hatte schreckliches Heimweh, wollte zurück in meine Welt. Spürte, dass ich kaum noch Energie in mir hatte. Ich sehnte mich nach dem Leben im Urwald, nach meinem Stamm, nach der Natur, den Energien, Geräuschen und Farben. Hier gab es keine schillernden Farben, die mir Orientierung boten, stattdessen nur Grautöne. Ich hörte keine Geräusche von Insekten, Fröschen und Vögeln, dafür Straßenverkehr, laute Stimmen, metallische Klänge. In dieser Welt war ständig großer Lärm. Und doch herrschte in ihr eine seltsame Stille, eine Leere.

Ich vermisste die funkelnden Sterne, die den Nachthimmel bedeckten. Vermisste den Mond, der so hell schien, dass ich meinen eigenen Schatten sehen konnte, hier wurde er vom elektrischen Licht überstrahlt. Ich hatte Sehnsucht nach prachtvollen Sonnenuntergängen, sanften Brisen, die vertraute Gerüche mit sich trugen. Selbst die wunderschönen Berge und Wälder in der Schweiz wirkten auf mich traurig. Ich konnte ihre Sprache nicht hören, konnte keine Energie aus ihnen ziehen. Ich war erschöpft von den permanenten durchdringenden Geräuschen, den unnatürlichen Lichtern, der Hektik der Menschen und einem Zeitsystem, das keine Gnade kannte, immer schneller wurde und diejenigen zurückließ, die nicht mithalten konnten.

Ich kam zu der Erkenntnis, dass ich nicht hierhergehörte und beschloss, dass es Zeit für mich war, zurück nach Papua zu gehen. Also bereitete ich alles dafür vor, plante, dort an der Universität ein Studium zu beginnen.

Und dann erfuhr ich, dass ich schwanger war. Ich war 18 Jahre alt. Es war ein Schock. Meine Rückkehrpläne lösten sich von einem Moment auf den anderen in Luft auf. Ich freute mich auf das Baby und war gleichzeitig am Boden zerstört.

Meine älteste Tochter wurde kurz nach meinem 19. Geburtstag geboren, drei weitere Kinder sollten in den nächsten Jahren folgen. Heute sind sie alle erwachsen. Meine vier Kinder haben mir in all den Jahren die Kraft gaben, immer weiterzumachen, aufzustehen, wenn ich gefallen war, zu kämpfen und die Hoffnung nicht aufzugeben. Aber sie waren es auch, für die ich darauf verzichtete, dauerhaft in meine Welt zurückzukehren. Denn meine Kinder sind hier zu Hause und sie werden immer der Mittelpunkt meines Lebens sein.

In den Jahren nach meinem Umzug in die Schweiz hatte ich die Grundlagen des Überlebens in der westlichen Kultur gelernt. Ich wusste, wie ein Bankautomat funktioniert und ein Computer, und lernte, mit allerlei technischen Geräten umzugehen. Ich wusste, wie ich mich anziehen und zurechtmachen musste, hatte mich den gesellschaftlichen Regeln angepasst. Äußerlich fiel ich nicht auf, kaum jemand merkte mir noch an, dass ich in einer völlig anderen Welt aufgewachsen war, jedenfalls nicht sofort. Ich sprach auch kaum darüber.

Doch in mir sah es ganz anders aus, innerlich war ich vollkommen durcheinander. Meine Instinkte waren fortwährend in Alarmbereitschaft, sie meldeten mir ständige Gefahr. Denn es passierte so oft, dass das, was jemand tat oder sagte, überhaupt nicht mit dem übereinstimmte, was ich an Emotionen in dieser Person fühlte. Menschen, die mir sagten, dass es ihnen gut ging, bei denen ich aber deutlich spürte, dass sie unglücklich waren. Menschen, die mich freundlich anlächelten, wenn ich irgendwo hinkam, die aber alles andere als erfreut über mein Auftauchen waren.

Und ich konnte nicht verstehen, warum die Menschen sich so anders zeigten, als sie waren. Ich war in einer Kultur aufgewachsen, in der man nicht die Unwahrheit sagte. Es wäre sofort aufgefallen, hätte jemand gelogen, die Menschen hätten das mit ihren ausgebildeten Sinnen gespürt, es war daher zwecklos. Nun war ich in einer Welt, in der ich das eine hörte, aber etwas ganz anderes fühlte. Es verwirrte mich. Ich dachte, es lag an mir, dachte, dass irgendetwas mit mir nicht stimmte. Dass meine Instinkte nicht mehr richtig funktionierten. Also versuchte ich, sie zu ignorieren, wenn sie anschlugen und mich warnten.

Ohne diesen inneren Kompass aber machte ich Fehler, immer wieder stolperte ich, traf eine falsche Entscheidung nach der anderen, fiel hin, rappelte mich wieder auf, nur um erneut zu fallen. Die Jahre, die folgten, erscheinen mir heute verschwommen, wie ein dunkler Schleier aus Ereignissen, Erinnerungen, Bildern, Menschen und Gefühlen, die ich in eine hintere Ecke meines Geistes verdrängt habe. Ich möchte sie hinter mir lassen, nicht mehr daran denken. Auch jetzt, wo ich dieses Buch schreibe, fällt es mir schwer, auf diese Zeit zurückzuschauen.

Meine Kinder wuchsen auf, beide Ehen scheiterten jeweils nach einigen Jahren. Ich zog ständig von einem Zuhause ins nächste, studierte und arbeitete. Die Jahre vergingen, und der Dschungel – das Leben mit den Fayu, meinem Stamm – wurde zu einer Erinnerung, die ich tief in mir vergrub. Wenn mir alles zu viel wurde, ich von Angst geplagt war und ich mich überwältigt fühlte, holte ich die Erinnerungen vom Leben im Dschungel hervor, um Zuflucht vor der Dunkelheit zu finden, wenn auch nur für einen Moment, wenn auch nur in meinen Gedanken. Ich verbarg meinen Schmerz, mein Heimweh, meine Verwirrung und meine Einsamkeit mit Perfektion, wie eine Beute, die sich im Dschungel versteckt.

Mein Lächeln war wie der Schlamm auf meiner Haut, der früher meinen menschlichen Geruch bei der Jagd im Urwald überdeckt hatte, meine äußere Erscheinung wurde zu den Bäumen und Büschen, hinter denen ich mich versteckt hatte. Die Nächte, die einst von schönen Klängen, Gerüchen und Farben erfüllt waren, die mir Energie gaben, waren nun mit dunklen Erinnerungen, mit Angst und versteckten Tränen gefüllt. Das Jagdadrenalin wurde zu meinem Feind, ich begann es zu hassen, da es mich ständig daran erinnerte, dass ich anders als die anderen war, dass etwas mit mir nicht stimmte, zumindest glaubte ich das.

Ich hatte das Gefühl, blind zu sein. Dabei war mit meinen Augen alles in Ordnung, mit ihnen konnte ich meine Umwelt erkennen. Aber all die anderen Sinne, die ich als Kind so intensiv trainiert hatte, die in der Lage waren, mir so viel über die Welt um mich herum mitzuteilen, konnte ich hier nicht richtig nutzen. Sie waren permanent überreizt, konnten die Dinge nicht mehr richtig deuten.

Jetzt lebte ich in einer Welt, in der mir alles grau erschien, und in der ich mich nicht mehr zurechtfand, in der ich mich in ständiger Gefahr wähnte.

Im Urwald hatte ich verinnerlicht, was bei Gefahr zu tun war. Überleben zu können, hieß unsichtbar zu werden, so hatte es mich die Natur gelehrt. Das versuchte ich auch hier, versuchte, so zu werden wie all die anderen um mich herum, wollte nicht auffallen oder mich in irgendeiner Weise von ihnen unterscheiden. Und so wurde ich unsichtbar in meiner neuen Welt. Doch je mehr ich versuchte, eins zu werden mit der Welt um mich herum, desto tiefer wurde ich in eine große Leere hineingezogen. Tief in mir entstand eine Traurigkeit, die mich betäubte. Mein Leben schien zu verblassen, bis es nur noch wie eine kleine Flamme flackerte.

Ich fühlte mich gefangen in einer Existenz, über die ich die Kontrolle verloren hatte. Ich begann, mich zu verschließen. Lernte, eine Maske aufzusetzen, die mein wahres Ich verbarg. Ich lächelte viel, spielte meine Rolle im sozialen Umfeld ziemlich perfekt und tat alles, mich genauso zu verhalten wie die Menschen in meinem Umfeld, um bloß nicht herauszustechen. Ich dachte, wenn ich zu einer von ihnen würde, würde ich endlich dazugehören, und die Angst und Traurigkeit würden verschwinden. Doch das passierte nicht.

Bis dahin hatte ich kaum über meine Herkunft oder meine Kindheit gesprochen. Wenn man mich fragte, woher ich komme, sagte ich Hamburg, denn dort lebten einige meiner Verwandten. Dann aber, während meiner zweiten Ehe, öffnete ich mich mehr und mehr. Ich sprach über meine einzigartige Erziehung – und stieß auf Begeisterung. Ich wurde mit Fragen bombardiert und lernte, immer freier über meine Vergangenheit zu sprechen. Heute weiß ich, dass dies der erste Schritt für mich war, aus der Dunkelheit herauszukommen, in der ich so lange gelebt hatte.

Ich beschloss, ein Buch über meine Kindheit und Jugend zu schreiben, es erschien im Jahr 2005. *Dschungelkind* blieb monatelang auf der Bestsellerliste und wurde in zahlreiche Sprachen übersetzt. Ich wurde zu unzähligen Talkshows eingeladen, Artikel wurden über mich geschrieben, über Nacht wurde ich berühmt. Es war in vielerlei Hinsicht eine wunderbare Zeit. Ich verdiente eigenes Geld, meine Kinder blühten auf und ich hatte das Gefühl, endlich in der neuen Welt angekommen zu sein.

Doch dann stürzte alles wieder ein, riss mein ganzes Leben in Stücke.

# Der Aufbruch

Es gibt Momente im Leben, die so tiefgreifend sind, dass die Erinnerung daran ein Leben lang so lebendig bleibt, als wäre es gestern passiert. Einen davon hatte ich, als ich gerade sieben Jahre alt geworden war und zum ersten Mal in einem Hubschrauber flog. Es war eine Bell 47, für mich sah sie aus wie eine Libelle.

Wir lebten seit etwa einem Jahr in einer Dschungelbasis, die für Ausländer eingerichtet worden war, die tiefer im Landesinneren arbeiteten, weil die Entfernung zur Hauptstadt Jayapura weit war. Oft beobachtete ich die Vögel, die hoch am Himmel flogen, und wünschte mir nichts sehnlicher, als es ihnen gleichzutun. Dieser Wunsch erfüllte sich nun. Es war unsere erste Reise zu den Fayu, wo mein Vater bereits seit einigen Monaten lebte, um unser Haus zu bauen. Um Gewicht zu sparen, waren am Hubschrauber die Türen entfernt worden, und nach langem Bitten und Betteln ließ mich meine Mutter am Rand sitzen, da, wo ich direkt hinaussehen konnte.

Es war ein unbeschreibliches Erlebnis, als der Hubschrauber abhob und im Tiefflug über einen See flog und dann über die Bäume abhob. Die Aussicht war atemberaubend. Doch noch tiefer als das, was ich sah, brannte sich in mein Gedächtnis ein, was ich in diesem Moment fühlte. Ich fühlte mich mächtig, unbesiegbar, unverwundbar. Ich war sicher, dass ich ewig leben würde.

Genau 32 Jahre später, es war im Herbst 2011, erlebte ich wieder so einen Moment, der sich tief in mein Gedächtnis einbrannte – allerdings mit entgegengesetzten Vorzeichen. Diesmal fühlte ich keine

Stärke und Unbesiegbarkeit, sondern mein herannahendes Ende. Mein Körper war von einer Krankheit befallen, für die niemand eine Erklärung oder gar ein Heilmittel finden konnte.

Gerade hatte man mir gesagt, dass man nichts mehr für mich tun könne. Ich erinnere mich noch genau, wie ich nach Hause fuhr, die Wohnungstür aufschloss, ins Bett kroch und erst dann die Erkenntnis durchzusickern begann, dass ich bald sterben sollte. Die Leere, die sich in mir ausbreitete, drohte mich zu verschlingen. Die Stille war ohrenbetäubend, die Verzweiflung überwältigend.

Ich hatte so hart dafür gekämpft, wieder gesund zu werden. Jetzt zog mich die Hoffnungslosigkeit in ein bodenloses Loch. Ich weiß noch, wie ich aus dem Bett kroch, meine Medikamente nahm und wieder ins Bett fiel. Ich starrte an die Decke und versuchte, einen Gedanken zu fassen, ein Gefühl, irgendetwas, woran ich mich festhalten konnte. Schließlich schlief ich ein.

Es hatte alles vor ein paar Jahren ganz harmlos begonnen. Ich bekam Grippesymptome, nichts allzu Ernstes. Sie verschwanden und tauchten erneut auf, immer wieder. Zuerst ignorierte ich sie, bis ich ein Muster erkannte, das war 2007. Die Symptome kamen erst etwa einmal im Monat und blieben ein oder zwei Tage. Wenig später dauerte es schon länger, bis sie wieder verschwanden, drei oder vier Tage. Mit der Zeit kamen die vermeintlichen Grippeschübe immer häufiger und hielten immer länger an. Sie wurden stärker. In manchen Monaten war es besser, in anderen schlechter.

Keiner der Ärzte, die ich in der ganzen Zeit aufsuchte, konnte mir helfen. Ich stellte meine Ernährung um, meditierte und konsultierte noch mehr Ärzte. Vielleicht war es nur ein Burn-out, vielleicht war ich auf etwas allergisch? Niemand konnte jedoch etwas finden, was meine Beschwerden erklären konnte. Und vor allem, niemand konnte mir eine geeignete Therapie vorschlagen. Jeder Arzt, mit dem ich sprach, der mich eingehend untersuchte und zahlreiche Tests machte, hatte eine andere Diagnose. Sie reichte von Burn-out bis hin zu einem unbekannten tropischen Parasiten. Ich ging auch ins Tropeninstitut, zu Heilpraktikern und Heilern, probierte es mit traditioneller chinesischer Medizin, mit Akupunktur, Vitaminen und Nahrungszusätzen. Nichts half. Ich las mich durch Internetforen, fand aber keine Hinweise für eine Diagnose. Ich fand nicht heraus, was meinen Körper langsam, aber unaufhörlich zerstörte. Also weitete ich meine Suche aus, fuhr ins Ausland. Ging zu schweizerischen Ärzten, zu österreichischen Ärzten, kommunizierte mit Ärzten in Singapur und Australien.

Was als leichte grippeähnliche Symptome begonnen hatte, war langsam und stetig zu einem lähmenden Monster in mir herangewachsen, das mich auffraß, bis ich kaum noch in der Lage war zu funktionieren. Mittlerweile war ich nur mithilfe starker morphinbasierter Schmerzmittel in der Lage, aufzustehen und die grundlegenden Aufgaben des Lebens zu erledigen. Ich hatte ständig Schmerzen, meine Knochen fühlten sich an, als stünden sie in Flammen, mein Geist war so vernebelt, dass es mir an manchen Tagen schwerfiel, zwei einfache Gedanken zusammenzufügen. Ich war erschöpft und wollte den ganzen Tag nur noch schlafen. Nachts musste ich mich übergeben. Meine Lymphknoten waren auf die Größe von Golfbällen angeschwollen, mein Gewicht nahm in alarmierendem Tempo ab. Meine Haare fielen aus, und dunkle Flecken breiteten sich überall auf meiner Haut aus. Ich war am Ende, ich spürte, dass mein Körper bald aufgeben würde. Und trotzdem versuchte ich, meinen Zustand vor meinem Umfeld zu verstecken. Niemand sollte wissen, wie schlecht es mir wirklich ging. Ich wollte auch nicht, dass meine Kinder sich um mich sorgten.

Ich dachte nach. Wann hatte alles angefangen? Wie und wo hatte es angefangen? War es nach meiner Rückkehr aus dem Regenwald 2006, als ich die Fayu besucht hatte, oder nach meinem Besuch in Papua-Neuguinea 2007? Ich hatte eine Höhle voll mit Fledermäusen betreten, hatte knöcheltief in ihren Extrementen gestanden. Ich hatte abgelegene Dörfer besucht, Kranke und Verletzte behandelt. Es war unmöglich, die Ereignisse genau zu rekonstruieren. Ich hätte mir überall etwas geholt haben können. Und wusste noch nicht einmal, ob meine Krankheit überhaupt von einer Ansteckung ausgelöst worden war.

Als ich nach der niederschmetternden Nachricht meines Arztes im Bett lag, sah ich mich mit dem baldigen Tod konfrontiert. Ich dachte an meine Kinder, meine wunderbaren Kinder. Wie könnte ich sie verlassen? Was würde mit ihnen geschehen, wenn sie ihre Mutter verlören? Dieser Gedanke war unerträglich für mich. Ich selbst hatte keine Angst vor dem Sterben, mein Leben war bunt und erfüllt gewesen. Aber für meine Kinder wollte ich leben, unbedingt. Für sie musste ich einen Weg finden, für sie musste ich leben, egal was passierte.

Ich nahm meine letzte Kraft zusammen und versuchte, klar und logisch zu denken. Hier im Westen konnte man nichts mehr für mich tun. Die moderne Medizin war nicht in der Lage, mir zu helfen, ich galt als austherapiert. Mir war klar, dass ich nicht mehr lange zu leben hätte. Wenn ich mir diese Krankheit aber tatsächlich im Dschungel eingefangen hatte, dann würde ich möglicherweise auch nur dort ein Heilmittel finden, bei den Stämmen von Neuguinea. Dort, im Regenwald, bei den Menschen, die bis heute fast keinen Kontakt zur Außenwelt haben, die größtenteils so leben, wie sie es seit Tausenden von Jahren getan haben, könnte es vielleicht jemanden geben, der mich heilen konnte.

Ich dachte über das Risiko nach, das ich damit einginge. Ich stand vor der Wahl, die letzten Monate meines Lebens mit meinen Kindern zu verbringen und sie auf meinen Tod vorzubereiten. Oder alles auf eine Karte zu setzen, um doch noch Heilung zu finden. Und mir damit eine kleine Chance zu geben, meine Kinder aufwachsen zu sehen, zu sehen, wie sie heiraten, eigene Kinder haben.

In diesem Moment traf ich eine Entscheidung, die mir das Herz brechen sollte. Aber es war der einzige Hoffnungsschimmer, der mir blieb. Mit der wenigen Kraft, die mir noch blieb, schmiedete ich einen Plan: Ich würde die Kinder zu ihren Vätern bringen und in meine Welt zurückkehren, zu meinem Volk, in den Dschungel der Insel Neuguinea. Damals wusste ich nicht, dass ich meine Kinder fünf Jahre nicht wiedersehen würde. Ich bin dankbar dafür, dass ich das nicht ahnte und mir nicht habe ausmalen können, eine so lange Zeit zu verschwinden. Hätte ich es gewusst, hätte ich vermutlich nicht die Kraft gehabt, meinen Plan in die Tat umzusetzen.

Und so begann die unglaublichste, schmerzhafteste, wunderbarste und herzzerreißendste Reise meines Lebens. Eine Reise, die mir nicht nur eine zweite Chance im Leben gab, sondern auch etwas, das mir bis dahin verwehrt geblieben war. Sie gab mir die Möglichkeit, in meine Welt, in meine Kultur und zu meinem Volk zurückzukehren und zu einer erwachsenen Frau heranzureifen.

# Meine Suche beginnt

## *Port Moresby und Lalaura, 2012*

Die Reise nach Papua-Neuguinea war lang und beschwerlich. Der Flug dauerte fast 18 Stunden. Meine Freundin Antje begleitete mich, allein hätte ich es in meinen geschwächten Zustand kaum geschafft. Am Flughafen der Hauptstadt Port Moresby erwartete uns Micky, mein Geschäftspartner und Vertrauter. Ich war unendlich froh, ihn zu sehen, und erleichtert, es bis hierher geschafft zu haben.

Micky und ich hatten uns im Jahr 2007 in Port Moresby kennengelernt. Ein gemeinsamer Freund hatte uns einander vorgestellt, weil wir beide uns für Landwirtschaft interessierten. Es war der Tag vor meiner Rückreise nach Europa. Sofort stellten wir fest, dass wir nicht nur das landwirtschaftliche Interesse teilten, sondern auch die Liebe zu den Traditionen des Stammes- und Dorflebens. Wir hielten engen Kontakt. Im Laufe der Jahre sahen wir uns oft wieder, reisten durch Papua-Neuguinea und entwickelten verschiedene Ideen und Projekte, wie man Armut nachhaltig bekämpfen könnte, ohne die Kultur oder die Umwelt zu zerstören. Aber es gab noch einen anderen Aspekt, der uns verband. Genau wie ich lebte auch Micky in zwei ganz unterschiedlichen Kulturen und Welten und kannte daher meine Zerrissenheit. Micky war in dem Dorf Lalaura in der Zentralprovinz von Papua-Neuguinea aufgewachsen, er war Häuptling des Valarupu-Clans, der in Lalaura beheimatet war. Er ließ sich zum Lebensmitteltechnologen ausbilden und arbeitete viele Jahre in Neuseeland und Australien.

Auf einer meiner Reisen, im Jahr 2009, besuchte ich Micky in Lalaura. Bei dieser Gelegenheit wurde ich in seinen Clan aufgenommen. Es war eine Auszeichnung für die Arbeit, die ich geleistet hatte, und eine große Ehre für mich. Nun gehörte ich zum Stamm der Valarupu, auf Lebenszeit. Ich war zwar noch immer Teil des Fayu-Stammes, doch der lebte im Westteil der Insel, der zu Indonesien gehört. In Papua-Neuguinea galt ich daher als stammlos. Die Zugehörigkeit zum Clan der Valarupu gab mir auf meinen Reisen eine gewisse Sicherheit, denn ich stand nun unter dem Schutz meines neuen Clans.

Meine Aufnahme erfolgte in einer feierlichen Zeremonie. Der Clan versammelte sich, etwa 100 Mitglieder waren vor Ort, ich wurde ihnen als neues Mitglied vorgestellt und Micky erklärte in einer festlichen Ansprache, warum man mich aufnehmen wollte. Ich war wahnsinnig aufgeregt. Endlich hatte ich wieder das Gefühl, richtig dazuzugehören und einen Platz zu haben, zu dem ich immer gehen konnte, egal was passierte. Es folgten unzählige weitere Reden der Stammesmitglieder, viele Stunden lang ging das so. Dann wurde mir ein Stück Land im Dorf geschenkt, auf dem ich ein Haus bauen konnte. Es war Land, das dem Stamm seit Jahrhunderten gehörte und das seine Seele verkörperte. Mit der Schenkung wurde meine Aufnahme besiegelt. Am Abend wurde ein Schwein geschlachtet und das ganze Dorf feierte ausgelassen. Es wurde ein wunderschöner Abend voller Geselligkeit, Lachen und Spaß.

Als ich beschlossen hatte, für die Suche nach einem Heilmittel in den Dschungel zurückzukehren, wusste ich, dass ich es bei den Fayu nicht finden würde. Sie hatten ihr Wissen über die traditionelle Medizin fast komplett verloren. Als Mitglied des Valarupu-Clans und im Wissen um die besonderen Privilegien, die damit verbunden waren, hatte ich entschieden, Micky anzurufen. Er wusste bereits, dass ich krank war und dass ich schon unzählige Ärzte konsultiert hatte. Ohne zu zögern, bot er mir seine Hilfe und Unterstützung an. Denn eine der wichtigsten Aufgaben eines Häuptlings ist es, für das Wohlergehen der Stammesmitglieder zu sorgen. Vor allem, wenn es um Leben und Tod geht. Zu diesem Zeitpunkt hatte keiner von uns beiden eine Ahnung, in welch entlegene Winkel uns die Reise auf der Suche nach Heilung führen würde, welch unglaubliche Abenteuer wir erleben und wie viele Jahre wir unterwegs sein würden.

Die erste Zeit in Port Moresby verbrachten wir in einem Motel. Später kam ich bei einem Freund von Micky unter, denn ich wollte noch eine Zeitlang in der Stadt bleiben, um weitere medizinische Untersuchungen zu machen.

Die Cousine von Micky war Ärztin und Leiterin der Pathologie im Hauptkrankenhaus. Dr. Evelyn war eine wunderbare Frau, die in England und Australien studiert und gearbeitet hatte. Sie war eine führende Expertin auf dem Gebiet der Pathologie und galt als eine der besten Ärztinnen des Landes. Ich schilderte ihr meine Symptome und die verschiedenen Behandlungen, die ich versucht hatte. Sie schlug vor, noch einmal von vorne anzufangen und einige Tests zu wiederholen.

Einige Tage später bat sie Micky, der nach Port Moresby gekommen war, und mich, zu ihr zu kommen. Sie teilte mir mit, dass myeloische Zellen, also Zellen, die aus dem Knochenmark stammen, in meinem Blut gefunden worden seien, was auf eine Leukämie hindeuten könnte. Sie sagte, dass weitere Tests notwendig seien, die sie von einem spezialisierten Arzt in Singapur auswerten lassen wolle. Krebs! Mich durchfuhr ein Schock. Und gleichzeitig ein Gefühl der Erleichterung, vielleicht bekam ich nun endlich eine Diagnose. Zwei Wochen später aber stellte sich heraus, dass alle Tests negativ waren und es kein Krebs war. Ich stand wieder mit leeren Händen da. Auch alle weiteren Tests, die Dr. Evelyn gemacht hatte, gaben keinen Aufschluss, was mit mir los war und welche Therapie mir helfen konnte.

Dr. Evelyn sagte mir, dass es sich ihrer Erfahrung nach um einen unbekannten Parasiten handeln könnte, der im Labor nicht nachweisbar war. Im Regenwald gäbe es noch viele Parasiten, die man nicht kenne und für die es folglich keine Tests gäbe. Dieser Parasit schien seinen Wirt, also mich, so lange wie möglich am Leben zu erhalten, um selbst am Leben zu bleiben, und er schien einen Fortpflanzungszyklus zu haben, der immer kürzer wurde, je mehr er sich vermehrte. Für diese These sprachen die immer kürzeren

Intervalle, in denen die Symptome auftauchten, und ihre zunehmende Heftigkeit. Obwohl sie es nicht direkt sagte, spürte ich, dass sie nicht viel mehr für mich tun konnte. Sie schlug aber vor, es mit der lokalen Stammesmedizin zu versuchen. Die Stämme in der Region hätten über die Jahrhunderte großes medizinisches Wissen angesammelt, das von Generation zu Generation weitergegeben wurde. Sie hielt es für möglich, dass es dort jemanden gab, der wusste, wie man meine Krankheit behandeln konnte.

Micky und ich beschlossen, es zu versuchen. Wir wollten unsere Suche in Mickys Dorf starten, in Lalaura. Vorher musste ich aber so weit auf die Beine kommen, dass ich die Reisestrapazen überstehen konnte. Micky selbst hatte von seinem Vater und den Ältesten seines Clans einiges an medizinischem Wissen vermittelt bekommen und setzte mich auf eine Diät, die ausschließlich aus Kokosnüssen, Süßkartoffeln und etwas grünem Blattgemüse bestand. Aus irgendeinem Grund linderte das meine Symptome etwas und mir war weniger übel. Nach ein paar Monaten in Port Moresby fuhren wir also nach Lalaura, das etwa vier Autostunden von Port Moresby entfernt liegt.

Es war frühmorgens, als wir unsere Reise mit dem Allrad-Jeep in Richtung Lalaura starteten. Ich beobachtete die vorbeiziehenden Bilder. Port Moresby ist eine moderne Stadt mit Hochhäusern, Autobahnen, Restaurants, schicken Einkaufszentren, Kinos, Banken. Sobald wir die Stadtgrenze hinter uns gelassen hatten, änderte sich die Umgebung, sie bestand nun hauptsächlich aus weitem Grasland, dichtem Dschungel, Flüssen und sanften Hügeln. Es gab keine Tankstellen oder andere Anzeichen des modernen Zeitalters. Je näher wir Lalaura kamen, desto mehr schien es, als würden wir in der Zeit zurückreisen. Auf dem letzten Stück der Reise fuhren wir eine lange unbefestigte Straße entlang, die uns von der Hauptstraße weg und hinunter zum Meer führte. Am frühen Nachmittag kamen wir an.

Lalaura ist ein Fischerdorf mit einem dunklen Sandstrand. Etwa 700 Menschen leben dort in Holzhäusern mit Gärten. Sie waren durch einen unbefestigten Pfad verbunden, der sich durch die Landschaft schlängelte. Lalaura hatte kein fließendes Wasser und auch sonst kaum moderne Annehmlichkeiten wie etwa Strom aus der Steckdose. Strom gab es nur aus Generatoren oder Solarsystemen. Die gab es nicht in jedem Haus, aber Micky hatte einen kleinen Generator aufgestellt, sodass ich nicht nur Telefon und Laptop aufladen konnte, sondern wir abends auch Licht hatten. Mickys Haus lag im Zentrum des Dorfes und etwa zwei Gehminuten vom Strand entfernt. Das Haus war auf hohen Stelzen gebaut, das Badezimmer befand sich unter dem Haus und eine Treppe führte zur Eingangstür hinauf. Das Haus hatte mehrere Zimmer und hohe Fenster, die das Haus kühl hielten, da der Wind oft vom Meer herüberwehte.

Micky stammte aus einer großen Familie mit vielen Tanten, Onkeln, Cousins und Cousinen und sieben Geschwistern, die selbst viele Kinder hatten. Sie kamen, um uns herzlich zu begrüßen. Gegenüber wohnte sein jüngster Bruder Gaia zusammen mit seiner Frau und seinen Kindern. Auf der rechten Seite wohnte einer seiner anderen Brüder, den wir »The Counselor« nannten, mit seiner Familie. Er war ein ehemaliger Polizist, der zu dieser Zeit Bürgermeister war. Puri, Mickys dritter Bruder, lebte etwas weiter weg am Strand.

Es war wunderbar, von der Familie umgeben zu sein, und die Unterstützung, die sie mir während unseres Aufenthalts zukommen ließen, war herzerwärmend. Vor allem seine Schwestern und Schwägerinnen kümmerten sich rührend um mich. Wenn ich etwas brauchte oder wenn ich Fragen hatte, wandte ich mich an die Frauen, und sie waren mit großer Hilfsbereitschaft für mich da.

In den nächsten Wochen und Monaten wurde ich ruhiger. Die Zeit schien sich zu verlangsamen, und die Tage gingen fließend ineinander über, die Hektik meines früheren Lebens wurde zu einer fernen Erinnerung. Die Krankheitssymptome waren vorerst abgeklungen, und ich konnte wieder ein wenig aktiver am Alltagsleben teilnehmen. Ich bezog ein Zimmer in Mickys Haus und schlief auf einer Matratze auf dem Boden. Wie tief und friedlich ich dort schlief! Ich lauschte dem Rauschen der Wellen und der nächtlichen Geräuschkulisse, die ich so sehr vermisst hatte.

Wie in Foida wurde auch in Lalaura das tägliche Leben von der Sonne bestimmt. Um sechs Uhr morgens erwachte das Dorf zum Leben: Mütter, die ein Feuer anzündeten, um das Frühstück zuzubereiten, meist frisches Gemüse aus ihren Gärten und Süßkartoffeln. Kinder, die sich für die Schule fertig machten, und Männer, die von ihren frühmorgendlichen Angelausflügen zurückkehrten. Manchmal ging ich hinaus und sah den Fischern zu, wie sie ihre Netze einholten. Ich saß am Strand, genoss die frühe Morgensonne, spürte die Brise und roch die salzige Luft, die sich mit dem Duft von Blumen und Pflanzen vermischte. Obwohl Micky mich auf eine strenge Diät gesetzt hatte, durfte ich doch ab und zu Fisch essen – ich liebte den Geschmack von frischem Fisch.

An den täglichen Aktivitäten der Frauen konnte ich nicht teilnehmen, dafür war ich zu schwach. Sobald die Kinder zur Schule gingen, kümmerten sich die meisten Frauen um ihre Gärten. Diese lagen bis zu einer Stunde Fußmarsch vom Dorfzentrum entfernt und brachten je nach Jahreszeit eine Vielzahl tropischer Früchte und verschiedene Sorten Gemüse hervor. Ich saß oder lag oft einfach nur auf der Veranda oder unter dem Haus und beobachtete das Leben um mich herum. Abends, wenn die Sonne unterging, saßen wir unter dem Haus, genossen die kühle Luft und unterhielten uns mit Familienmitgliedern oder anderen Dorfbewohnern. Die Frösche spielten ihre Symphonie, Insekten und Fledermäuse erwachten und mit ihnen eine neue Welt.

Die ersten Wochen verbrachte ich damit, mich an das Dorfleben zu gewöhnen, Freundschaften zu schließen und mich über den neuesten Klatsch und Tratsch zu informieren. Wie es üblich war, ging Micky als Häuptling von Haus zu Haus, um den Mitgliedern des Clans seine Aufwartung zu machen. Ich begleitete ihn oft, saß auf einer Veranda oder in einem Garten, trank Tee und lauschte den Gesprächen. Ich sprach ihre Muttersprache nicht, aber alle konnten Englisch oder zumindest Pidgin-Englisch, auch Tok Pisin genannt. Tok Pisin ist eine der drei Landessprachen von Papua-Neuguinea, eine Form des melanesischen Pidgin-Englisch, das sich in den frühen 1800er-Jahren im Zuge der Kolonisierung, des zunehmenden Reiseverkehrs und der wirtschaftlichen Aktivitäten zwischen Melanesiern und Europäern entwickelte. Es wird auch heute noch als eine der vorherrschenden und universellen Sprachen des Landes verwendet. Mit der Zeit schnappte ich einige Begriffe und Redewendungen auf. Während dieser Besuche begann Micky, sich umzuhören, ob jemand meine Symptome kannte oder jemanden anderen kannte, der helfen konnte.

Bald wusste jeder im Dorf, warum wir gekommen waren. Die Unterstützung, die ich von den Dorfbewohnern erhielt, war erstaunlich. Sie brachten mir Essen, sorgten dafür, dass ich nicht allein war, und die Kinder folgten mir, wohin ich ging – um sich zu vergewissern, dass ich sicher war. Ich hatte schon ganz vergessen, wie es ist, nie allein zu sein, immer von Menschen umgeben zu sein. Das Leben im Dorf spielte sich fast ausschließlich in der Gruppe ab, man war fast nie allein. Die Häuser dienten hauptsächlich als Lager und zum Schlafen, alles andere wird draußen und in der Gemeinschaft gemacht, einschließlich Kochen und Essen. Ich liebte den melodischen Klang der einheimischen Sprache, das schabende Geräusch, wenn Kokosnüsse geraspelt wurden, um aus ihnen Milch herzustellen, den Lärm spielender Kinder, das Rauschen der Vögel und Insekten.

Nach langer Zeit hatte ich endlich wieder das Gefühl, atmen zu können, loslassen zu dürfen und mich zu entspannen. Langsam tauchte ich erneut in eine Kultur und einen Lebensstil ein, die mir schon als Kind vertraut waren. Obwohl sich Kultur und Lebensstil der Fayu in vielerlei Hinsicht von denen der Menschen in Lalaura unterschieden, waren sie sich doch in den Grundzügen ähnlich: Das Leben drehte sich um das Miteinander. Niemand eilte hektisch von Termin zu Termin, es gab keine Verkehrsgeräusche oder Menschenmassen mit gestressten Gesichtsausdrücken. Für mich war es ein kleines Stück Paradies, ich schwebte durch den Tag, ohne Gedanken an die Vergangenheit und ohne Sorgen um die Zukunft.

Aber auch hier hatten sich die Zeiten geändert. Viele der jüngeren Leute waren nach Port Moresby gezogen, um zu studieren oder zu arbeiten. Die meisten wären jedoch zurückgekehrt, hätten sie auch in Lalaura eine Möglichkeit gehabt, ihren Lebensunterhalt zu verdienen. Papua-Neuguineer haben traditionell starke Bindungen an ihr Land, ihre Stämme oder Clans. Selbst diejenigen, die erfolgreich geworden sind, Unternehmen aufgebaut haben, Ärzte, Rechtsanwälte oder Politiker geworden sind, sehnen sich nach dem Dorfleben und kommen so oft zu Besuch, wie es ihnen möglich ist.

Was mir besonders gefiel, war das gesellschaftliche Leben im Dorf. Da es kein Fernsehen oder andere Ablenkungen gab, blieb viel Zeit, um sich kennenzulernen, zu reden und Zeit miteinander zu verbringen. Man erzählte sich humorvolle Geschichten und es wurde viel gelacht. Obwohl ich mich an einem Ort ohne modernen Komfort, ohne Geschäfte oder Restaurants befand, die ich durchaus vermisste, war ich glücklich, zufrieden und entspannt.

Die tägliche Arbeit der Menschen im Dorf war körperlich sehr hart. Die Pflege der Gärten, Feuer machen, Essen kochen, Holz sammeln und hacken sowie fischen – das ist schwere Knochenarbeit. Dennoch waren die Dorfbewohner zufrieden, denn trotz der körperlichen Entbehrungen hatten sie ein erfülltes Leben. Niemand musste hungern oder befürchten, obdachlos zu werden. Trotz natürlich auch dort vorkommender Konflikte hatte niemand Angst, allein gelassen oder isoliert zu werden. Probleme wurden gemeinsam bewältigt. Einsamkeit und Depressionen waren selten. Nachdem ich einige Wochen in Lalaura verbracht hatte, lösten sich die Traurigkeit und die Schwere, die sich im Laufe der Jahre im Westen bei mir angestaut hatten, langsam auf.

Gesundheitlich machte ich allerdings keine entscheidenden Fortschritte. Auch nach mehreren Monaten, in denen Micky mit so vielen Menschen in Lalaura und den umliegenden Dörfern gesprochen hatte, fand sich niemand, der mir helfen konnte. Ich probierte unzählige Kräuter, Pflanzen und andere Dinge aus, die man mir brachte, aber es wurde nicht besser, sondern schlechter. Die Symptome kehrten zurück. Ich nahm wieder ab, bekam Schwellungen und die Übelkeit kehrte schlimmer zurück als zuvor. Eine Sitzung der Clanältesten wurde einberufen, um zu besprechen, was zu tun sei.

Es wurde beschlossen, dass Micky mich in die höhergelegenen Bergregionen bringen sollte, wo das moderne Leben noch nicht eingedrungen war und wo wir vielleicht jemanden finden würden, der die alten Traditionen pflegte. Als das Land ab dem 19. Jahrhundert kolonisiert wurde und die moderne Medizin Einzug erhielt, wurden die Einheimischen gedrängt, ihre alten Bräuche zu vergessen, einige Praktiken wurden sogar verboten. Mit der Zeit gerieten viele dieser Praktiken in Vergessenheit und konnten nicht mehr an die nächsten Generationen weitergegeben werden. Es gab jedoch immer noch Gebiete, in denen die Stämme mit wenig oder gar keinem Kontakt zur Außenwelt weiterlebten und in denen die Menschen an ihren Traditionen festhielten.

Wir reisten also nach Norden in die Oro-Provinz und in das Owen-Stanley-Gebirge. Micky hatte einen guten Freund, mit dem er seit vielen Jahren in der Kaffee- und Kakaobranche zusammenarbeitete und der dort lebte. Sein Name war Gerald und er hatte uns eingeladen, ihn in seinem Dorf in der Region Afore in der Oro-Provinz zu besuchen. Ein paar Tage später packten wir unsere Sachen, verabschiedeten uns und machten uns auf die mehrtägige Reise. Da es keine direkte Straße von Lalaura nach Afore gab, nahmen wir ein Boot, das uns in die Provinz Milne Bay nach Alotau bringen würde. Von dort aus nahmen wir ein weiteres, das uns nach Popondetta brachte. In Popondetta angekommen, bestiegen wir einen lokalen Lastwagen, einen sogenannten PMV, der in den Bergen als eine Art Bussystem diente. Wir mussten fast drei Stunden an der Haltestelle warten, bis der Bus voll war und losfuhr, einen festen Fahrplan gab es nicht. Er brachte uns zu Geralds Dorf. An vieles auf dieser Reise erinnere ich mich nicht mehr. Ich weiß aber noch, wie erleichtert ich war, als wir endlich im Dorf ankamen. Mir wurde ein kleines Zimmer in einem der Häuser zugewiesen. Ich nahm starke Schmerzmittel, um überhaupt reisen zu können. Dennoch war ich vollkommen erschöpft und hatte große Schmerzen. Die Krankheit war mit voller Wucht zurückgekehrt.

# Kannibalismus und andere Missverständnisse

## *Oro-Provinz, 2012*

Tief im Dschungel auf der Insel Neuguinea, in einem großen Tal, umgeben von hohen Bergen, stand ein ganz besonderer Baum. Er war höher als jeder andere Baum, mit Ästen, die bis in den Himmel reichten, und Blättern, die leuchtend grün waren. Die Stämme, die in diesem Tal lebten, nannten ihn den *Baum der Tränen*. In diesem Baum lebten Geister. Nicht die Geister der Toten oder die Geister des Waldes; es waren die Geister der Traurigkeit und des Schmerzes. Sie hatten lange Arme und Beine, und ihre Gesichter waren oval mit großen runden Augen. Im Mondlicht leuchteten ihre Körper in einem durchscheinenden Weiß. Wenn der Wind durch die Äste wehte, wiegten sie sich im Wind. Sie hatten keinen Mund, denn ihre Aufgabe war es, die Tränen der unausgesprochenen Traurigkeit und des verborgenen Schmerzes der Menschen im Tal aufzufangen.

Waren die Menschen traurig oder hatten Schmerzen, gingen sie zu dem Baum und teilten ihren Kummer mit, auf der Suche nach Trost oder Linderung. Wenn die Geister im Baum diese Worte der Trauer oder des Schmerzes hörten, begannen sie zu weinen, dann kullerten Tränen über ihre weißen Wangen. Wenn die Geister in der Lage waren, den Menschen bei ihrem Problem zu helfen, dann fingen sie die Tränen in ihren Handflächen auf. Aber manchmal war der Schmerz oder der Kummer zu groß, und sie konnten die Tränen nicht auffangen, sie fiel zu Boden. Beim Aufprall verwandelte sie sich in einen Stein.

Geralds Frau Kristin glaubte an diese Überlieferungen ihrer Vorfahren und hatte mich um das Einverständnis gebeten, für mich zum Geisterbaum zu gehen. Sie wollte von den Geistern wissen, ob es Hoffnung für mich gab und meine Krankheit zu heilen war. Ich hatte tagelang in der Hütte gelegen, konnte mich kaum bewegen und hatte große Schmerzen. Meine Knochen brannten, mir war oft übel, mein Geist war umnebelt. Immer wieder fiel ich in einen unruhigen Schlaf.

Kristin machte sich früh am Morgen auf den Weg zum Geisterbaum, der sie viele Stunden lang durch den Urwald führte. Dort angekommen legte sie zunächst Früchte und andere Opfergaben unter den Baum. Zwei Tage lang verharrte sie dort und beschrieb dem Baum durch ein traditionelles Gesangsritual meinen Schmerz. Den Schmerz einer fremden Frau, die in ihr Dorf gekommen war, um Hilfe und Heilung zu suchen.

Als sie in das Dorf zurückkehrte, hielt sie einen flachen, runden Stein in der Hand. Es war einer der schönsten Steine, die ich je gesehen hatte. Er war weiß mit vielen Farbschattierungen im Inneren und sah aus wie ein weißer Opal. Sie gab mir den Stein und schaute mich traurig an. Ich war erstaunt, wie leicht der Stein war, sein Gewicht war kaum zu spüren, fast so, als ob ich eine Feder auf der Handfläche hielt.

»Du wirst das Heilmittel, das du suchst, hier nicht finden«, sagte sie mit leiser Stimme. Ich sah, wie leid es ihr tat, dankte ihr und versicherte ihr, wie sehr ich ihre Bemühungen schätzte. Ihr Mann Gerald hingegen glaubte nicht an die alten Bräuche und wollte sich trotz der niederschmetternden Prognose in den umliegenden Dörfern umhören, um jemanden zu finden, der mir helfen konnte. Tagelang zogen Micky und Gerald von Dorf zu Dorf, sprachen vor allem mit den älteren Menschen und schilderten den Medizinmännern meine Symptome. Ich blieb derweil in der Hütte und nahm all die Arzneien, Pflanzen und Kräuter ein, die sie mir mitbrachten. Doch nichts davon half.

Mit der Zeit begannen die Symptome wieder zu verblassen, so wie sie jahrelang in einem regelmäßigen Zyklus gekommen und gegangen waren. Ich hatte viel Gewicht verloren und war sehr schwach. Kristin päppelte mich auf, sie gab mir Süßkartoffeln zu essen und frische Erdnüsse aus ihrem Garten, die sie mit grünem Gemüse mischte. Wie im Dorf Lalaura kochten wir auch hier draußen über einem offenen Feuer. Anstelle von Kaffee bekam ich Tee aus Zitronengras. Das würde mir Kraft geben und mir helfen, meine Energie wiederzuerlangen, sagte sie.

Wir blieben etwa zwei Monate lang in Afore, bis ich wieder genug Kraft hatte, um zu reisen. Während dieser Zeit besichtigten Micky und Gerald die verschiedenen Kaffee- und Kakaoplantagen und diskutierten Pläne, in Afore eine Anlage zur Aufbereitung der Früchte des Kaffeestrauches zu errichten. Auf einer dieser Reisen lernte Micky einen Mann namens John kennen. John kam aus einer bergigen Region weiter nördlich. Sein Dorf grenzte an ein Gebiet, das im Tok Pisin als Nomansland bekannt ist und sehr bergig ist, wir nannten ihn daher Mountain John. Nomansland ist ein Gebiet, das bis heute unerforscht geblieben ist. Es war ein riesiges Gebiet, das sich mitten durch Papua-Neuguinea erstreckte und aufgrund des schwierigen Geländes, der hohen Berge und des dichten Dschungels für die meisten unzugänglich war. Jahrelang hatte ich Geschichten über diesen Ort gehört, an dem es unentdeckte Stämme, fantastische, mir unbekannte Arten von Insekten, Pflanzen und Tieren gab. Die Legenden erzählten von mystischen Kreaturen und menschenähnlichen Wesen, die sich tief im Inneren aufhielten.

Als ich hörte, dass Mountain John uns eingeladen hatte, ihn zu besuchen und mit seinen Leuten über meine Situation zu sprechen, sagte ich bereitwillig zu. Ich fühlte mich besser, die schlimmsten Symptome waren vorerst abgeklungen, und ich hatte wieder genug Kraft, um zu reisen. Nachdem wir uns von Gerald und Kristin verabschiedet hatten, fuhren wir zurück nach Popondetta. Von Popondetta aus wollten wir einen Bus zum Mambare-Fluss nehmen, von dort wollten wir mit dem Boot weiterreisen und den Rest des Weges zu Mountain Johns Dorf zu Fuß zurücklegen. Micky war besorgt über den letzten Teil der Reise und befürchtete, dass ich nicht die Kraft haben würde, die Strecke zu laufen. Aber Mountain John beruhigte ihn und sagte ihm, er solle sich keine Sorgen machen.

Die Reise dauerte viel länger, als wir geplant hatten. Wir verbrachten eine Woche in Popondetta, wo wir auf den Bus warten mussten. Dann regnete es stark und wir brauchten etwa zwei Tage, um den Mambare-Fluss zu erreichen. Das Warten auf ein Boot, das den Fluss hinauffuhr, kostete uns eine weitere Woche. Das Boot, das wir schließlich fanden, war ein großer Einbaum mit einem Außenbordmotor. Aufgeregt saß ich in dem Einbaum und erinnerte mich an meine Kindheitstage, in denen wir auf diese Weise durch das Fayu-Gebiet reisten.

Micky und ich hatten nicht viel Gepäck dabei. Wir hatten beide nur einen Rucksack, in dem das Nötigste Platz fand. Ich genoss es, mit leichtem Gepäck zu reisen, trug höchstens Tennisschuhe oder Flip-Flops und ging barfuß, wann immer ich konnte. Meine Füße hatten sich im Laufe der Monate an den unebenen Boden gewöhnt. Im Westen waren meine Füße weich und empfindlich geworden. Aber ich liebte es, die Erde unter meinen Füßen zu spüren, die Verbindung zum Boden zu fühlen. In den ersten Wochen hatte ich oft Schnittwunden und blaue Flecken an den Füßen, aber mit der Zeit passierte das seltener, bis sich meine Füße vollständig ans Barfußlaufen gewöhnt hatten.

Auf dem Mambare-Fluss nahm ich die schöne Landschaft, die vorbeizog, den dichten Dschungel, die Gerüche und Geräusche in mich auf. Nach einigen Tagen erreichten wir eine kleine Siedlung, die als Treffpunkt für mehrere Dörfer in der Umgebung diente. Dort verbrachten wir eine Nacht. Normalerweise war das Dorf von Mountain John von hier in zwei Tagen zu erreichen, mit mir dauerte es aber viel länger. Wir gingen weiter von Dorf zu Dorf, übernachteten und zogen am nächsten Morgen weiter.

Am dritten Tag war ich am Ende meiner Kräfte angelangt. Mein ganzer Körper schmerzte, meine Muskeln brannten, von der Hitze und der hohen Luftfeuchtigkeit wurde mir schwindelig. Ich konnte nicht mehr weitergehen. Mountain John, der bereits vorgelaufen war, kam zu uns zurück. Er ließ uns auf einem Baumstamm am Rande des kleinen Pfades sitzen und verschwand im Dschungel. Zurück kam er mit einem dünnen Ast, an dem noch Blätter hingen. Er forderte mich auf, aufzustehen und die Beine meiner Hose hochzukrempeln. Mit dem Zweig schlug er wiederholt auf meine Beine, es verursachte kleine Schnitte. Dann brannte es höllisch und ich schrie vor Schmerz auf.

»Der Schmerz wird bald vergehen«, erklärte Mountain John. Und tatsächlich, nach ein paar Minuten wurde das Brennen von einer seltsamen Kühle abgelöst, meine Beine kribbelten, und dann kam es, ein unglaubliches Hochgefühl. Es fühlte sich an, als ob mein ganzer Körper vom Boden abheben würde, als ob ich schwerelos wäre. »Jetzt kannst du wieder laufen«, sagte er mit einem breiten Lächeln. Ich stand auf, machte einen Schritt, dann noch einen. Ich fühlte mich, als könnte ich ewig laufen. Die Bäume erschienen mir auf einmal wunderschön, die Luft roch frisch und kühl. Micky fing an zu lachen, als er mich beobachtete, wie ich vor ihm herumtänzelte, völlig verzaubert von der Welt um mich herum.

»Was auch immer das war, ich liebe es und ich will mehr davon«, sagte ich zu Micky. Ich verlor mein Gefühl für die Zeit und als die Sonne gerade untergegangen war, kamen wir schließlich in Mountain Johns Dorf an. Die Wirkung des Zweiges hatte nachgelassen. Ich hatte keine Kraft mehr, nicht einmal zum Essen. Ich nahm meine Decke, suchte mir in der Hütte, die Mountain John uns angeboten hatte, eine Ecke und schlief sofort ein.

Am nächsten Morgen konnte ich mich vor lauter Schmerzen kaum mehr bewegen. Ich kroch nach draußen und legte mich auf die kleine Holzplattform vor der Hütte. Erst jetzt konnte ich sehen, wo wir uns befanden. Das Dorf war anders als Lalaura oder das von Gerald. Dieses war ein richtiges Dschungeldorf. Die Hütten waren nicht mit Blech gedeckt, sondern hatten Grasdächer. Die Wände bestanden aus krummen Holzbrettern. Die meisten Hütten waren auf Stelzen gebaut und viele hatten keine Türen. Schweine und Hühner liefen umher, die Kinder waren meist nackt, und einige hatten noch nie einen Weißen gesehen, sie starrten mich an oder weinten, wenn ich mich näherte. Die Frauen waren schüchtern und wussten nicht, wie sie sich gegenüber dieser Fremden mit der farblosen Haut verhalten sollten.

Ich sah zu den Bäumen und dem blauen Himmel hinauf. Wie weit war ich von der Welt entfernt, die ich hinter mir gelassen hatte, und wie anders war diese Welt. Mich überflutete eine Welle von Traurigkeit. Hatte ich die richtige Entscheidung getroffen, hierherzukommen? Ich war seit vielen Monaten in diesem Land, und wir hatten noch immer kein Heilmittel gefunden. Meine Augen füllten sich mit Tränen, die Erschöpfung forderte ihren Tribut. Ich fühlte mich fremd und isoliert, unfähig, mich auf eine neue Umgebung einzulassen, wie ich es als Kind getan hatte. Ich konnte die schillernden Farben des Urwalds nicht mehr sehen, konnte die Natur nicht mehr so wahrnehmen wie als Kind. Vielleicht hatte ich mich zu sehr verändert? Vielleicht gehörte ich nicht mehr hierher, in die Welt meiner Kindheit? So viele Fragen gingen mir an diesem Morgen durch den Kopf. Fragen, auf die ich keine Antwort hatte.

Ich ruhte mich ein paar Tagen aus, danach sah das Leben schon wieder besser aus. Ich begann, mich an das Leben im Dorf zu gewöhnen. Bald verloren die Frauen ihre Schüchternheit, und die Kinder näherten sich mir neugierig. Sie waren fasziniert von meinem hellen Haar, streichelten meine Haut und lachten über meine Versuche, ihre Landessprache zu sprechen. Die meisten Frauen und Kinder im Dorf sprachen kein Tok Pisin, und so versuchte ich, ein paar Worte in ihrer Sprache zu lernen.

Micky und Mountain John setzten unterdessen die Suche nach einem Heilmittel fort. Sie gingen in die umliegenden Dörfer, um mit allen zu sprechen, die sich mit traditioneller Medizin auskannten. Manchmal, wenn ich fit genug dafür war, begleitete ich sie. In einem der Dörfer, in dem in der Vergangenheit Kannibalismus praktiziert wurde, erzählten sie uns folgende Geschichte. Sie war einem der Dorfbewohner von seinem Großvater überliefert worden, der sie als Kind erlebt hatte. Die Art und Weise, wie sie die Geschichte nachspielten und sich dabei vor Lachen auf dem Boden wälzten, habe ich trotz des ernsten und bizarren Themas gut im Gedächtnis behalten. Es war tatsächlich auch der erste und einzige Bericht, den ich je gehört hatte, in dem Kannibalismus nicht aus spirituellen Gründen praktiziert worden war, sondern aus reiner

Freude am Verzehr von Menschenfleisch. Mir war der ernste Hintergrund natürlich bewusst, es ging um ein Menschenleben. Und doch haben wir damals sehr gelacht, denn wie Micky habe auch ich den melanesischen Sinn für Humor.

Die Geschichte ging so: Damals kam ein junger Priester aus England, um die Menschen zum christlichen Glauben zu bekehren. Er war groß und gutaussehend. Die Stammesangehörigen wiesen ihm einen Platz zum Bau eines Hauses zu und so begann er mit der Arbeit. Viele Tage arbeitete er daran, den Boden mit einer Schaufel zu ebnen. In seinem Tagebuch notierte er, dass er begeistert war, wie herzlich ihn diese »Wilden«, wie er sie nannte, aufgenommen hatten. Während er arbeitete, standen sie um ihn herum und lächelten ihm zu. Sie sprachen aufgeregt miteinander und zeigten immer wieder in seine Richtung. Er verstand ihre Sprache nicht, meinte aber aus dem Klang ihrer Stimmen herauszuhören, wie sehr sie seine harte Arbeit bewunderten. Er freute sich darauf, die nächsten Jahre mit und unter ihnen zu verbringen.

Was er nicht wusste, war, dass während er damit beschäftigt war, den Boden für sein Haus vorzubereiten, die Stammesangehörigen dabei waren, seinen Körper unter sich aufzuteilen. Wegen der Hitze der Sonne hatte er sein Hemd ausgezogen, er hatte einen schönen, muskulösen Körper. Die Stammesangehörigen bewunderten seinen Körper, seine hohe Statur und seine helle Haut. Sie hatten noch nie weißes Fleisch gegessen und waren gespannt darauf, es zu probieren.

Aber bevor sie ihn töten konnten, mussten sie sich über die Verteilung seiner Körperteile geeinigt haben. Denn Fleisch verdarb in der Hitze sehr schnell, also war hinterher keine Zeit für Streit. Sie wollten ihn ja frisch genießen. Die Verhandlungen waren intensiv und langwierig, der Häuptling musste als Vermittler zwischen den verschiedenen Stammesmitgliedern fungieren. Schließlich kam der Tag, an dem alle mit dem Ergebnis zufrieden waren.

Ein paar Männer traten hinter den Priester und schlugen ihm auf den Kopf. Er war auf der Stelle tot. Sie zerteilten die Leiche, jede Familie bekam ihren Anteil. Da der Priester seine Schuhe niemals ausgezogen hatte und die Stammesangehörigen noch nie zuvor Schuhe gesehen hatten, dachten sie, sie seien ein Teil des Körpers. Da im Stamm nichts verschwendet wurde, schon gar keine Lebensmittel, aßen die beiden Familien, die jeweils einen Fuß bekommen hatten, den Schuh mit. Sie taten sich sehr schwer damit, insbesondere die Ledersohlen waren hart und zäh. Sie brauchten fast ein Jahr, um den Fuß mit dem Schuh daran zu essen. Über diesen Teil der Geschichte lachten die Dorfbewohner am meisten. Sie machten sich über die Dummheit ihrer eigenen Vorfahren lustig. Sie stellten nach, wie sie versuchten, den Lederschuh weich zu kochen. Wie sie mühsam an den Sohlen knabberten und sich gegenseitig versicherten, nie wieder einen »weißen Mann« zu essen.

In einem anderen Dorf saß ich mit einer Gruppe von Stammesangehörigen zusammen und wir führten ein sehr außergewöhnliches Gespräch, über Kannibalismus. Um es gleich vorwegzunehmen: Wir Weißen schmecken den Ureinwohnern nicht. Unser Fleisch ist sauer und bitter, wie ich erfuhr. Aber auch sonst hätte ich mir wenig Sorgen machen müssen. Denn Kannibalismus diente nicht dazu, einen hungrigen Magen zu füllen, jedenfalls in den allermeisten Fällen nicht. Es hatte mit Spiritualität und den Seelen der Toten zu tun. Auch wenn ich es mir niemals vorstellen könnte, einen anderen Menschen zu essen, und ich es sehr begrüße, dass Kannibalismus im südpazifischen Raum inzwischen offiziell verboten ist, verstehe ich nun auch das Konzept dahinter.

Die Stammesleute erklärten mir die verschiedenen Geschmacksrichtungen von Menschenfleisch, welche Teile gut schmeckten und welche man besser meiden sollte. »Das beste Fleisch ist das eines jungen Stammesmädchens«, ließen sie mich wissen. Sie beschrieben mir die verschiedenen Körperteile. Finger und Oberschenkel galten als gute Stücke. Die männlichen Genitalien waren zu hart, um sie zu kauen, sobald sie gekocht waren. Magen und Oberarme waren ebenfalls nicht gut. Eingeweide und inneren Organe wurden nicht gegessen, die Gehirne der Verstorbenen dagegen schon. Je älter ein Körper, desto weniger schmackhaft war er. Ich lernte auch die verschiedenen Arten kennen, wie man die Körperteile zubereitete. Ich erspare meinen Lesern die Details.

Kannibalismus wurde aus zwei grundsätzlich verschiedenen Motiven praktiziert. Das erste war, die Seele des Menschen einzufangen. Die Seele blieb in dem Gebiet, in dem der dazugehörige Leichnam verspeist wurde. So konnte Angehörige und Freunde einen geliebten Menschen in ihrer Nähe behalten. Aber auch die Seele eines Feindes konnte auf diese Weise festgehalten werden. Die Seele konnte dann nicht zu ihrem Volk zurückkehren, eine Strafe, die schlimmer als der Tod angesehen wurde.

Außerdem spielte Kannibalismus in der schwarzen Magie eine bedeutende Rolle, weil er seinen Anwender zu den mächtigsten Formen der Magie befähigte. Früher jagte und tötete der Schamane dafür einen Menschen aus einem Stamm, gegen den Krieg geführt wurde. Heute ist es eher so, dass die Leichen von Verstorbenen ausgegraben werden, wenn Menschenfleisch benötigt wird. Damals wie heute ist man der Überzeugung, dass die Magie umso stärker wirkt, je mächtiger oder gefährlicher die verzehrte Person zu Lebzeiten war. Kannibalismus ist mittlerweile überall gesetzlich streng verboten. Nur in sehr abgelegenen Gegenden praktizieren ihn einige wenige Schamanen noch heute, um bestimmte Kräfte zu erlangen. Ihr Tun halten sie streng geheim.

Wir waren etwa zwei Monate im Dorf, als uns ein älterer Mann aus einem anderen Dorf ansprach und berichtete, er habe von ähnlichen Symptomen gehört und mir eine Mischung mitgebracht, die er zubereitet hatte. Es handelte sich um eine dunkle Flüssigkeit aus bestimmten Pflanzen, die er mit Wasser vermischt hatte. Er riet mir, jeden Tag ein wenig davon einzunehmen, und hoffte, dass es helfen würde. Ich tat wie geheißen und fühlte mich im Laufe der nächsten Wochen langsam besser. Mein Körper kam wieder zu Kräften, und ich wünschte mir so sehr, dass es von Dauer sein würde. Ein weiterer Monat verging, und als die Symptome nicht zurückkehrten, war ich fast außer mir vor Freude. Micky und ich feierten und planten, bald nach Lalaura zurückzukehren, um die gute Nachricht zu überbringen. Ein weiterer Monat verging, bevor wir uns von Mountain John und den Dorfbewohnern verabschiedeten. Diesmal fiel mir die Reise leichter, und bald hatten wir bereits Popondetta erreicht. Dort machten wir einen Stopp und warteten auf den nächsten Flieger nach Port Moresby, um von dort aus nach Lalaura weiterzureisen. Ich war seit fast drei Monaten symptomfrei, fühlte mich energiegeladen und bereit für die Rückkehr zu meinen Kindern.

Ich hatte auch wieder die Kraft, um Pläne für die Fortsetzung der Projekte zu schmieden, die wir vor Jahren begonnen hatten. Unser Ziel war es, die Agrarwirtschaft im Land nachhaltig zu entwickeln. Wir verbrachten Stunden damit, verschiedene Strategien durchzugehen und Geschäftspläne zu erstellen. Wir wollten lokale Unternehmen gründen, um positive Veränderungen in den Dörfern zu bewirken. Wir wollten Möglichkeiten schaffen, damit die Dorfbewohner nicht in die Städte abwandern mussten, sondern in ihren Dörfern bleiben und dort ihr Einkommen erzielen konnten. Denn gerade die jüngere Bevölkerung hatte bereits begonnen, ihre Dörfer auf der Suche nach Verdienstmöglichkeiten zu verlassen. Doch mit dieser Abwanderung in die Städte verschwanden die alten Traditionen, der Wunsch nach einem moderneren Lebensstil begann, die alten Lebensweisen zu verdrängen. Der Kulturkonflikt zwischen alter und neuer Lebensweise wirkte sich negativ auf das Zusammenleben der Menschen aus. Kriminalität, Armut und Gewalt, Vernachlässigung von Kindern und älteren Menschen sowie Missbrauch in der Ehe wurden zu einem ernsten Problem. Viele neue Gesundheitsprobleme traten auf, die Armut in den Städten nahm zu. Dem wollten wir etwas entgegensetzen.

Das Leben derjenigen, die in Stämmen und Dörfern aufgewachsen sind, hat sich in den letzten einhundert Jahren massiv verändert. Die weltwirtschaftliche Entwicklung, moderne Technologien und die westliche Kultur lassen sich nicht aufhalten. Im Gespräch mit einem Häuptling ließ ich einmal durchblicken, dass ich es für besser für diese Gesellschaften hielte, wenn sie an ihrer traditionellen Lebensweise festhielten. Der Häuptling widersprach heftig und sagte etwas, was mir sehr zu denken gab und meine Haltung dazu komplett veränderte.

»Warum sollen wir weiterhin wie Tiere auf dem Boden schlafen, während ihr in weichen Betten schlaft? Warum sollen wir weiterhin im Dreck sitzen, während ihr auf bequemen Sofas sitzt? Warum sollen wir weiterhin nachts frieren, während ihr euch in warme Decken wickelt? Warum sollen unsere Frauen weiterhin blind werden, weil sie ständig dem Rauch des Feuers ausgesetzt sind, während ihr auf Öfen kocht? Warum sollt ihr ein bequemes Leben haben, während wir um unsere Existenz bangen? Welches Recht habt ihr, uns zu sagen, was wir haben können und was nicht?«

Er hatte natürlich recht, Veränderung sind nicht per se schlecht. Ich liebe den traditionellen Lebensstil der faszinierenden melanesischen Kulturen, aber niemand hat das Recht, ihnen vorzuschreiben, ob und wie sie sich verändern sollen und ihnen ihre Selbstbestimmung zu nehmen. Die Veränderungen, denen sie ausgesetzt sind, haben sowohl positive als auch negative Aspekte. Diejenigen, die unmittelbar betroffen sind, haben es oft schwer. Aber die nächsten Generationen passen sich langsam an sie an. Sie finden Wege, zwischen beiden Kulturen zu leben, indem sie das Neue und das Alte in sich aufnehmen. Ich wünsche ihnen, dass sie den Übergang schaffen, ohne ihre einzigartige Kultur und ihre Identität zu verlieren. Denn ich habe gelernt, dass das Leben nicht nur aus Schwarz und Weiß besteht, sondern bunt ist.

Es war die letzte Nacht in Popondetta, unser Flieger sollte am nächsten Morgen gehen. Plötzlich schreckte ich aus dem Schlaf auf, irgendetwas fühlte sich furchtbar falsch an. Als ich mich aufsetzte, sank mein Herz, und als ich aus dem Fenster zum Mond schaute, traf es mich wie ein Schlag im Magen. Ich fühlte mich fiebrig, meine Glieder schmerzten, die altbekannte Übelkeit war zurück. Ich begann bitterlich zu weinen. Meine Hoffnungen hatten sich zerschlagen. Schon wieder und völlig überraschend waren die Symptome zurückgekehrt.

# Die Insel der Liebe

## *Trobriand-Inseln, 2013*

Eine Legende erzählte von einer Insel im Südpazifik, die so gefährlich war, dass diejenigen, die sie besuchten oder dort Schiffbruch erlitten, niemals zurückkehrten. Die Insel wurde nicht von Kriegern bewohnt, die jeden töteten, der an Land kam, oder von Bestien, die die Gestrandeten zerfleischten. Sie wurde von Frauen bewohnt, deren Gier nach Männern so groß war, dass jeder Mann, der es wagte, einen Fuß auf ihre Insel zu setzen, zu Tode vergewaltigt wurde. Diese Frauen waren groß, dunkelhäutig und ihre Schamhaare reichten bis zum Boden. Sie hatten große, irre dreinblickende Augen und Körper, die so groß und stark waren, dass eine dieser wilden Frauen zehn kräftige Männer niederhalten konnte.

Nachdem meine Symptome zurückgekehrt waren, hatten wir unseren Plan, nach Lalaura zurückzukehren, aufgegeben und setzten stattdessen unsere Suche nach einem Heilmittel fort. Wir hörten von einer Frau auf den Trobriand-Inseln, die viel von traditioneller Medizin verstand. Sie wollten wir als Nächstes aufsuchen. Mit einem Fischerboot fuhren wir vom Festland aus von Insel zu Insel, bis wir die Trobriand-Inseln erreichten. Auf einer davon gab es ein kleines Gästehaus mit ein paar Zimmern und einer Bar am Strand. Die Bar war nichts weiter als eine große Holzplanke auf großen Stelzen, hinter der ein Kühlschrank und einige Regale standen. Im Hintergrund lief ein Ventilator, in der linken Ecke des Regals befand sich ein Waschbecken, in dem die benutzten Gläser und Tassen gespült wurden. Vor der Bar standen ein paar Holzstühle und Tische.

Wir hatten Getränke bestellt und bestaunten das Meer und die untergehende Sonne, als ein älterer Mann hereinkam. Er setzte sich an den Tisch neben uns, und bald kamen wir mit ihm ins Gespräch. Sein Name war Nollen, er war ein einheimischer Fischer, der auf einer der kleineren Inseln in der Nähe aufgewachsen war. Die raue Haut seines wettergegerbten Gesichts war über und über mit Falten bedeckt. Er war klein, aber seine Schultern waren breit, seine Figur kräftig und stark. Bald drehte sich unser Gespräch um die Legenden über das Meer. Er erzählte uns von einem Erlebnis, das ihm besonders im Gedächtnis geblieben war.

Es war der Tag, an dem sein Außenbordmotor ausfiel, als er auf dem Meer war und in einen großen Sturm hineingeriet. Er war damals noch ein junger Mann, mit wenig Erfahrung. Er war allein an Bord und hatte keine Möglichkeit, Hilfe zu rufen. Alle Versuche, den Außenbordmotor wieder zum Laufen zu bringen, scheiterten. Der Sturm ergriff sein Boot und trieb es immer weiter aufs Meer hinaus. Als er die Gefahr erkannte, in der er sich befand, betete er, dass ein anderes Boot vorbeikommen und ihn retten möge. Doch das geschah nicht. Der Sturm legte sich. Doch der Fischer war weit aufs offene Meer hinausgetrieben worden und hatte die Orientierung verloren. Er rechnete damit, dass er mit der Menge an Frischwasser, die er an Bord hatte, etwa eine Woche überleben konnte. Die Nacht kam und ging, ein weiterer Tag verging, und am fünften Tag begann seine Hoffnung auf Rettung zu schwinden. Sein Wasservorrat neigte sich dem Ende zu, Regen war nicht in Sicht. Die Tage waren heiß und die Nächte kalt. Langsam verließen ihn seine Kräfte. Er fragte sich, ob er hier draußen auf dem Meer, ganz allein, sterben müsste.

»Hattest du keine Paddel an Bord?«, fragte ich ihn. »Doch«, antwortete er, »ich habe versucht, mich an der Sonne zu orientieren und zur Hauptinsel zurückzupaddeln, aber die Strömung war zu stark und hat mich immer weiter aufs Meer hinausgezogen. Ich weiß nicht mehr, wie lange ich trieb, ich erinnere mich nur daran, dass ich immer wieder das Bewusstsein verlor«, fuhr er fort, »als ich plötzlich spürte, wie starke Hände mich hochhoben und forttrugen. Jemand gab mir einen Schluck Wasser, und obwohl ich um mehr bettelte, bekam ich das Wasser nur schluckweise. Immer wieder verlor ich das Bewusstsein. Schließlich erwachte ich auf einer geflochtenen Matte aus Kokospalmenblättern in einer einfachen Hütte. Ich war erleichtert und froh, überlebt zu haben, und fragte mich, wo ich gelandet war.

Ich stand auf, ging nach draußen und fand mich inmitten eines großen, mir unbekannten Dorfes wieder. Ich erblickte ein paar Frauen und bekam einen Schock. Zwischen ihren Beinen hingen lange Strähnen, sie reichten bis auf den Boden, sahen aus wie Haare. Da wurde mir klar, dass ich auf der verfluchten Insel gelandet war. Ich wollte weglaufen, war aber noch immer kraftlos. Und wohin sollte ich auch laufen? Das ist mein Ende, war mein erster Gedanke. Sie hatten mich gerettet und wieder zum Leben erweckt, aber nur um mich zu Tode zu vergewaltigen.

Seltsam war, dass es auf der Insel auch Männer gab, anders als in den Geschichten, die man mir als Kind erzählt hatte. Den Legenden nach wurde die Insel nur von Frauen bewohnt. Dann fiel mir auf, dass das, was ich zuerst für Haare gehalten hatte, in Wirklichkeit lange, dunkle, mit kleinen Muscheln geschmückte Schnüre waren, die an einer Schnur um die Taille getragen wurden. Und nicht nur die Frauen trugen sie, sondern auch die Männer. Als einige der Dorfbewohner sahen, dass ich wach geworden war, kamen sie auf mich zu und sprachen mit mir in einer Sprache, die ich nicht verstand. Sie brachten mich zu einem Feuer und luden mich ein, mit ihnen zu essen. Inzwischen hatte sich eine Menschentraube um mich herum versammelt, sie beobachteten mich und unterhielten sich offenbar über mich.«

»Also«, fragte ich Nollen, »haben sie dich vergewaltigt?« »Nein«, antwortete er lachend, »sie waren sehr nett, ganz normale Menschen wie wir. Nur dass sie immerzu lächelten und sehr glücklich wirkten. Ich hatte noch nie zuvor so zufriedene Menschen getroffen. Ich blieb schließlich viele Monate bei diesem Stamm, lernte ihre Sprache und ihre Kultur kennen. Eine Kultur, die insofern einzigartig war, als dass es keine festen Beziehungen zwischen

Männern und Frauen gab. Sie kannten das Konzept der Ehe nicht. Wurde eine Frau schwanger, glaubten sie, dass die Geister den Samen in den Schoß der Frau gepflanzt hatten.« »Ich verstehe nicht«, erwiderte ich, »sie wussten also nicht, wie eine Schwangerschaft entsteht?« »Genau«, fuhr Nollen fort, »für sie war Sex so alltäglich wie Essen und Schlafen. In der Mitte des Dorfes gab es ein Haus, das speziell dafür gebaut wurde, dass die Dorfbewohner miteinander schlafen konnten, jeder mit jedem. Das taten sie, Frauen wie Männer, nicht nur einmal, sondern viele Male am Tag. Wenn ich bei ihnen saß, stand immer wieder jemand auf, ging in das Haus und kam kurze Zeit später zurück. Am Anfang fand ich es befremdlich, aber allmählich gewöhnte ich mich daran. Wurde eine Frau schwanger, feierten sie das mit einer Zeremonie, um den Geistern dafür zu danken, dass sie ihnen ein neues Leben geschenkt hatten.« »Haben sie auch dir angeboten, in das Haus zu gehen?«, fragte Micky. »Nein«, antwortete Nollen, »denn nach ihren Gebräuchen ist es Außenstehenden nicht erlaubt, es zu betreten. Mit der Zeit verstand ich, warum diese Menschen so glücklich waren. Sie kannten keine Eifersucht, keine Scheidungen oder Trennungen. Die Kinder wurden vom ganzen Dorf gemeinsam aufgezogen. Frauen und Männer schliefen nachts getrennt in unterschiedlichen Hütten, die Kinder blieben mit ihren Müttern, bis sie die Pubertät erreichten. Auch dieser Moment wurde zeremoniell gefeiert, ab da suchten die jungen Menschen sich ihre Hütte zum Schlafen selbst aus.

Die Dorfbewohner lebten ein sorgenfreies Leben. Sie waren davon überzeugt, dass die Geister über ihr Schicksal entschieden. Deshalb hatten sie weder Angst vor der Zukunft, noch haderten sie mit Vergangenem. Alles, was geschah, wurde von den Geistern bestimmt. Sie glaubten, dass die Geister ihnen wohlgesonnen wären und sie mit guter Gesundheit und vielen Kindern segnen würden, wenn sie gute Menschen waren, freundlich zu ihren Nachbarn und ihre Pflichten innerhalb des Stammes gewissenhaft erfüllten.

Ihre gute Laune war ansteckend, auch ich war dort glücklich. Als ich schließlich den Außenbordmotor wieder zum Laufen brachte, blieb ich trotzdem noch eine ganze Weile, weil ich von diesen Menschen fasziniert war. Oft denke ich an die wunderbare Zeit zurück, die ich dort verbracht habe.«

Als Nollen seine Geschichte zu Ende erzählt hatte, war es schon spät. Ich lag an diesem Abend im Bett und dachte über diese besondere Kultur nach, in der es keine festen Beziehungen zwischen Männern und Frauen gab. Ich war fasziniert von der Idee und fragte mich, ob es überhaupt möglich war, dass sich eine Gesellschaft so entwickeln konnte. Ich dachte an meine Zeit bei den Fayu zurück, die zwar die Ehe kannten, sie aber nicht mit dem Konzept von Liebe oder Romantik verbanden, wie wir es in der westlichen Kultur kennen. Für die Fayu ging es in der Ehe ums Überleben und um die Zeugung von Nachkommen. Für die emotionalen Bedürfnisse waren die Ehepartner nicht gegenseitig verantwortlich, sie wurden von den Freundinnen der Frauen und den Freunden der Männer erfüllt. Diese Freundschaften hielten meist ein Leben lang.

In der westlichen Gesellschaft sind Ehen in der heutigen Zeit meist Liebesheiraten, und wenn die Liebe erlischt, kommt es häufig zur Scheidung. Ich habe jedoch mehr zufriedene Menschen und bessere Ehen in Gesellschaften gesehen, in denen Liebe kein entscheidender Faktor bei der Wahl des Lebenspartners war. Die Erwartungen in dieser Hinsicht waren dort nicht so hoch wie im Westen, das Potenzial für Enttäuschungen dementsprechend geringer. Und offenbar gab es sogar Menschen, die glücklich waren, wenn sie gar nicht in Partnerschaften lebten, sie feste Beziehungen zwischen einem Mann und einer Frau nicht kannten, so wie Nollen es uns erzählt hatte.

Am nächsten Morgen suchten Micky und ich die Frau auf, von der wir gehört hatten. Sie lebte allein auf einer kleinen Insel. Ein Fischerboot brachte uns in etwa einer halben Stunde dorthin. Der Bootsführer, ein junger Mann, war ihr Urenkel. Er erzählte uns, dass seine Urgroßeltern schon immer auf dieser Insel gelebt hatten. Als sein Urgroßvater starb, weigerte sich seine Urgroßmutter, wegzuziehen. Die Familie besuchte sie seither regelmäßig und brachte ihr alles, was sie brauchte. Wir gingen an einem kleinen weißen Sandstrand an Land. Was für ein Paradies die Insel war!

Die Frau hatte das Boot kommen hören und kam an den Strand herunter, um uns zu begrüßen und uns frische Früchte anzubieten. Sie muss sehr alt gewesen sein. Und doch wirkte sie noch fit und gesund. Ihr Körper war kräftig, ihr Gang gleichmäßig und ihr Geist klar. Sie hatte ein wunderschönes Lächeln. Sie lebte in einem kleinen Holzhaus, das ihr verstorbener Mann gebaut hatte. Hinter dem Haus befand sich ein großer Garten, aus dem sie frisches Gemüse und Obst erntete. In der Nähe befand sich eine Süßwasserquelle, aus der köstliches Trinkwasser floss. Sie erzählte uns, dass sie mehrmals in der Woche fischen ging und ein paar Hühner hatte, die sie mit Eiern versorgten. Außerdem pflanzte sie in ihrem Garten Kräuter an, aus denen sie verschiedene Arzneimittel herstellte, die zum Beispiel gegen Fieber, Erkältungen und Schmerzen halfen, so wie sie es von ihrer Mutter gelernt hatte. Ihr Sohn verkaufte sie auf den Märkten in der Umgebung.

Wir erklärten ihr den Grund unseres Besuchs und beschrieben die Symptome, unter denen ich litt. Sie hörte aufmerksam zu und nickte ab und zu. Sie sagte uns, dass sie noch nie von dieser Krankheit gehört habe, aber dennoch etwas für mich zubereiten wolle, das ich ausprobieren könne. Es würde eine Weile dauern, also lud sie uns ein, den Tag über auf der Insel zu bleiben, ihr Urenkel würde uns am späten Nachmittag abholen. Wir verbrachten einen wunderbaren Tag auf der kleinen Insel, probierten die frischen Sachen aus dem Garten, spazierten am Strand entlang und ruhten uns im kühlen Schatten der Bäume aus. Am Nachmittag war es so weit und die Frau reichte Micky ein Glas, das eine dunkle, stinkende Flüssigkeit enthielt. Davon sollte ich eine Woche lang jeden Tag einen Schluck nehmen. »Das wird dir hoffentlich helfen«, sagte sie zu mir. Wir bezahlten sie, dankten ihr für ihre Zeit und kehrten auf die Hauptinsel zurück. Am nächsten Morgen nahm ich den ersten Schluck, es schmeckte scheußlich. Trotzdem machte ich weiter, wie sie es mir aufgetragen hatte. Wieder begann ich, mich allmählich besser zu fühlen, und wieder kehrten die Symptome einige Wochen später zurück. Es war frustrierend!

Während der Wochen, die wir auf den Trobriand-Inseln verbrachten, lernte ich eine Menge über die einzigartige Kultur dieser Inseln. Die Trobriand-Inseln hatten ein matrilineares System, bei dem ausschließlich die Frauen Land besitzen und es auch nur an ihre Töchter vererben. Die Männer waren dafür verantwortlich, dieses Land gegen Eindringlinge zu verteidigen und für Nachkommen zu sorgen. Wie in der Kultur des Stammes, bei dem Nollen gelebt hatte, gab es auch bei den Trobriandern außergewöhnliche Bräuche, was sexuelle Beziehungen anging. Die Trobriand-Inseln sind für ihre in den Augen vieler Menschen auffallend schönen Frauen und ihre sexuell stark aufgeladenen Tänze bekannt.

Lange Zeit war es dort Tradition, dass junge Männer und Frauen von der Gesellschaft zu freien sexuellen Beziehungen ermutigt wurden. Wurde ein junger Mann volljährig, baute er sich eine sogenannte »Liebeshütte«. Dort wohnte er bis zu seiner Heirat und hatte die Freiheit, mit jeder nicht verheirateten Frau zu schlafen. Feste Partnerschaften vor der Ehe gab es nicht. Erst mit der Eheschließung begannen die Frauen und Männer, in einer festen und monogamen Beziehung zu leben.

Die freizügige Lebensweise der jungen Menschen wurde unter dem Einfluss der christlichen Kirche, deren Lehren sich mit der Ankunft der ersten Missionare vor über hundert Jahren tief und breit im südpazifischen Raum verankert hatte, zurückgedrängt, bis sie schließlich allenfalls noch im Verborgenen stattfand. Traditionelle Bräuche wurden nicht mehr gepflegt, die Tänze nur noch selten aufgeführt. Viele Einheimische begrüßten diesen Wandel, doch er brachte auch nachhaltige Veränderungen mit sich, die nicht gleich abzusehen waren. Denn Traditionen sind dafür da, das Überleben von Gesellschaften zu sichern und das Gleichgewicht in ihnen aufrechtzuerhalten. Sie mögen nicht oder nicht mehr den Moralvorstellungen der Menschen entsprechen, eine Bedeutung haben sie dennoch.

So wie auch das zweiwöchige Yam-Fest, das immer im August stattfand und von dem mir auf meinen Reisen häufig berichtet wurde. Auf einigen der Trobriand-Inseln gab es die Tradition, dass während des Festes alle Frauen, egal ob verheiratet oder nicht, mit jedem Mann, den sie sich dafür ausgesucht hatten, Geschlechtsverkehr haben durften, einvernehmlich, aber auch gegen seinen Willen. Die hohe sexuelle Energie der Menschen auf den Inseln fand ein Ventil. Aber noch bedeutsamer war die Macht, die man den Frauen damit verlieh. Das führte dazu, dass die Fälle von Vergewaltigungen und häuslicher Gewalt auf der Insel sanken. Zu sehr fürchten die Männer, und zwar zu Recht, dass sich die Frauen während des Yam-Festes für die begangenen Taten bitter an ihnen rächen.

Nach dem Fest kehrten die Frauen zu ihren Ehemännern zurück, als wäre nichts geschehen, und das Leben ging wie gewohnt weiter. Mittlerweile wurde diese Tradition von den einflussreichen Kirchen verboten. Mit der Ausbreitung von HIV in den 80er-Jahren hatten sie nicht nur die christliche Sexualmoral auf ihrer Seite, sondern auch handfeste gesundheitliche Argumente.

Nachdem wir die Trobriand-Inseln verlassen hatten, reisten wir zu einer Insel, die mit ihren weißen Stränden, den Korallenriffen, dem dichten Regenwald und den Bergen nicht nur wunderschön, sondern für etwas bekannt war, was in vielen anderen Gesellschaften längst verloren oder vergessen wurde: die Magie. Auf dieser Insel namens Rossel aber wird diese Kunst noch aktiv praktiziert. Das rief in mir Erinnerungen an ein Kapitel in meiner Kindheit wach, das ich bislang verdrängt hatte. Denn in meinem Leben hatte es einmal eine intensive Begegnung mit magischen Praktiken gegeben.

# Die Kunst der Magie

## *West-Papua, Indonesien, 1983*

Tief im sogenannten Verlorenen Tal in West-Papua lebte ein Stamm namens Bauzi, in der Nähe der Dschungelbasis Danau Bira. Die Angehörigen dieses Stammes waren groß, viel größer als die Menschen in anderen Stämmen, die von eher kleiner Statur waren. Die Bauzi waren ein kriegerischer Stamm und gerieten oft in Konflikt mit den benachbarten Stämmen. Was mich schon als zehnjähriges Kind in West-Papua an ihnen faszinierte, war, dass sie sehr stark an ihren alten Traditionen festhielten, vor allem an der Magie und dem Glauben an die Geister. Damals hatte ich meine erste Begegnung mit ihnen.

Zum Stamm gehörte auch eine alte Frau, die allerdings außerhalb des Dorfes lebte, weil sie wegen ihrer schwarzen Magie von den anderen gefürchtet und gemieden wurde. Obwohl meine Eltern mir verboten hatten, mich in die Nähe dieses Stammes zu begeben, gewann meine Neugierde. Während unserer Besuche auf der Dschungelbasis machte ich mich in meinem Kanu auf den Weg zu den Bauzi, deren Dorf auf der anderen Seite eines großen Sees vor der Dschungelbasis lag. Ich schlich mich zu der Hütte der alten Frau und spähte vorsichtig hinein. Doch plötzlich stand sie direkt vor mir und ich erstarrte. Deutlich konnte ich spüren, dass diese Frau eine düstere Seele hatte, aber genau das faszinierte mich auch.

Sie legte mir die Hand auf die Schulter und forderte mich auf, zu einem hohen Baum in der Ferne hinaufzuschauen. Was dann geschah, war sehr merkwürdig und ich kann es nur schwer erklären. Es schien, als wären wir plötzlich gen Himmel abgehoben, so nah an den Baum heran, dass ich den Vogel, der dort hoch oben auf dem Ast saß, ganz genau erkennen konnte. Ich hätte die Hand ausstrecken und ihn berühren können. Ich war schockiert, riss mich los und lief zurück nach Hause. In den folgenden Wochen dachte ich immer wieder an die Frau und hatte ein großes Verlangen, zu ihr zurückzukehren. Ich wollte mehr über sie wissen und verstehen, was mir dort geschehen war. Auch wollte ich einen Blick in das Innere ihrer Hütte werfen, auf die verschiedenen Gegenstände, die sie angeblich besaß.

Ich stahl mich also wieder davon, still und heimlich. Mit meinem kleinen Kanu paddelte ich zum Bauzi-Dorf und ging den Weg hinunter, der zu ihrer Hütte führte. Leise schlich ich mich an ihre Hütte heran, ich hoffte, dass niemand zu Hause war. Die Hütte war typisch für das Tal. Sie war auf Stelzen gebaut, hatte ein Dach aus Palmblättern und einen Boden aus geflochtenen Matten. Die Wände bestanden aus ungleichmäßig geschnittenen Ästen, die Löcher waren mit getrockneten Blättern gefüllt. Es gab keine richtige Tür, nur eine Öffnung, die man über eine Art Treppe aus ein paar übereinandergestapelten Baumstämmen erreichen konnte. Ich kletterte hinauf und schaute hinein. Von den Dachsparren hingen Netztaschen aus Baumrinde und getrocknete Pflanzen. An einer Wand befanden sich seltsam anmutende Schnitzereien, die mit Federn, Vogelfüßen, Schnäbeln und Knochen verziert waren. Mir war mulmig zumute. Ich kletterte die Baumstämme hinunter, als sich plötzlich wieder eine Hand auf meine Schulter legte. Ein Schauer ging durch meinen Körper. Ich sprang zur Seite und sah mich der alten Frau gegenüber.

»So«, sagte sie, »du bist also endlich zurückgekehrt.« Sie sprach die indonesische Sprache, was unter Stammesangehörigen so weit draußen im Dschungel selten ist. Ich schaute beschämt zu Boden, weil ich in ihre Privatsphäre eingedrungen war, und wusste nicht, wie ich reagieren sollte. »Möchtest du hereinkommen?«, fuhr sie fort. Ich nickte und folgte ihr die Holztreppe hinauf. Ich setzte mich auf die Matte in der Mitte der Hütte und sah mir die Dinge an, die die einfache Einrichtung schmückten. Sie setzte sich vor mich und reichte mir eine kleine geschnitzte Holzfigur. »Das soll dich vor den Geistern schützen, denn du ziehst sie an«, sagte sie mir, »sie kommen nachts zu dir, sie warten auf dich. Aber nicht alle Geister sind freundlich. Trage es immer bei dir.«

Sie erzählte mir von der Welt der Geister und von ihrer Zauberkunst. Sie könne mich noch mehr lehren, sagte sie. Ich fühlte mich nicht wohl bei dem Gedanken, weil ich wusste, dass meine Eltern außer sich wären, wenn sie wüssten, dass ich hier war. Da sie meine Angst spürte, sagte sie mir, ich müsse mir keine Sorgen machen, niemand würde es je erfahren. »Hör einfach gut zu«, sagte sie mir.

Die Stunden vergingen, aber mir schien es, als sei die Zeit stehen geblieben. Ich hörte gebannt zu, wie sie über die verborgene Welt tief im Urwald der Insel Neuguinea erzählte. Noch heute sehe ich ihr Gesicht vor mir und habe ihre Stimme im Ohr. Sie erzählte mir Legenden, Sagen und märchenhafte Geschichten, die seit Jahrhunderten verborgen und geheim gehalten werden. In ihnen war uraltes Wissen verborgen, das geflüstert, in Zeremonien vorgetragen und im Schatten der Dunkelheit von Generation zu Generation weitergegeben wurde. Einige handelten von den Geheimnissen der Natur, andere von Magie und wieder andere von den Wissensschätzen verlorener Zivilisationen der Vergangenheit.

Ihre Kenntnisse über Heilpflanzen waren beeindruckend, ihre Fähigkeit, Verletzungen zu heilen, faszinierend. »Krank sein bedeutet nichts anderes, als dass Gift im Körper ist«, erklärte sie mir, »die meisten Heiler bekämpfen nur die Symptome, beseitigen aber das Gift nicht. Es sammelt sich dann weiter an und der Mensch wird immer wieder krank.« Sie zeigte mir verschiedene Pflanzen und Blumen und erklärte mir, wie man sie verwenden kann, um den Körper zu entgiften. Ihre Methode war extrem hart, aber effektiv.

Sie lehrte mich auch schwarze Magie. »Nachts, wenn wir schlafen«, sagte sie mir, »ist die Zeit der Geister. Um Mitternacht öffnet sich ein Tor, das die Welt der Geister mit der der Menschen verbindet. Die Geister können dann in unsere Welt eindringen und hier ihr Unwesen treiben. Ich weiß, wie man mit ihnen kommuniziert und kann sie rufen, um in unserer Welt nach meinen Wünschen zu wirken. Ich kann die Geister dazu bringen, den Menschen Schaden zuzufügen oder ihnen Unglück zu bringen, kann sie für mich ihre Geheimnisse ausforschen lassen. Das alles kannst auch du lernen.«

Eines Nachmittags war ich wieder einmal unterwegs zu ihr und lief gerade durch das Dorf, als ich lautes Stimmengewirr hörte. Ich folgte dem Geräusch, das vom Fluss kam. Der Bauzi-Stamm hatte sich dort versammelt, die Atmosphäre war voller Wut. Dann sah ich sie: Die alte Frau wurde gefesselt zum Flussufer getragen. Von den Dorfbewohnern erfuhr ich, dass in der Nacht eine junge Frau gestorben war. Sie sei von der alten Frau mit einem Fluch belegt worden und nun werde diese ertränkt, um den Tod zu rächen. Entsetzt beobachtete ich, wie die alte Frau in den Fluss geworfen wurde, an ihren Körper waren große Steine gebunden. Ich drehte mich um und rannte weg. Das Geräusch des Aufpralls ihres Körpers auf dem Wasser, die Schreie und Rufe klangen in meinen Ohren. Es folgte eine ohrenbetäubende Stille, als sei die Welt eingefroren. Ich hockte mich hin und hielt mir die Ohren zu, um die Stille zu verdrängen.

Ich verharrte in dieser Position, bis ich den Geruch von Rauch wahrnahm und aufblickte. Eine dicke Wolke aus schwarzem Rauch stieg in den blauen Himmel. Ich sprang auf, rannte zur Hütte der alten Frau und sah zu, wie sie niederbrannte. Ich steckte die Hand in meine Tasche und umklammerte die kleine Schnitzerei, die sie mir geschenkt hatte. Nie habe ich eine Träne vergossen und nie mehr bin ich dorthin zurückgegangen. Die Jahre vergingen, und oft lag ich nachts im Bett und dachte über die Welt der Geister nach, über die Lektionen, die ich gelernt hatte.

Mit der Zeit wurden die Welt der Geister und die alten Traditionen ein Teil von mir. Schließlich verließ ich den Dschungel, schloss meine Ausbildung ab, wurde Mutter und fasste Fuß im Job. Die Erinnerung an die alte Frau und an das, was sie mich gelehrt hatte, wurde zu einem kleinen Schimmer in meiner Sammlung von Erinnerungen. Erst als ich auf der Suche nach einem Heilmittel in die Welt meiner Kindheit zurückging, wurden die Erinnerungen wieder lebendig. Doch die Welt, in die ich zurückgekehrte, war inzwischen eine andere. Nur in den entlegensten Winkeln, in den isoliertesten Regionen – wie auf Rossel – gibt es noch Menschen, die die alten Traditionen pflegten. Nur noch sehr wenige kannten das Geheimnis der Magie.

## *Rossel-Insel, 2013*

Rossel ist eine gebirgige Koralleninsel in der Provinz Milne Bay im südöstlichen Papua-Neuguinea. Die Insel ist von türkisfarbenem Wasser, weißen Stränden und Mangrovenwäldern umgeben. Sie beherbergt eine Reihe von Bergen, der höchste, Mount Rossel, erhebt sich 500 Meter über den Meeresspiegel. In den Bergen wachsen dichte, tropische Regenwälder, die eine vielfältige Flora und Fauna beherbergen, darunter auch einzigartige Arten, die nur dort vorkommen. Fischfang und Landwirtschaft sind die Haupteinnahmequellen der Rossel-Insulaner, deren Kultur relativ isoliert vom Rest Papua-Neuguineas geblieben ist und die eine eigene Sprache und eigene Bräuche haben. Die Berge gelten als Heimat der Geister der Vorfahren und werden daher als heilig angesehen.

Für die Inselbewohner ist Magie ein wichtiger Teil ihrer Kultur und sie praktizieren sie, um sich vor bösen Geistern zu schützen und das Lebensglück zu sichern. Sie glauben auch an die schwarze Magie, in der ihrer Überzeugung nach die bösen Geister den Menschen schaden. Um sich davor zu schützen, verwenden sie ihrerseits Zaubersprüche und haben die Kunst perfektioniert, Zaubertränke aus Pflanzenextrakten herzustellen. Daneben verwenden sie ihre Magie auch für das alltägliche Leben, sie hilft ihnen beim Fischen, Jagen, in der Liebe oder dabei, sich im Dschungel zurechtzufinden. Sie verfügen über ein uraltes Stammeswissen, das von Generation zu Generation weitergegeben wurde.

Dieses archaische Wissen über die Natur und die Spiritualität ist in unserer modernen Welt weitgehend verloren gegangen. Von einigen wenigen, meist isolierten Kulturen wird sie aber weiterhin bewahrt und genutzt. Rossel ist einer der wenigen Orte, an denen diese Fertigkeiten noch offen und für die Menschen zugänglich praktiziert werden. Viele Einheimische aus Papua-Neuguinea reisen auf die Insel, wenn sie Hilfe bei wichtigen Lebensfragen benötigen: um Beziehungsprobleme zu lösen, die Liebe des Lebens zu finden, einen Feind loszuwerden oder den Unternehmenserfolg zu steigern. Ich war gekommen, um Heilung zu finden.

Wir waren mehrere Wochen mit dem Boot unterwegs, bis wir das kleine Fischerdorf an der Küste der Insel erreichten. Dort lebte ein Freund von Micky, sein Name war Manus, mit seiner Frau Sara und den Kindern. Wir kamen bei ihm unter. Manus verdiente seinen Lebensunterhalt nicht nur als Fischer, sondern machte auch wunderschöne Holzschnitzereien. Beides zusammen bescherte ihm ein gutes finanzielles Auskommen, die Familie wohnte in einem gut gebauten Holzhaus mit einem Blechdach. Am Abend unserer Ankunft bereitete Sara eine köstliche Mahlzeit mit in Kokosnussmilch gekochtem Fisch, Süßkartoffeln und frischem Gemüse zu. Während wir auf das Essen warteten, unterhielten wir uns über die Zauberpraktiken auf der Insel, ein Thema, das ich liebte.

Obwohl ich seit meiner frühen Kindheit und vor allem seit der Begegnung mit der alten Bauzi-Frau von der Welt der Magie und der Schamanen fasziniert war und einiges über sie wusste, habe ich nie viel darüber gesprochen. Denn wenn ich davon erzählte, waren die Reaktionen der Menschen im Westen zumeist ablehnend, teilweise verächtlich und schroff, sodass ich schließlich damit aufhörte. Ähnliche Reaktionen kannte ich von den Stämmen im Urwald, die besonders isoliert lebten, auf meine Erzählungen vom Leben in der westlichen Welt. Wenn sie mich baten, ihnen davon zu erzählen, wurde ich wahlweise als Lügnerin abgestempelt, ausgelacht oder verspottet. Sie konnten sich beim besten Willen nicht vorstellen, dass wir reisen können, ohne unsere Beine zu bewegen, dass wir Licht haben, ohne dass die Sonne scheint oder ein Feuer brennt. Oder gar, dass wir in einem tonnnenschweren Gegenstand von Land zu Land durch den Himmel fliegen können. Also wurde ich auch dort still. Ich lebte zwischen den beiden Welten, konnte nicht offen sprechen, nicht mitteilen, was ich wusste und erlebt hatte.

Und doch habe ich mich entschlossen, in diesem Buch etwas davon zu erzählen, was ich bei den alten Urwald-Kulturen erfahren habe. Ich möchte von den faszinierenden Dingen berichten, die ich im Urwald erlebt, gelernt und gesehen habe. Von den Geheimnissen, die dort seit Jahrhunderten überlebt haben. Von der Welt meiner Kindheit. Dabei geht es mir nicht um den Versuch, zu werten, zu urteilen oder etwas wissenschaftlich zu erklären, das kann und möchte ich nicht. Aber ist es nicht möglich, dass bei den Stämmen in den Regenwäldern Papuas Wissen aus einer längst vergangenen Zeit existiert, dass die Menschen dort alte, vor uns im Westen verborgene Praktiken am Leben erhalten haben? Dass es dort Phänomene gibt, die die moderne Wissenschaft nicht oder noch nicht erklären kann, die aber trotzdem zweifelsfrei existieren?

Manus erzählte uns von einem Mann, der in der Bergregion der Insel lebte. Ein mächtiger Schamane, der sich aber auch hervorragend mit Heilpflanzen und Kräutern auskannte. Ihn wollten wir aufsuchen. Die Reise sollte etwa einen Tag dauern. Manus, Micky und ich brachen früh am nächsten Morgen auf; Sara hatte uns eine Tasche mit Reiseproviant und Geschenken für den Schamanen gepackt. Den ersten Teil der Reise legten wir mit dem Lastwagen zurück, dann mussten wir zu Fuß weiter, den Berghang hinauf, auf einem schmalen steilen Pfad, der durch dichte Büsche und Bäume führte. Wir brauchten mehr als einen Tag, ich konnte nur langsam laufen, da ich noch schwach war. Ich stolperte oft und musste mich mehrfach ausruhen. Am Abend des zweiten Tages kamen wir endlich an.

Die Hütte des Schamanen war direkt auf den Boden unter einem großen Baum gebaut. Das Dach bestand aus getrockneten Ästen und Blättern, die Wände aus größeren Ästen und Stämmen. Vor der Tür hing eine große Matte aus geflochtenen Palmblättern, der Fußboden bestand aus nackter Erde. Rechts von der Hütte befand sich eine weitere Hütte, die zwar ein Dach, aber keine Wände hatte. Sie wurde als Küche genutzt, von der Decke hingen getrocknete Pflanzen herunter. Hinter den Hütten befand sich ein kleiner Garten.

Der Schamane kam aus dem Haus, um uns zu begrüßen, er war ein kleiner, sehr alter Mann. Bekleidet war er mit einem alten, löchrigen Hemd und kurzen Hosen, aber er trug weder Schuhe noch Ketten oder Armbänder, wie es oft üblich war. Er war eine unauffällige Erscheinung, die man in einer Menschenmenge leicht übersehen hätte. Wir hatten Tee mitgebracht, den er mit Freude entgegennahm, und er ging, um Wasser in einer alten Kanne zu erhitzen. Nachdem er den Tee und einige Kekse serviert hatte, erklärte Manus in der Landessprache, warum wir gekommen waren.

Der Schamane hörte aufmerksam zu und sah mich immer wieder an. Ich blickte ihn nicht an, da ich als Kind gelernt hatte, einem Schamanen nie direkt in die Augen zu sehen. Nachdem Manus geendet hatte, bat uns der alte Mann, die Nacht bei ihm zu verbringen, er wolle am nächsten Tag sehen, was er tun könne. Er bot uns seine Hütte zum Schlafen an, und nachdem ich meine Matte ausgerollt und mich mit einer dünnen Decke zugedeckt hatte, um mich vor Moskitos und anderen Insekten zu schützen, fiel ich in einen unruhigen Schlaf.

Als ich am nächsten Morgen aufwachte, war die Sonne gerade aufgegangen. Draußen war es kalt, und ich ging los, um Wasser vom Fluss zu holen. Nachdem ich Tee gekocht hatte, setzten wir uns hin und hörten uns an, was der Schamane uns zu sagen hatte. Manus übersetzte. Obwohl wir darüber nicht gesprochen hatten, fragte er mich zu meinem Erstaunen, warum ich über Wissen verfügte, das nur für Männer wie ihn bestimmt war. Ich sähe zwar wie eine westliche Frau aus, sei innerlich aber eine Stammesangehörige und schwarzhäutig. Ich erklärte ihm, dass ich in einem Stamm aufgewachsen sei und dass eine alte Frau mich als Kind über die Welt der Geister und der Magie unterrichtet habe. Ich konnte deutlich spüren, dass der Schamane darüber nicht erfreut war. »Du bist weder weiß noch schwarz, weder Mann noch Frau, und du trägst große Fähigkeiten in dir«, sagte er. »Dein Lebensweg wird schwierig sein und viele Hindernisse aufweisen.«

Als mir das übersetzt wurde, blickte ich ihn überrascht für einen kurzen Augenblick an. Seine Augen hatten eine seltsame Farbe, sie waren fast ganz weiß. »Was willst du von mir?«, fragte er. »Ich möchte ein Heilmittel finden«, antwortete ich. »Ich kann dir keins geben, denn ich habe noch nie von deiner Krankheit gehört. Aber ich kann dir etwas geben, das die Symptome lindert.« Er wollte, dass wir noch einen weiteren Tag bleiben, damit er die Medizin gegen meine Symptome zubereiten und uns erklären konnte, welche Pflanzen ich essen sollte, um mich fit genug zu halten, damit wir unsere Suche fortsetzen konnten.

Ich war enttäuscht, frustriert und entmutigt, als ich hörte, dass auch der Schamane mich nicht heilen konnte. Ich unterdrückte die Tränen, als die Männer ihr Gespräch fortsetzten. Für den Rest des Tages saß ich deprimiert auf meiner Matte und starrte auf die Bäume und Büsche, mein Kopf war leer. Die Männer waren in den Dschungel gegangen und kamen erst am späten Nachmittag zurück. Micky war begeistert davon, so viel über natürliche Heilmittel, über die verschiedenen Pflanzen und Kräuter zu erfahren. Der Schamane behandelte sogar Mickys Schulter, die ihm in den letzten Wochen große Schmerzen bereitet hatte. Er rieb eine Orangenpaste auf seine Schulter und massierte sie, die Probleme verschwanden.

Der Schamane gab ihm auch genaue Anweisungen zu meiner Ernährung und zeigte ihm, wie er die Medizin zur Linderung der Symptome herstellen konnte. Ich durfte keinen Zucker und keine verarbeiteten Lebensmittel zu mir nehmen, auch waren nur bestimmte Gemüsesorten und Pflanzen erlaubt. Das bedeutete kein Obst, keinen Reis und keine Nudeln mehr. Auch Fleisch, Fisch, Eier und andere tierische Produkte sollte ich meiden. Ebenso Kaffee und Tee, trinken durfte ich nur Wasser oder Kokosnusswasser. Falls meine Symptome trotzdem zurückkehrten, sollte Micky eine alte Kokosnuss nehmen, sie im Feuer verbrennen und mir das erhitzte Kokosnusswasser zu trinken geben. Das würde mein Fieber senken und gegen die Übelkeit helfen.

Micky erzählte mir später, dass seine Mutter dasselbe tat, wenn er als Kind die Grippe hatte. Der Schamane zeigte Micky auch einen Busch mit dunkelgrünen Blättern. Wir sollten die Blätter zermahlen und die Flüssigkeit aus den Blättern extrahieren, das würde uns davor bewahren, Malaria zu bekommen, oder wenn wir bereits daran erkrankt waren, würden wir innerhalb eines Tages genesen. Das taten wir fortan und wurden in all den Jahren, in denen wir reisten, komplett von Malaria verschont. Selbst in Gegenden mit einem hohen Malariavorkommen waren wir oft die Einzigen, die nie krank wurden. Der Saft dieser Blätter schmeckte bitter, so bitter, dass ich mir die Nase zuhalten musste, um auch nur einen winzigen Schluck nehmen zu können. Aber da ich die Gefährlichkeit von Malaria kannte, habe ich es ertragen.

Am nächsten Morgen brachen wir früh auf ins Dorf von Manus, die Taschen voll mit Pflanzen und Kräutern. Außerdem mit Medizin für Menschen, die sie beim Schamanen bestellt hatten und die Manus verteilen sollte.

Bevor wir das Dorf in Richtung Lae verließen, wollte ich noch einer Geschichte nachgehen, die mich sehr schockierte. Manus hatte sie uns am ersten Abend unserer Ankunft erzählt, aber ich wollte sie von dem Mann selbst hören, um den es in der Geschichte ging. Am nächsten Morgen fuhren wir mit Manus in seinem Fischerboot los. Der Mann lebte in einem Dorf, das größer war als das Dorf von Manus, die Häuser waren moderner gebaut. Es hatte sich herumgesprochen, dass wir kommen würden, und Tau begrüßte uns, als wir ankamen. Ich schätzte ihn auf etwa sechzig Jahre, aber das Leben war hart in diesem Teil der Welt und die Menschen neigten dazu, schneller zu altern. Er führte uns an einen Tisch, den er draußen unter den Palmen aufgestellt hatte. Eine junge Frau kam heraus und servierte uns Tee und Obst. Ich beobachtete sie aufmerksam, denn die Geschichte, die wir gleich hören würden, betraf ihr Schicksal und das ihres Vaters, der uns gegenübersaß.

Vor einigen Jahren war Taus Frau gestorben, seitdem fühlte er sich sehr einsam. Im Nachbardorf lebte eine junge Frau. Wie viele andere Männer begehrte auch Tau sie, und trotz des großen Altersunterschieds wollte er sie heiraten. Aber sie wies ihn zurück. Zunächst akzeptierte er ihre Ablehnung, doch mit der Zeit wuchs sein Verlangen und ergriff mächtig von ihm Besitz. Mit dem Gefühl, dass sein Herz explodieren würde, suchte er einen Schamanen auf, der sich auf die Magie der Liebe spezialisiert hatte. Der Schamane warnte ihn, dass es besser sei, zu versuchen, das Herz des Mädchens zu gewinnen, anstatt Magie zu diesem Zweck einzusetzen. Aber Tau war entschlossen. Der Schamane bot ihm einen Kompromiss an: Er würde ihm einen Trank brauen, dessen Wirkung für drei Monate anhielt, damit Tau Zeit hatte, ihr Herz für sich zu gewinnen. Aber Tau wollte mehr, er wollte sie für immer. Der Schamane warnte ihn erneut vor den großen Gefahren, aber Tau blieb hartnäckig.

Der Schamane stimmte widerwillig zu und machte ihm einen Zaubertrank, den er seiner Angebeteten ins Essen mischen sollte. Er schärfte ihm ein, sehr vorsichtig zu sein, denn der Zaubertrank würde bei jedem wirken, der ihn einnahm, egal ob Mann, Frau oder Kind. Glücklich kehrte Tau nach Hause zurück und bereitete das Essen vor, um es der jungen Frau zu bringen, die er begehrte. Er stellte den Teller auf den Tisch und ging hinein, um seine besten Kleider anzuziehen, als er hörte, dass seine erwachsene Tochter nach Hause kam. Er lächelte vor sich hin und stellte sich vor, wie stolz seine Tochter sein würde, dass es ihm gelungen war, eine so junge und schöne Frau nach Hause zu bringen. Plötzlich aber überkam ihm ein schrecklicher Gedanke, ihm wurde übel und er rannte gerade noch rechtzeitig nach draußen, um zu sehen, wie seine Tochter von dem Teller aß, den er für die junge Frau vorbereitet hatte. Entsetzt sah er, wie sich seine Tochter mit einem Lächeln im Gesicht zu ihm umdrehte. Sie dankte ihm für das köstliche Essen, das er zubereitet hatte. Sein Gesicht wurde weiß und er fiel in Ohnmacht.

Als er wieder zu sich kam, lief er zum Schamanen und erzählte ihm, was geschehen war. Tau flehte den Schamanen an, den Zauber rückgängig zu machen, aber der Schamane schüttelte nur betrübt den Kopf. Das sei nicht möglich, genau deshalb habe er ihn mehrmals gewarnt. »Von diesem Tag an«, erzählte Tau, »bekundete meine Tochter, die noch so jung war, ihre Liebe zu mir und flehte mich an, sie zur Frau zu nehmen. Ich lehnte sie wieder und wieder ab. Aber das hielt sie nicht auf, sie drohte, sich das Leben zu nehmen«, erzählte er und begann, unkontrolliert zu schluchzen. »Wie hätte ich sie sterben lassen können, sie ist meine Tochter«, fuhr er fort, »mehrmals mussten wir sie ins Krankenhaus bringen, weil sie versucht hatte, sich umzubringen. Bald wusste jeder, was geschehen war. Niemand sprach mehr mir, wir wurden aus der Gemeinschaft ausgeschlossen, niemand lud uns mehr ein. Aber meine Tochter kam immer wieder an mein Bett, wollte hinein. Sie wollte nicht mehr weiterleben, wenn ich nicht mit ihr als Mann und Frau leben würde.

Jetzt lebe ich in der Hölle, abgeschnitten von allem, was mir einmal etwas bedeutet hat. Die Geister bestrafen mich für meine Gier, und es wäre mir egal, wenn es nur um mich ginge, aber meine eigene Tochter wird für meine Fehler bestraft. Ich habe versucht, einen Ehemann für sie zu finden, aber niemand wollte sie, und jedes Mal, wenn ich sie weggeschickt habe, um bei Verwandten zu leben, egal wie weit weg sie lebten, kam sie bettelnd und weinend zurück. Ich wusste nicht, was ich tun sollte.« Ich spürte seinen Schmerz und seine Verzweiflung. »Ich habe oft daran gedacht, mich umzubringen, aber meine Tochter sagte, wenn ich das täte, würde sie mir in den Tod folgen. Ich verachte mich selbst, den ganzen Tag, vom Aufstehen bis zum Einschlafen. Es ist die Hölle.« Ich konnte seinen Schmerz nachfühlen. Trotzdem konnte ich sein Verhalten nicht entschuldigen. In allen Stammeskulturen, die ich kennengelernt hatte oder von denen ich hörte, ist Inzest seit jeher zu Recht genauso streng verboten, wie es das in der westlichen Welt ist.

# Der grüne Stein und der blaue Sturm

## *Lae und Bougainville, 2013*

Wir verließen Rossel und machten uns auf die lange Reise nach Lae. Dort erlebten wir eine lustige Geschichte, über die wir bis heute herzhaft lachen. Sie erinnert mich an eines der Dinge, die ich an den Melanesiern liebe: ihre Art, mit Enttäuschungen umzugehen, und zwar mit viel Humor. Wo die meisten Menschen die Hoffnung aufgeben, bitter werden oder in Depressionen verfallen, scheinen die Melanesier die besondere Fähigkeit zu haben, das Leben leicht zu nehmen, aufzustehen, wenn sie fallen, sich wieder aufzubauen, zu vergeben und weiterzumachen. Und sie verstehen es, miteinander zu lachen, Humor in Situationen zu zeigen, an denen die meisten verzweifeln würden.

Wir kamen in Lae an und wollten ein Flugzeug in die von Papua-Neuguinea autonome Region Bougainville nehmen. Einige Stunden von Lae entfernt lag ein Dorf, dessen Bewohner hauptsächlich vom Obst- und Gemüseanbau lebten. Sie waren arm und arbeiteten hart, um ihren kargen Lebensunterhalt zu verdienen. Eines Tages beschlossen sie, eine Solaranlage für ihr Dorf zu kaufen. Dafür sparten sie viele Monate lang jeden Cent ihrer Einkünfte, den sie zurücklegen konnten. In dieser Zeit ging ein Mann aus dem Dorf in den Bergen auf die Jagd und fand einen großen Stein. Der Stein war aufgebrochen und das Innere war voller wunderschöner grüner Kristalle, so etwas hatte er noch nie gesehen.

Er nahm den Stein und zeigte ihn den anderen Dorfbewohnern. Sie waren beeindruckt von der Schönheit dieses Steins, der in der Sonne glitzerte und glänzte. Dieser Stein müsse sehr wertvoll sein, versicherten sie sich gegenseitig. Je mehr sie das taten, desto mehr waren sie davon überzeugt, dass der Wert dieses Steins immens sein musste. »Dieser Stein muss tausend Kina wert sein«, sagte einer. »Nein, er muss eine Million wert sein«, erwiderte ein anderer. Und so stieg und stieg der angenommene Wert, bis er schließlich bei vielen Millionen lag. Die Dorfbewohner waren begeistert über den unerwarteten Reichtum. Sie fantasierten über all die Dinge, die sie sich nun kaufen konnten, dass sie sich jetzt alles leisten konnten, wovon sie geträumt hatten und wie sich ihr Leben verändern würde.

Um den glücklichen Umstand gebührend zu feiern, beschlossen die Dorfbewohner, das größte Fest zu veranstalten, das es dort je gegeben hatte. Sie legten all das Geld zusammen, das sie für die Solaranlage angespart hatten, bis auf den letzten Cent, und kauften Unmengen zu trinken und zu essen, sogar ein paar Schweine. Sie feierten mehrere Tage lang, es wurde das Fest des Jahrhunderts. Nachdem es beendet war, wickelten sie den Stein in das beste Tuch, das sie hatten. Das ganze Dorf machte sich auf den Weg nach Lae, sie wollten ihren Schatz im geologischen Institut begutachten lassen. Tanzend und singend zogen sie durch die Stadt.

Vor dem Institutsgebäude machten sie halt, während einige der Männer hineingingen, darunter der Häuptling.

Dort trafen Micky und ich auf die Gruppe von Menschen, herausgeputzt in ihren traditionellen Trachten, die Haare mit Federn geschmückt, die Gesichter in bunten Farben bemalt. Sie winkten uns zu sich und erzählten freudestrahlend von ihrem Glück, dass sich ihr Leben bald zum Positiven wandeln würde. Sie teilten ihre Freude mit allen, die vorübergingen, und luden sie ein, den Triumph mit ihnen zu feiern. Sie erzählten uns, dass sie sogar in der Lage sein würden, Australien zu besuchen und die ganze Welt zu sehen. Als sie mich fragten, woher ich stamme, beschlossen sie, auch nach Deutschland zu reisen. Ich vermutete, dass keiner von ihnen auch nur die geringste Ahnung hatte, wo Deutschland lag, aber das spielte keine Rolle. Die Menschen waren zu sehr in den Moment allergrößter Freude vertieft, um darüber hinaus zu denken. Sie luden uns ein, mit ihnen auf das

Ergebnis der Prüfung zu warten. Wir stimmten zu, neugierig darauf, diesen Stein zu sehen, den sie mit eindrucksvollen Worten beschrieben hatten, und warteten während der Prüfung vor dem Gebäude.

Etwa eine Stunde später sahen wir die Männer das Gebäude wieder verlassen. Die Dorfbewohner brachen in Jubel, Tanz und Gesang aus. Doch als wir in die Gesichter der Männer sahen, die den großen Stein trugen, wussten wir, dass etwas nicht stimmte. Auch die Dorfbewohner bemerkten den ernsten Gesichtsausdruck ihres Häuptlings und seiner Männer. Sie hörten auf zu singen und zu tanzen und wurden ganz still. Langsam kamen die Männer auf uns zu, wir umringten sie, gespannt auf die Nachricht, die sie mitbrachten. Der Häuptling blickte in die Runde und verkündete, dass die Prüfung ergeben habe, dass der Stein nicht mehr als 20 Kina wert war. Mit anderen Worten, er war wertlos. Ich konnte den Schock in den Gesichtern der Umherstehenden sehen, die Fassungslosigkeit, die Enttäuschung. Langsam sank einer nach dem anderen ins Gras, keiner sagte ein Wort, während sie zu verarbeiten versuchten, was sie gerade gehört hatten.

Doch dann geschah etwas Wunderbares. Jemand fing an zu lachen, dann fiel der Nächste in das Lachen ein, und bald wälzten sie sich im Gras, bis ihnen die Lachtränen über das Gesicht liefen. Sie machten sich über sich selbst lustig, darüber, wie sie ihr ganzes Geld ausgegeben hatten, um ein mehrtägiges Fest zu feiern, das sie sich gar nicht leisten konnten. Wie sie große Pläne geschmiedet hatten, ihr Dorf zu einer modernen Stadt auszubauen und die Welt zu bereisen. Je mehr sie scherzten und über die vergangenen Wochen sprachen, desto fröhlicher und ausgelassener wurden sie. Auch Micky und ich ließen uns davon anstecken. Schließlich kamen sie zur Ruhe, wischten sich die Tränen aus dem Gesicht, standen auf und machten sich gemeinsam auf den Weg zurück in ihr Dorf. Das Leben musste weitergehen, sie mussten ernten, verkaufen und wieder anfangen zu sparen, für die Solaranlage.

Ich empfand große Bewunderung für diese Menschen. Trotz der großen Enttäuschung und der Erkenntnis, dass sie vollkommen pleite waren, hatten sie ihren Humor nicht verloren. Sie waren in der Lage, über sich selbst zu lachen und den Mut zum Weitermachen zu finden. Sie waren weder verbittert oder wütend, noch gaben sich gegenseitig die Schuld für die Entscheidungen, die sie getroffen hatten und die zu dieser Situation geführt hatten. Voller Zuversicht und mit einem Lächeln im Gesicht kehrten sie ins Dorf zurück und fügten diese Geschichte den vielen anderen hinzu, die sie sich an langen Abenden am Feuer erzählen würden. Die Melanesier sind ein einzigartiges Volk, mit einer in so vielerlei Hinsicht wunderbaren Kultur.

Heute verstehe ich, warum sie so sind. Sie haben einander, sie funktionieren als Gruppe, niemand wird zurückgelassen. Ihr Leben dreht sich um das Dorf, den Clan oder Stamm und die Familie, nicht um den Einzelnen. Geselligkeit wird hochgehalten, ebenso wie die Beziehungen untereinander. Entscheidungen werden gemeinsam getroffen, ihre Konsequenzen gemeinsam getragen. Jeder trägt die Last des anderen mit, so wird sie niemals überwältigend und erdrückt eine einzelne Person. Natürlich gibt es auch in der melanesischen Kultur einsame Menschen, die im Alltag leiden oder hart kämpfen müssen. Auch dort sind Menschen wütend, verbittert oder gar depressiv. Aber sie sind nie auf sich allein gestellt. Die Basis ihres Lebens und ihrer Mentalität ist der Clan, der Stamm, das Dorf. In der Gemeinschaft liegt die Stärke, und das gibt ihnen Mut, Hoffnung und Freude.

Wir blieben länger als geplant in Lae. Ich hielt noch immer eine strenge Diät ein und nahm die Medizin, die uns der Schamane von Rossel gegeben hatte. Sie schien zu wirken, seit Wochen hatte ich keine Symptome mehr, nahm wieder zu und fühlte mich insgesamt kräftiger. Meine Hoffnung wuchs, dass ich geheilt war. Doch ich wollte sichergehen. Schließlich brachen wir nach Bougainville auf. In der Stadt Buka erwartete uns ein Freund von Micky namens Pius. Wir hatten bereits mehrfach mit ihm zusammengearbeitet und er hatte uns eingeladen, bei ihm und seiner Familie zu wohnen. Er hatte Kontakt zu mehreren Medizinmännern aufgenommen, die sich bereit erklärt hatten, mir zu helfen.

Inzwischen waren trotz der Mixtur des Schamanen die Symptome langsam zurückgekehrt. Zuerst war es nur eine leichte Übelkeit und ich war müde. Dann begannen meine Knochen wieder zu brennen, meine Lymphknoten schwollen an und mein Körper fühlte sich so schwer an, als hätte jemand Gewichte an meine Beine und Arme gebunden. Viele Wochen lang musste ich das Bett hüten und schlief oft den ganzen Tag, ohne zu registrieren, was um mich herum geschah. Pius' Frau Maria kümmerte sich so gut um mich, wie sie konnte, brachte mir Essen und Trinken, wenn ich wieder zu schwach war, um aufzustehen.

Meine Erinnerungen an diese Zeit sind vernebelt. Micky und Pius brachten mir Pflanzen, Kräuter und Tränke. Ich schluckte sie alle, egal, wie seltsam oder bitter sie schmeckten. Doch nichts schien zu helfen. Es war, als wenn ein Parasit in mir – egal was ich einnahm, auch wenn es eine Zeit lang half – gegen die Mittel resistent wurde und sich wieder vermehren konnte. Nur um mich gerade lang genug am Leben zu halten, damit er seinen wiederkehrenden Zyklus des Schlüpfens, Wachsens, Brütens, Eierlegens, Sterbens und dann wieder Schlüpfens fortsetzen konnte. Es schien seine Art zu sein, seinen Wirt, also mich, langsam zu töten und so seinen Nährboden so lange wie möglich zu erhalten.

Schließlich erholte ich mich ein weiteres Mal, ich kam wieder zu Kräften, und wir machten Pläne, wie es weitergehen sollte. Es war eine zufällige Begegnung mit einem Fischer von den Salomonen, der uns vorschlug, in sein Land zu reisen. Dort gebe es viele Menschen, die die alte, traditionelle Kultur pflegten und über eine Fülle von medizinischem Wissen verfügten, sagte er. Weder Micky noch ich waren jemals nie dort gewesen. Und ich war weiterhin fest entschlossen, ein Heilmittel zu finden, gesund zu werden und so bald wie möglich zu meinen Kindern zurückzukehren. Also machten wir mithilfe dieses Fischers Pläne für unsere Abreise. Wir wussten nicht, wohin uns diese Reise führen würde, ahnten nicht, welche kuriosen Abenteuer wir erleben und welch außergewöhnlichen Menschen wir treffen würden.

Nachdem wir uns von Pius und seiner Familie verabschiedet hatten, gingen wir an Bord des kleinen Fischerbootes und fuhren auf den Ozean hinaus, in der Hoffnung, endlich Heilung zu finden. Ich drehte mich um und sah, wie die Küste von Bougainville, die Dörfer, Bäume und Berge immer kleiner wurden, bis sie verschwanden und um uns herum nur noch das weite Meer zu sehen war. Ich schloss die Augen, spürte die warmen Sonnenstrahlen auf meinem Gesicht, den Wind, der durch mein Haar wehte, und atmete tief ein. In einem kurzen Moment fühlte sich das Leben richtig gut an.

Plötzlich bemerkte ich eine seltsame Veränderung. Die Luft roch jetzt anders, der Wind blies stärker und die Temperatur war gesunken. Tief in mir rührte sich etwas. Ein unbehagliches Gefühl breitete sich aus, meine Instinkte sprangen an und warnten mich vor einer drohenden Gefahr. Ich bekam Gänsehaut. Am Horizont hatten sich inzwischen dicke schwarze Wolken gebildet. Auf den Gesichtern von Micky und den anderen Fahrgästen lag jetzt langsam auch Besorgnis.

Seit über einer Stunde war bereits kein Land mehr in Sicht. Das Boot schaukelte über die Wellen in Richtung der Salomon-Inseln, und der Fischer, der das Boot steuerte, schaute abwechselnd von seiner Uhr zur Sonne. Ein Sturm war nicht angekündigt, auch nicht von den einheimischen Fischern, die sehr erfahren darin waren, Wetterumschwünge vorherzusagen. Als wir losgefahren waren, war der Himmel klar, nur wenige Wolken waren zu sehen. Aber das Wetter konnte unberechenbar sein, und wie ich erfahren sollte, konnte sich ein schöner sonniger Tag rasend schnell in einen wütenden Sturm verwandeln. Genau das geschah, ich hatte das Herannahen des tropischen Sturms gerochen. Wir waren zu weit draußen, um umzukehren, konnten also nur noch versuchen, den aufkommenden Turbulenzen zu entkommen.

Der Wind frischte weiter auf, es wurde noch kälter. Ich kauerte mich mit der kleinen Gruppe von Passagieren zusammen und hoffte, dass wir noch rechtzeitig ein Stück Küste erreichten, bevor der Sturm uns einholte. Ich zitterte vor Kälte und bekam Angst. Mir wurde klar: Wir hatten keine Instrumente an Bord, keine Möglichkeit, Hilfe zu rufen. Sobald die Sonne unter der herannahenden Wolkendecke verschwunden wäre und wir uns nicht mehr an ihr orientieren könnten, würden wir die Orientierung verlieren. Ein Szenario drängte sich mir auf: Wir würden mit zu wenig Proviant auf den weiten Ozean hinausgetrieben. Wir würden dehydrieren, schließlich anfangen zu halluzinieren, irgendwann verzweifelt versuchen, das Salzwasser zu trinken, davon erbrechen und noch mehr dehydrieren. Die sengende Sonne würde Blasen auf unsere Haut brennen, sie würden aufplatzen und die letzte Flüssigkeit aus unseren Körpern fließen lassen. Wir würden den sicheren Tod sterben.

# Die Frauen ohne Falten

## *Salomonen 2013*

Das kleine Fischerboot schoss in schnellem Tempo über den offenen Ozean. Dunkle Wolken kamen mit unglaublicher Geschwindigkeit auf uns zugerast. Der Kapitän des kleinen Bootes blickte verzweifelt um sich, auf der Suche nach einem Streifen Küste am Horizont – vergeblich. Bald verschwand die Sonne hinter den Wolken, die ersten Regentropfen fielen, dann begann es zu blitzen. Die Wellen türmten sich hoch auf und rissen das Boot von links und rechts, von oben nach unten. Wir waren von oben bis unten völlig durchnässt. Der Wasserpegel stieg nun auch im Inneren des Bootes, verzweifelt versuchten wir, das Wasser mit Eimern und Behältern aus dem Boot zu schöpfen, um es vor dem Kentern zu bewahren.

Wir saßen zusammengekauert auf dem Boden, sechs Passagiere, darunter ein kleines Mädchen. Schweigend hofften wir, es bis zur nächsten Insel zu schaffen, bevor uns der Sturm voll einholte. Die Atmosphäre war gespenstisch, wir hörten das Grollen des Donners, das Prasseln des Regens, das Platschen des Bootes, wenn es auf die nächste Welle traf, und das laute Dröhnen des Außenbordmotors. Wir waren umhüllt von einer dichten Wand aus Wind, Regen, Blitz und Dunkelheit, die uns gefangen hielt. Inzwischen hatten wir jede Orientierung verloren.

Der Fischer verlangsamte das Boot und begann, große Kreise auf dem Wasser zu ziehen. Von Micky erfuhr ich, dass das der beste Weg war zu verhindern, von der Strömung weiter aufs offene Meer hinausgezogen zu werden. Wenn wir Glück hatten, würden wir es so bis zum Ende des Unwetters schaffen. Ich weiß nicht, wie lange wir im Kreis fuhren, mir kam es wie Stunden vor. Ich befürchtete das Schlimmste.

Dann rief einer der Mitreisenden dem Kapitän etwas zu und zeigte wild gestikulierend auf den Horizont. Ich schaute hin und sah in der Ferne etwas, das sich klein und dunkel vom Wasser abhob. Sofort drehte der Fischer den Motor auf volle Kraft und steuerte auf die dunkle Masse zu. Je näher wir kamen, desto deutlicher konnte ich die Umrisse erkennen, wir hatten Land gefunden. Keiner von uns wusste, wo genau wir waren, aber wir waren in Sicherheit.

Es regnete leicht, als wir am Strand anlegten. Wir kletterten aus dem Boot und waren erleichtert, wieder festen Boden unter den Füßen zu haben. Wir waren auf einer Insel gelandet, nicht groß, aber sie schien ein sicherer Platz zu sein. Am Strand lagen ein paar Kanus, die an Palmen festgemacht waren. Hier mussten Menschen sein, dachte ich bei mir und folgte der kleinen Gruppe ins Landesinnere. Wenige Minuten später stießen wir auf die ersten Hütten und fanden uns bald inmitten eines Dorfes wieder. Die Dorfbewohner hatten sich vor dem Unwetter in ihre Hütten zurückgezogen, kamen aber heraus, als sie uns erblickten. Der Fischer erklärte ihnen, was auf See geschehen war, man lud uns ein zu bleiben, bis der Sturm vorüber war.

Die Frauen des Stammes stachen mir sofort ins Auge, sie hatten ein sonderbares Aussehen, verdutzt hielt ich inne. Die Gesichter dieser Frauen waren viel heller als ihre Körper. Ihre Gesichtshaut schien fast durchsichtig zu sein, sie wies, völlig unabhängig vom Alter, weder Falten noch Flecken auf. Selbst die ganz alten Frauen hatten fast jugendliche Gesichter. Ihr wahres Alter verriet nur der restliche Körper. Ich war wie elektrisiert und fragte mich, was mit ihnen geschehen war oder was sie taten, um diesen Effekt zu erzielen.

Auch Micky hatte es bemerkt und kam in seiner Landessprache mit ihnen ins Gespräch. Er fand heraus, dass die Frauen in dem Dorf eine Paste herstellten, die sie auf ihre Gesichter auftrugen. Sie gaben uns etwas davon, sie war ölig und grünlich. Die faltenfreien und ebenmäßigen Gesichter galten im Dorf traditionell als Schönheitsideal, sodass die Frauen die Paste von jungen Jahren an nutzten. Wir fragten sie, woraus sie die Paste herstellten. Sie zeigten auf einen Baum, der auf der Insel wuchs und den Micky von den Stränden in seiner Heimat kannte.

Einige Zeit später brach die Sonne durch die Wolken, der Sturm hatte sich gelegt. Der Kapitän, der unseren Kurs neu bestimmt hatte, drängte uns zur Eile, denn wir mussten weiter, um vor Sonnenuntergang unser Ziel zu erreichen. Wir stiegen zurück in das Boot und setzten unsere Reise fort, bis wir wohlbehalten auf Choiseul, eine der größten Salomonen-Inseln, ankamen. Mich aber ließ der Gedanke an die Frauen mit den erstaunlichen Gesichtern nicht los. Ich war fasziniert von der überraschenden Entdeckung, dass es offenbar möglich war, die Haut bis ins hohe Alter jung zu halten. Was, wenn es gelänge, diese Paste selbst herzustellen und den Frauen im Westen zugänglich zu machen? Was immer das Geheimnis dahinter war, ich wollte es enthüllen und nutzen. Das gelang mir einige Monate später, Micky und ich hatten es geschafft, eine solche Paste zu mischen. Ich testete das Produkt an mir selbst und war begeistert. Die Flecken in meinem Gesicht verschwanden, meine Haut wurde straffer. Ich hatte das perfekte, aus rein natürlichen Inhaltsstoffen hergestellte Gesichtspflegeprodukt gefunden, die Creme bekam den Namen Asahego.

Damals blieben wir einige Tage in Choiseul, bevor wir nach Honiara auf der Insel Guadacanal weiterflogen, denn es ging ja immer noch darum, ein Heilmittel für meine akute Erkrankung zu finden. Dort machten wir uns auf der Suche nach einem Freund des Fischers, der uns nach Choiseul gebracht hatte. Dieser Freund hieß Matthew, wir wussten aber nicht mehr über ihn, als dass er in einem Dorf auf der Westseite der Insel lebte. Glücklicherweise sind die Menschen auf den Salomonen außergewöhnlich freundlich, hilfsbereit und auskunftsfreudig. Wir trafen schließlich auf eine ältere Frau, die mütterlicherseits mit ihm verwandt war. Sie gab uns seine Telefonnummer, und ein paar Tage später kam er nach Honiara, wo wir ihn trafen.

Matthew war besonders. Er war ein kleiner, kräftiger Mann mit einem runden Gesicht und einem schönen, breiten Lächeln. Er lachte viel und schien unendlich viel Energie zu haben. Sein Vater, der einige Jahre zuvor gestorben war, war ein namhafter traditioneller Kräutersammler und hatte Matthew die Wirkung verschiedener Kräuter und Pflanzen beigebracht. Wir freundeten uns schnell mit ihm an und er lud uns ein, in sein Dorf zu kommen, und in seinem Haus zu wohnen, in dem er mit seiner Familie lebte. Matthews Frau war deutlich jünger als er und stammte aus einer anderen Provinz. Die beiden hatten einen Sohn und eine kleine Tochter. Das Dorf lag direkt am Strand und wie viele andere Dorfbewohner lebte auch Matthew vom Verkauf getrockneter Kakaobohnen und traditioneller Heilkräuter sowie vom Fischfang.

Sein Haus war aus Holz gebaut mit einem Blechdach, es war geräumig und hatte mehrere große Räume. Vorne befand sich eine große Veranda, auf der wir viele Abende verbrachten, Tee tranken und uns unterhielten. Als er hörte, warum wir nach ihm gesucht hatten, versprach er, alles in seiner Macht Stehende zu tun, um uns bei der Suche nach einem Heilmittel zu helfen. So lange durften wie bei ihm bleiben. Schon nach kurzer Zeit waren wir ein Teil des Dorfes geworden, wir halfen den Menschen, ihre Kakaoplantagen weiterzuentwickeln, kleine Unternehmen zu gründen und berieten sie bei neuen Ideen, ihr Einkommen zu steigern. Das sprach sich schnell herum, und bald wurden es immer mehr Menschen, die unseren Rat suchten.

Wir blieben etwa ein halbes Jahr bei Matthew. In dieser Zeit ging er oft in die Berge, um Kräuter und Pflanzen zu suchen, und probierte verschiedene Mischungen an mir aus. Doch nichts schien auf Dauer zu helfen. Die Symptome verschwanden manchmal für kurze Zeit, kehrten aber immer wieder zurück. Es gab Wochen, in denen ich nur im Haus bleiben oder auf der Veranda liegen konnte, darauf wartend, dass die Symptome abklangen. Zwischen den Krankheitsschüben ging es mir oft erstaunlich gut und ich erkundete mit Micky das Land. Wir stießen auf viele Einheimische, die uns einluden und von uns mehr darüber erfahren wollten, wie sie ihr Einkommen durch die Verbesserung der Produktionsleistung steigern konnten, zum Beispiel indem sie Zwischenfruchtanbau betrieben, natürliche Pestizide und Düngemittel einsetzten und neue Erntemethoden anwendeten.

Für uns war es eine wunderbare Gelegenheit, die erstaunliche Kultur und Geschichte der Salomonen kennenzulernen. Immer wieder kehrten wir in Matthews Dorf zurück, und ich probierte die neuen Heilmittel aus, die er in der Zwischenzeit entwickelt hatte. Wir schlossen auch Freundschaft mit Jim und seiner Familie, die in einem Dorf auf der Ostseite der Insel lebten, das etwa 45 Minuten mit dem Bus von Honiara entfernt liegt. Von Jims Sohn hörten wir von einem Verwandten einer seiner Freunde, der aus einem Dorf tief in den Bergen der Insel stammte. Dieser Freund hatte um ein Treffen mit uns gebeten. Einige Tage später trafen wir diesen Mann namens Tubara in Honiara. Von seiner Frau Pao sollte ich eine unfassbare Erzählung über ihre Begegnung mit kleinen menschenähnlichen Wesen hören, von denen sie behauptete, sie seien ihre Vorfahren.

# Opfergaben für die Ahnengeister

## *Salomonen, Anfang 2014*

Tubara war der Häuptling eines großen Stammes in den Bergen. Er wollte uns treffen, weil er von unserem ungewöhnlichen Ansatz gehört hatte, nachhaltige und ökologische Landwirtschaftsprojekte zu entwickeln. Er bat uns, ihm und seinem Volk dabei zu helfen, ein eigenes Landwirtschaftsprojekt zu starten, mit dem sie Geld verdienen konnten, ohne ihre Wälder zu zerstören. Im Gegenzug würde er seine Leute bitten, mir bei der Suche nach einem Heilmittel zu helfen. Denn obwohl ich gerade eine gute Phase hatte, war ich noch nicht geheilt.

Micky und ich beschlossen, Tubara in sein Dorf zu begleiten, um vor Ort herauszufinden, welche Art von Anbau für diese Gegend am besten geeignet wäre. Wir packten unsere Rucksäcke mit der Ausrüstung und machten uns mit Tubara auf den Weg. Er hatte uns gesagt, dass der Weg dorthin nicht lang sei. Ich war gewarnt. Eine Lektion, die ich schon als Kind gelernt hatte, als ich mit den Stämmen im Dschungel von West-Papua gelebt hatte, war diese: »Wenn dir ein Melanesier sagt, dass ein Ort nicht weit entfernt ist, dann nimm ihn nicht beim Wort, denn Entfernungen sind relativ.«

Tatsächlich fuhren wir vier Stunden mit dem Auto über unwegsame Straßen und liefen dann einen ganzen Tag zu Fuß in extremer Hitze durch den Urwald. Wenn wir an Land nicht mehr weitergehen konnten, weil der Busch zu dicht war, wateten wir durch einen angrenzenden Fluss, ohne zu sehen, worauf wir traten. Viele Male mussten wir uns durch starke Flussströmungen kämpfen, die so tief waren, dass sie mir den Boden unter den Füßen wegzogen. Schließlich erreichten wir den Fuß eines Berges. Wir kletterten hinauf, bis wir einen Weg erreichten, der uns zu einem weiteren Fluss führte. Auf der anderen Seite des Flusses lag das Dorf von Tubara.

Doch bevor wir das Land betreten durften, bevor wir in dem Dorf übernachten oder Teil der Gesellschaft werden durften, mussten wir den Geistern der Ahnen nach alter Tradition ein Opfer darbringen. Dadurch sollten sie von unserer Ankunft erfahren und uns freien Zugang zu ihrem Land gewähren. Ich hatte schon an vielen dieser Zeremonien teilgenommen, nicht nur in Papua-Neuguinea, sondern auch auf den Salomon-Inseln. Diese Zeremonien waren wichtig, um Türen in die Welt und Kultur der verborgenen Stämme zu öffnen, ihr Vertrauen zu gewinnen, eine erfolgreiche Zusammenarbeit zu gewährleisten und unsere Sicherheit zu garantieren. Gemäß dem Glauben der Stämme waren die Geister ihrer Ahnen die wahren Besitzer des Landes. Sie schützten den Stamm vor Unglück und Katastrophen. Wenn sie wütend wurden oder das Gefühl hatten, als Eigentümer des Landes und in ihrer Rolle als Beschützer missachtet worden zu sein, konnten sie diese Schutzfunktion aufgeben.

Die Ahnengeister mussten daher respektiert und geehrt werden, und von uns Besuchern hören, dass wir in Frieden kamen. Wurden ihnen keine Opfergaben dargebracht und keine Zahlungen geleistet oder wurde die Zeremonie nicht richtig durchgeführt, hießen die Stammesangehörigen die Besucher in der Regel nicht sehr herzlich willkommen, sie blieben auf Distanz und teilten ihr Wissen nicht. Viel schwerwiegender war jedoch das Sicherheitsproblem, das dann entstand. Wurden beim Besuch keine Opfergaben dargebracht und erkrankte dann jemand aus dem Stamm oder starb gar, führten die Stammesangehörigen das auf die Wut der Geister über das ausgebliebene Opfer zurück. Um die Geister wieder zu besänftigen, hielten die Stammesleute es für notwendig, die Eindringlinge zu opfern, sprich, sie zu töten. In Stämmen oder Clans, die Kontakt zur Außenwelt hatten, war das natürlich nicht mehr Praxis. Aber auch sie forderten die Besucher in einer solchen Situation auf, zu gehen oder viel Geld zu zahlen.

Menschen aus anderen Ländern und Kulturkreisen, die sich zu den Stämmen verirrten, was immer mal wieder vorkam, kannten diese Tradition meist nicht. Sie sahen sich völlig unerwartet dem Zorn eines ganzen Stammes ausgesetzt und konnten nicht nachvollziehen, warum sie aufgefordert wurden, Entschädigungen zu zahlen für einen Stammesangehörigen, der krank wurde oder starb. Noch dramatischer war es, wenn sie plötzlich angegriffen, bedroht, vertrieben oder gar getötet wurden. Nach westlicher Betrachtungsweise galt ein solches Verhalten als unzivilisiert und primitiv. Was viele Menschen im Westen jedoch nicht verstanden, ist, wie tief diese Glaubenssysteme im Leben und im Bewusstsein der Stämme verwurzelt sind. Zu diesem Glauben gehört auch, dass sich der Zorn der Ahnengeister gegen den Stamm oder Clan selbst richtet, wenn keine Entschädigung gezahlt wird, wenn die Geister also nicht besänftigt werden. Ich wuchs als Kind mit diesem Glaubenssystem ganz selbstverständlich auf, und als ich älter wurde, begann ich zu verstehen, warum das System der Opfergaben und die Zeremonien für die Geister so wichtig für die Stammeskultur sind.

Heute bekennen sich die meisten Menschen in Papua-Neuguinea und auf den Salomon-Inseln zum Christentum, doch viele halten noch an alten Bräuchen fest. Geister werden nicht angebetet oder als Götter betrachtet, sondern als natürlicher und integraler Bestandteil der Stammesstruktur und des Lebens. So wie man dem Stammesführer den gebührenden Respekt erweisen muss, so muss man auch den Geistern des Stammes Respekt und Ehrerbietung erweisen. Das tut man, indem man ihnen Opfer bringt, bevor man einen Garten anlegt, eine Hütte baut oder ein neues Projekt anfängt. Oder eben wenn Fremde zu Besuch kommen.

Nach unserer Ankunft am Dorf hatten wir unser Lager zunächst außerhalb am Fluss aufgeschlagen, um die Nacht dort zu verbringen, da es schon spät war. Dort sollte die Zeremonie am nächsten Tag stattfinden. Am nächsten Morgen begannen Tubara und seine Männer mit den Vorbereitungen. Eine alte Frau, die Schamanin des Stammes, sollte das Opfer darbringen. Sie hatte ein unfreundliches Wesen, nie lächelte sie, nie sah sie mich an, und wie ich es als Kind gelernt hatte, vermied ich es, ihr in die Augen zu sehen oder sie anzusprechen. Das Opfer selbst bestand aus einem jungen, gesunden Schwein, das ohne Schnitt oder Schuss getötet werden musste. Das geschah durch Ersticken, denn ein verletztes, krankes oder blutendes Tier galt als nicht rein genug, um den Geistern geopfert zu werden. Zu den Opfergaben an die Geister gehörten zudem Zuckerrohr, Betelnüsse, Taro und Muschelgeld, das als Währung der Geister galt.

Zur Vorbereitung des Opfers wurden Steine im Feuer erhitzt, das Schwein geschlachtet und zerlegt. Für die traditionelle Zubereitungsart, die sie Motu nannten, wurden Fleisch, Gemüse und Wurzeln zusammen mit den heißen Steinen mehrere Stunden lang eingegraben. Die besten Teile des Fleisches wurden als Opfergabe im Feuer verbrannt, der Rest ergab ein wunderbares Festmahl, an dem auch einige Dorfbewohner teilnahmen. Das Muschelgeld wurde Häuptling Tubara übergeben. Es war bereits später Nachmittag, als die Zeremonie beendet war, wir den Fluss überquerten und das Dorf betraten. Einige der Kinder hatten noch nie einen weißen Menschen gesehen und begannen zu schreien, als ich mich ihnen näherte. Aber insgesamt wurden wir von den Dorfbewohnern mit großer Herzlichkeit und Begeisterung empfangen.

Am nächsten Tag begannen wir mit der Erkundung, Erforschung und Analyse des Bodens, um die Durchführbarkeit eines landwirtschaftlichen Programms in diesem Gebiet zu prüfen. Wir fanden heraus, dass es ein idealer Ort war, um weiter flussaufwärts an den Berghängen kleine Kaffeeplantagen anzulegen. Wir trafen uns mehrmals mit anderen Häuptlingen der Region und den Landbesitzerinnen – die Stämme waren matrilinear organisiert – und konnten ihnen helfen, Pläne für die Entwicklung ihres Gebietes zu entwerfen. Wir verbrachten etwa drei Monate dort. Während dieser Zeit probierte ich parallel verschiedene Behandlungsmethoden aus, aber es war wie in den Jahren zuvor. Ich fühlte mich eine Zeitlang gut, wurde aber schließlich wieder krank.

Nachdem wir das Opfer gebracht und Zeit mit Tubara und seinen Leuten verbracht hatten, gewannen wir ihr Vertrauen, wurden

Teil ihrer Gesellschaft, und mit der Zeit begannen sie, sich uns zu öffnen. Ich wollte immer schon so viel wie möglich über die lokalen Traditionen und Legenden erfahren und Geschichten hören, die vor der Außenwelt verborgen waren und Gefahr liefen, vergessen zu werden. Einige Stammesbewohner waren sich dessen bewusst und suchten nach Möglichkeiten, ihre Welt von einst zu bewahren. Aber ich musste mich gedulden, bis sie bereit waren zu erzählen.

Dieser Tag kam schließlich. Es war ein heißer Nachmittag, die Dorfbewohner saßen im Schatten und warteten darauf, dass die Hitze nachließ. Ich lag im Gras, beobachtete die Vögel über mir und stellte mir vor, wie schön es sein muss, Flügel zu haben und fliegen zu können, als einer der Männer auf die Spitze eines Berges in der Ferne zeigte. »Auf diesem Berg ist unsere Tabuhöhle«, sagte er. Ich setzte mich auf, plötzlich hellwach, und fragte ihn, was an dieser Höhle so besonders sei, dass sie als Tabu gelte. Während die Sonne weiter auf uns herabbrannte, begannen die Männer, mir die Geschichte ihrer Tabuhöhle zu erzählen.

»Auf dem Berg liegt die Höhle unserer Ahnen, sie ist für unseren Stamm heilig. Niemand weiß, wie lange sie schon dort steht und wer sie gebaut hat. Kein Außenstehender, auch niemand von einem anderen Stamm in der Gegend, hat diese Höhle je besucht. Bis heute liegt sie versteckt in einem von dichtem Dschungel bewachsenen Gebiet hoch oben auf dem Bergkamm. Sie ist in den massiven Felsen geschlagen, und der Eingang ist groß genug, dass ein Mann hineingehen kann, ohne sich bücken zu müssen. Im Inneren war eine Inschrift in den Felsen gehauen.«

Ich fragte, in welcher Sprache sie geschrieben sei, und sie antworteten mir: »Griechisch.« Das überraschte mich natürlich. Ich beschloss, ein wenig weiter nachzubohren. Woher sie denn wüssten, wie griechische Buchstaben aussehen. »Wir wissen es nicht«, war die Antwort. »Aber das Wort ›griechisch‹ klingt so gut.«

Das Erstaunlichste aber sei, so erzählten sie mir weiter, dass die Wände der Höhle mit Tierbildern bedeckten waren. Dort gab es Hunderte von Tieren, von denen sie viele noch nie gesehen hatten. Ich bat sie, eines der Bilder zu beschreiben, und sie erzählten mir von einem Tier, das sie besonders seltsam fanden. Es hatte vier Beine, einen wahnsinnig langen Hals und schwarze Flecken auf dem Fell. »Klingt wie eine Giraffe«, dachte ich bei mir. Dann sprang einer der Männer auf und rief, dass dies die Höhle sein müsse, in der Moses mit all den Tieren während der großen Flut gelandet war. Und die Schrift in der Höhle, so sagte er weiter, seien die Zehn Gebote, die er mit seinem Stab gezeichnet hatte.

Ich konnte mir ein Lächeln nicht verkneifen und gab zu bedenken, dass es doch Noah gewesen sei und nicht Moses, der die Arche gebaut habe, ich aber nicht glaubte, dass er damit auf den Salomon-Inseln gelandet sei. Und ich auch nicht sicher sei, ob Moses mit seinem magischen Stab tatsächlich dort gewesen sei und die Zehn Gebote an die Höhlenwand geschrieben habe. Der Gedanke allerdings war inspirierend. Ich hatte oft erlebt, dass die Menschen im Südpazifik dazu neigten, mit viel Fantasie Geschichten aus der Bibel, die sie von Missionaren gehört hatten, in ihre eigenen zu integrieren.

Melanesier, die abgeschieden leben und wenig oder keinen Kontakt zur Außenwelt haben, haben eine spezielle Art zu denken und zu kommunizieren, die uns hier im Westen fremd ist. Wenn ein Melanesier beispielsweise sagt, dass er etwas mit eigenen Augen gesehen hatte, dann heißt das nicht, dass er es selbst gesehen haben muss. Etwas mit eigenen Augen gesehen zu haben, kann auch bedeuten, dass der Vater oder ein anderer naher Verwandter es gesehen hatte. Das führt zu Missverständnissen und dazu, dass Menschen aus dem Westen die Einheimischen frustriert als Lügner bezeichnen. Nach ihrem Verständnis haben sie aber nicht gelogen und sind erbost, wenn man sie der Lüge bezichtigt. »Was macht es für einen Unterschied, ob ich es war oder mein Vater? Wir haben dasselbe Blut, also sind unsere Augen dieselben!«, so lautet ihre Logik.

Eine nach unseren Maßstäben präzisere Antwort bekommt man, wenn man die Stammesangehörigen danach fragt, ob sie eine Sache in den Händen gehalten oder sie berührt hatten. Hier gilt, dass die Menschen nie sagen würden, dass sie etwas angefasst haben, wenn es in Wahrheit nicht sie selbst waren, sondern ihr Vater oder ein anderer Verwandter. Etwas zu sehen scheint also in einem anderen Kontext gedacht zu werden, als etwas zu berühren.

Die Menschen auf den Salomon-Inseln sind im Prinzip nie in Hektik, Zeit spielt in ihrem Alltag keine limitierende Rolle. Für sie ist die Zeit endlos. Egal ob Sommer oder Winter, immer scheint die Sonne, jederzeit gedeiht die Aussaat und auch die Vögel singen zu jeder Jahreszeit. Warum also sollte man sich beeilen oder an morgen denken? Selbst im Tod läuft die Zeit nicht ab, denn sie glauben an ein Leben nach dem Tod. Wenn ein Mensch stirbt, kommt er oder sie als Geist zurück.

Dieses Konzept von Zeit hat großen Einfluss auf die Art und Weise, wie Geschichten erzählt und weitergegeben werden. Die Höhlengeschichte ist ein gutes Beispiel dafür: Am Anfang berichtete jemand einfach nur von den grundlegenden Fakten – da gab es eine Höhle mit einer fremdartigen Schrift an der Wand und zahlreichen Tieren, die an die Steinwände gemalt waren. Doch das allein war nicht spannend genug für jemanden, der relativ abgeschieden von der Außenwelt etwas brauchte, um die langen Tage zu füllen. Eines Tages hörte irgendjemand irgendwo von einer fremden Sprache, die sich »Griechisch« nannte. Es klang so gut für ihn, dass er es in die Geschichte einbaute, und so wurden aus der fremdartigen Schrift an der Wand griechische Zeichen, auch wenn niemand sich darunter etwas vorstellen konnte. Ein anderer hörte von einem Missionar Geschichten aus der Bibel und erzählte sie weiter. Jemand beschloss, etwas davon der Höhlengeschichte hinzuzufügen, und so kamen die Arche mit all den Tieren und Moses mit seinem Zauberstab ins Spiel. Es gab kaum Bibeln im Besitz der Stämme, sodass niemand nachschlagen konnte, wer wann was getan hatte. Außerdem war die Analphabetenrate hoch. Also mussten die Geschichten aus dem Gedächtnis rekonstruiert werden, mit all den Ungenauigkeiten einer mündlichen Überlieferung. Voilà, die Geschichte war komplett.

Wenn ein Fremder eine solche Geschichte hört, kann es passieren, dass er sie als frei erfunden abstempelt, anstatt genau zuzuhören, nachzuforschen und dann zu beurteilen, was davon wahr ist und was dazugedichtet. Damit verpasst er vielleicht eine erstaunliche Entdeckung. In diesem Fall glaube ich, dass es die Höhle wirklich gibt, und auch wenn die Geschichte wahrscheinlich sehr ausgeschmückt ist, wird es dort vermutlich sehr interessante Zeichnungen und Inschriften an den Wänden geben.

Ich habe in der Vergangenheit unzählige Geschichten und Legenden gehört, und obwohl die meisten von ihnen nur Legenden sind oder einen kleinen Wahrheitsgehalt haben, höre ich hin und wieder eine Geschichte, die mich innehalten lässt und mein Interesse weckt. Ich kann nicht genau erklären, warum, aber ich spüre dann, dass die Geschichte einen spannenden Wahrheitskern beinhaltet.

So war es auch etwa eine Woche vor unserer Abreise, als Pao mich eines Abends zu sich rief, sie wollte mit mir sprechen. Meiner Erfahrung nach neigen Frauen weniger dazu, ihre Geschichten zu sehr auszuschmücken. Wenn ich verlässliche Informationen brauchte, fragte ich daher meist die Frauen. Wir setzten uns an den Fluss und Pao sagte mir, dass sie mich als eine von ihnen betrachte, trotz meiner weißen Hautfarbe. Denn ich sei in der Lage, wie sie ohne Worte zu kommunizieren und hätte mich im Gegensatz zu den meisten Außenstehenden sehr schnell perfekt in ihr soziales Gefüge integriert.

Sie war besorgt darüber, dass sich die Welt, in der sie lebte, so schnell veränderte, und sie sah sich als Älteste in ihrer Familie dafür verantwortlich, die Geschichte und Traditionen ihrer Familie und ihres Stammes zu bewahren. Das war nicht einfach, weil viele der jungen Menschen wegzogen, um in der Stadt ein neues Leben zu beginnen oder in andere Clans und Stämme einzuheiraten. Darüber geriet das, was über viele Generationen weitergegeben worden war, in Vergessenheit und würde schließlich verschwinden.

Sie wollte mir deshalb etwas erzählen, von dem niemand außerhalb ihres Stammes wusste, in der Hoffnung, dass ich eines Tages in der Lage sein würde, nicht nur ihre Familien- und Stammesgeschichte, sondern auch den Ursprung ihrer Blutlinie zu dokumentieren. Ich hatte in den vergangenen Wochen gehört, wie im Stamm von dieser einzigartigen Blutlinie gesprochen wurde. Aber ich hatte keine Ahnung, was sie damit meinten, bis Pao sich mir anvertraute und mir die ganze Geschichte ihrer Vorfahren und ihrer Herkunft erzählte.

»Meine Abstammung ist sehr besonders. Ein paar Tagesmärsche von hier entfernt gibt es einen Teich. Daneben führt ein Tunnel tief in den Berg hinein. In den frühen Morgenstunden, wenn die Sonne aufgeht und die ersten Lichtstrahlen auf das Wasser fallen, kommen kleine, etwa kniehohe Wesen aus dem Eingang des Tunnels. Sie sind dunkel wie ich und haben die gleichen lockigen Haare. Wenn man sich versteckt und ganz leise ist, kann man sie beobachten, wie sie herauskommen, um zu baden und sich in der Morgensonne zu wärmen. Nach einer Stunde verschwinden sie schon wieder in der Höhle.

Diese kleinen Wesen sind die Ureinwohner der Insel, sie waren schon da, bevor die Menschen kamen. Die besiedelten als Neuankömmlinge das Land und schlachteten viele der kleinen Wesen ab und vertrieben sie so von ihrem Land. Die Überlebenden fanden Zuflucht in der Höhle, wo sie sich versteckten. Vor langer Zeit traf eines dieser Wesen auf ein Menschenmädchen, das aus seinem Dorf weggelaufen war. Sie verliebten sich und bekamen ein Kind, meine Ururgroßmutter. So begann unsere neue Blutlinie. Ich trage also das Blut der ursprünglichen Landbewohner in mir.«

Ich fragte sie, ob jemand aus ihrem Stamm Kontakt zu diesen kleinen Wesen hatte. Sie erzählte mir, dass es in ihrem Dorf noch zwei alte Menschen gäbe, die ihre Sprache kannten und sie herbeirufen konnten. Sie hatten es aber seit vielen Jahren nicht mehr getan, zuletzt vor ihrer Geburt. Einmal, als sie noch klein war, hatte sie die Wesen aber selbst gesehen. Sie hatte sich frühmorgens mit ihrem Vater im Gebüsch in der Nähe des Teiches versteckt und sie bei ihren Aktivitäten beobachten können. Ich war skeptisch, als ich diese Geschichte hörte. Es war nicht das erste Mal, dass ich von menschenähnlichen Wesen hörte, die in den Höhlen oder in den Bergen von Papua-Neuguinea lebten, aber es war das erste Mal, dass ich eine solche Geschichte von den Salomon-Inseln hörte.

Ich traf im Laufe der Jahre auf viele Menschen, die steif und fest behaupteten, diese menschenähnlichen Wesen gesehen, berührt und sogar mit ihnen kommuniziert zu haben. Einer dieser Zeugen war ein gebildeter, vertrauenserweckender Mann, der für das Landwirtschaftsministerium in Papua-Neuguinea arbeitete. Eine seiner Einschätzungen fand sich auch in den anderen Aussagen wieder: »Diese Wesen verschwinden langsam, jedes Jahr werden es weniger, weil ihr natürlicher Lebensraum zerstört wird. Als ich ein Kind war, sahen wir sie oft, oder Anzeichen von ihnen. Jetzt, fünfzig Jahre später, sehe ich kaum noch etwas, das auf sie hindeutet. Seit meiner Kindheit habe ich auch kein einziges dieser Wesen mehr zu Gesicht bekommen.«

Ich konnte diese Geschichten trotzdem nicht glauben, wie sollte das möglich sein? Und warum hatte sie niemand je fotografiert oder anderweitig dokumentiert? Einige Monate später sollte sich meine Einschätzung dazu radikal ändern, ich sollte den Schock meines Lebens bekommen.

# Buschtoilette und Dorfleben

Vor ein paar Jahren war ich eingeladen, in einem deutschen Kindergarten von meiner Kindheit im Urwald zu erzählen. Ich zeigte den Kindern Bilder vom Leben bei den Fayu, erzählte vom Umgang mit Wildschweinen und beschrieb den riesigen Dschungelspielplatz, den ich als Kind genossen habe. Wo ich mich an Lianen schwang, an Regentagen Schlammrutschen baute und mit Pfeil und Bogen jagte. Als ich meinen Vortrag beendet hatte, fragte ich die Kinder, wer von ihnen mit mir in den Dschungel gehen wollte. Fast alle hoben die Hand, bis auf einen kleinen Jungen in der ersten Reihe, der aufmerksam zugeschaut und zugehört hatte. Ich fragte ihn, warum er nicht mitgehen wollte. Er müsse noch etwas klären, bevor er sich entscheide, und dann fragte er mich etwas, was noch nie jemand von mir wissen wollte: »Wie gehst du auf die Toilette, wenn du im Dschungel bist?«

In Foida, dem Dorf, in dem ich aufgewachsen bin, hatten wir eine Toilette im Haus. Es war der einzige wirkliche Luxus, den wir uns leisteten. Aber als ich als Erwachsene in manch entlegene Gegenden reiste, war das oft ganz anders, solche Annehmlichkeiten gab es dort nicht. Durch Versuch und Irrtum perfektionierte ich schließlich gezwungenermaßen die Kunst, eine Buschtoilette zu benutzen.

Die meisten Dörfer, in denen es weder Toiletten noch Plumpsklos gab, hatten im Urwald oder nahe des Flusses getrennte Bereiche für Männer und Frauen. Die Frauen mieden die Männerbereiche und umgekehrt. So blieb man unter sich und ungestört. Ging man jedoch tiefer in den Urwald hinein, gab es keine ausgewiesenen Bereiche mehr, dann musste man selbst den perfekten Ort finden. Die erste Regel lautete: Suche dir einen Platz, der abseits des Dorfes, der Gärten oder der Dschungelpfade liegt. Nichts ist peinlicher, als mit heruntergelassener Hose oder hochgezogenem Rock erwischt zu werden.

Ich habe die Erfahrung gemacht, dass es am besten war, wenn ein großer Baum die eine Hälfte der Sicht verdeckte und dichte Büsche die andere. Außerdem musste man sehr vorsichtig sein, wo man stand oder hockte. Im Dschungel wimmelte es von Ameisen und Insekten, die ihre Nester unter der Erde hatten. Sehr schmerzhaft und wirklich unschön war es, wenn man sich hinhockte, plötzlich in die Füße gebissen wurde und mitten in der Erleichterung aufspringen musste. Auch musste die Frage geklärt werden, welche Art von Dschungel-Toilettenpapier zu benutzen war, also welche Blätter gut geeignet waren. Zunächst musste man das Blatt genau untersuchen. Denn auf der Unterseite der Blätter lebten manchmal winzige Feuerameisen, und es war äußerst schmerzhaft, wenn sie in die empfindlichen Stellen bissen. Dann musste man die Oberfläche des Blattes ertasten, manche Blätter eigneten sich sehr viel besser als andere. Das Blatt sollte nicht zu hart oder zu glatt sein. Es gab einen bestimmten Busch, an dem das perfekte Dschungelklopapier wuchs. Seine Blätter waren groß, sehr weich, und die Feuerameisen mochten sie nicht. Ich trug stets einen Vorrat dieser Blätter in meinem Rucksack mit mir herum.

Die Melanesier fügten sich mit ihrer dunklen Haut wunderbar in ihre Umgebung ein, aber für uns farblose Menschen galt das ganz und gar nicht. Es war nicht nur so, dass unsere hellen Körper im dämmrigen Unterholz wie Glühbirnen leuchteten, wir zogen auch jeden Käfer, jede Mücke und jede Fliege schon von weither an. Vermutlich war es der hohe Zuckergehalt in unserer Nahrung, der uns süß und lecker riechen ließ. Deshalb gehörte zur Ausstattung, die bei der Benutzung einer Buschtoilette mitgeführt werden musste, unbedingt auch ein kleiner blättriger Zweig, mit dem die unzähligen Fliegen, Mücken, Käfer oder Insekten verscheucht werden konnten, die von unseren weißglänzenden, leckeren Hintern angezogen werden. Wer beim nächsten Toilettenbesuch an die Buschtoiletten denkt, wird den Luxus erkennen, den er oder sie gerade genießt.

Eine weitere Herausforderung des Dorflebens war der Mangel an fließendem Wasser. Einige Dörfer verfügten über einfache Zementbrunnen mit Wasserhahn und Rohrsystemen, die Wasser von einer Quelle oder einem Fluss ins Dorf brachten. Solche Brunnen dienten als Wasserversorgung für das ganze Dorf. Diese Dörfer konnten sich glücklich schätzen, denn in den meisten anderen Dörfern musste das Wasser in Eimern vom nächsten Fluss transportiert werden.

Meist wuschen sich die Dorfbewohner am späten Nachmittag, bevor das Abendessen zubereitet wurde. Generell wurde nicht nackt gebadet, die meisten Menschen wickelten sich ein großes Tuch um den Körper. Ich genoss die Zeit mit den Frauen, mit denen ich tratschen und lachen konnte, während sie mir den Rücken schrubbten und die Haare wuschen. Vor allem die kleinen Kinder liebten meine Haare, begeistert seiften sie abwechselnd meine Haare ein und kommentierten, wie weich sie sich anfühlten.

Eines Nachmittags beim Baden, es war im Jahr 2014 auf den Salomonen, erfuhr ich, dass ich die ersten grauen Haare bekommen hatte. Ich war nur mit dem Nötigsten unterwegs, hatte keinen Spiegel und mein Spiegelbild daher monatelang nicht gesehen. Obwohl Männer und Frauen getrennte Bereiche zum Baden hatten, folgten die kleinen Jungen oft ihren Müttern und badeten zusammen mit den Frauen. So auch ein Junge namens Sam, der mit seiner Mutter und der großen Schwester Vavi kam. Die beiden hatten mich angefleht, meine Haare waschen zu dürfen, und ich stimmte gerne zu, weil es sich gut anfühlte, ein wenig verwöhnt zu werden.

Der Fluss war nicht tief, sodass ich im Wasser sitzen konnte, während die Geschwister meine Haare pflegten. Inzwischen konnte ich schon gut das Pidgin der Salomon-Inseln sprechen und verstehen und hörte der Unterhaltung der beiden zu. Sam fragte Vavi, warum ich weiße Haare hätte. Ich war entsetzt und im ersten Moment ziemlich deprimiert, dass es nun so weit war. Bis ich Vavis Erklärung hörte und die fantastische Geschichte, die sie ihrem Bruder erzählte.

»Sabine hat weiße Haare, weil sie halb Geist, halb Mensch ist«, sagte sie zu Sam. »Warum ist Sabine halb Geist und halb Mensch?«, wollte Sam wissen. Dann erzählte Vavi die Geschichte, wie ich von einem Menschen zu einem halben Geist wurde: »Es war einmal ein Häuptling«, erzählte sie, »der hatte einen Sohn. Dieser Sohn war ein sehr guter Jäger, der beste im ganzen Dorf. Eines Tages entdeckte er auf der Jagd ein wunderschönes Geistwesen, dessen Haut und Haare so weiß waren wie die Wolken. Der Häuptlingssohn verliebte sich in sie und kehrte jeden Tag zurück, um sie zu beobachten. Er fand heraus, dass das Geistwesen gerne Mangos aß, also brachte er ihr eine mit, legte sie auf ein Tablett aus Blättern und versteckte sich hinter den Büschen. Das Geistwesen erschien, war sehr glücklich, die Mango zu finden, und aß sie. Am nächsten Tag tat der Häuptlingssohn dasselbe. Aber diesmal legte er ein Muschelarmband neben die Mango. Das Geistwesen bewunderte die Schönheit des Armbandes und sah sich um, um herauszufinden, wer es dorthin gelegt hatte. Dabei erspähte sie den Sohn des Häuptlings, der sich hinter den Büschen versteckte. Die beiden freundeten sich an und verliebten sich schließlich ineinander. Dem Menschenkind aber war eine Beziehung mit einem Geist nicht gestattet, und so trafen sie sich heimlich.

Doch ihre Liebe wuchs und wuchs, und sie beschlossen trotz des Verbotes zu heiraten. Eines Tages erfuhr der Häuptling davon, war außer sich und kettete seinen Sohn an die Wand seiner Hütte, damit er nicht zu ihr zurückkehren konnte. Das Geistwesen wartete viele Tage, aber ihr Geliebter kehrte nicht zurück. Sie machte sich auf die Suche nach ihm und wurde von den Männern des Dorfes gefangen genommen. Um sie für die verbotene Heirat zu bestrafen, wollte der Häuptling die beiden töten. Das gelang mit seinem Sohn, das Geistwesen aber konnte nicht mehr getötet werden.

Der Häuptling ließ sie gehen unter der Bedingung, dass sie nie zurückkäme. Sie nahm den Körper ihres Mannes und kehrte in die Berge zurück, wo sie ihn begrub. Bald darauf gebar sie sein Kind, ein Mädchen, halb Geist, halb Mensch. Ihre Haut war blass, ihre Augen hatten die Farbe des Dschungels, und ihr Haar war weiß und glatt. Die Mutter erkannte, dass sie keinen Halbmenschen großziehen konnte, weil ihre Geisterwelt das Kind ablehnen würde. Also beschloss sie, ein neues Zuhause für das Baby zu finden. Um die wahre Identität des Babys zu verbergen, verzauberte das Geistwesen das Mädchen, aber der Zauber misslang und er verwandelte nur ihre Haare, während ihre Haut und ihre Augen unverändert blieben.

Das Geistwesen musste lange suchen, bis sie ein junges Paar aus einer anderen Welt fand, in der die Menschen weiße Haut und blaue Augen hatten. Spät in der Nacht, als es stockdunkel war, legte sie das Baby vor das Haus, in dem die weißen Menschen wohnten. Das Paar war überglücklich, das kleine Mädchen am nächsten Morgen zu finden. Sie liebten es wie ihre eigene Tochter und nahmen es mit in ein fernes Land namens Deutschland. Als die Jahre vergingen und das Kind erwachsen wurde, ließ der Zauber nach, und einige Strähnen des weißen Haares kamen wieder zum Vorschein.«

»Dieses Mädchen ist also Sabine?«, fragte Sam. »Ja«, antwortete Vavi, »und deshalb ist sie zurückgekommen. Sie ist auf der Suche nach ihrer Mutter in den Bergen, damit sie sie heilen kann. Denn Sabine ist sehr krank geworden, weil sie nur mit Menschen zusammenlebt. Deshalb müssen wir sehr lieb zu ihr sein.« Ich lächelte, als ich diese Geschichte hörte, und fand meine grauen Haare auf einmal gar nicht mehr so schlimm, sie stammten ja von meiner Geistermutter. Ich war begeistert von der Fantasie des kleinen Mädchens. Sam hatte seine Schwester beim Wort genommen, er folgte mir fortan auf Schritt und Tritt, hielt meine Hand, aß und schlief neben mir.

Für Kinder ist ein Urwalddorf die ideale Umgebung zum Aufwachsen. Dort werden sie nicht nur von ihren Eltern erzogen, sondern vom ganzen Stamm. Alle Dorfbewohner helfen mit, ihre körperlichen und seelischen Bedürfnisse zu erfüllen, getreu dem afrikanischen Sprichwort »Es braucht ein ganzes Dorf, um ein Kind zu erziehen«. Wenn die Kinder traurig sind, wissen sie genau, wer sie am besten trösten kann. Wenn sie Angst haben, wenden sie sich an diejenigen, bei denen sie sich beschützt fühlten. Wenn sie hungrig sind, gehen sie dahin, wo gerade gekocht oder gegessen wird. Wenn sie etwas lernen wollen, gehen sie zu dem, der am meisten weiß. Kinder werden als Segen empfunden, niemals als Last. Sie werden von jedem akzeptiert und alle werden gleichbehandelt, egal wer ihre Eltern sind. So haben alle Kinder immer das Gefühl, dazuzugehören. Von klein auf lernen sie, sich in die Gruppe einzufügen, ihren Platz im Stamm oder Dorf zu finden und die Älteren zu respektieren.

Für die Erwachsenen ist das Leben viel schwieriger. Vor allem die Frauen haben mit einem harten Alltag zu kämpfen. Uns mag das einfache und ursprüngliche Dorfleben mitunter paradiesisch erscheinen. Und tatsächlich, in mancher Hinsicht ist es ein wunderbares Leben. Niemand wird allein gelassen, in der Not steht man zusammen, und Stress und Hektik gibt es nicht. Aber körperlich ist das Leben sehr anstrengend. Jeden Morgen stehen die Frauen früh auf. Sie kochen vor den offenen Flammen, der Rauch dringt ihnen in die Augen, viele erblinden irgendwann davon. Sie arbeiten stundenlang im Garten, pflanzen, ernten. Die Ernte verkaufen sie auf dem Markt. Sie kümmern sich um die Babys und die Alten, waschen alle Wäsche per Hand, schleppen das Wasser aus dem Fluss zum Kochen und Putzen herbei, sammeln Holz.

Ich habe oft bewundert, wie stark diese Frauen sind und wie leicht sie ihre schwere Last tragen. Wie sie trotz der Schwierigkeiten, die sie oft haben, immer lächeln und zufrieden aussehen. Die Freude, die sie empfinden, ziehen sie aus ihren Kindern, ihrer Familie, ihren Freundschaften und dem sozialen Leben, das ihnen emotionalen Halt und Trost gibt. Traditionell gibt es in den meisten Dörfern oder Stämmen einen männlichen Häuptling, der die wesentlichen Entscheidungen für die Gemeinschaft trifft. Die Männer gelten außerdem als Haushaltsvorstand. Und trotzdem sind die Frauen ihnen nicht untergeordnet. Ihre Meinungen haben großes Gewicht. Frauen werden respektiert und beschützt, die älteren Frauen werden oft um Rat gefragt.

Alles im Leben eines Stammes hat seine Ordnung, jeder hat seinen festen Platz. Der Häuptling ist kein Krieger, ein Krieger nimmt nicht den Platz des Häuptlings ein. Ein Fischer wird nicht plötzlich zum Jäger oder umgekehrt. Ein Schamane oder Medizinmann beschließt nicht auf einmal, Krieger oder Fischer zu werden. Eine Frau kann sich nicht entscheiden, Jägerin oder Fischerin zu werden. Ihre Rolle im Gefüge eines Dorfes oder einer Stammesgesellschaft ist es, Kinder zu gebären. Sie darf daher kein unnötiges Risiko für sich selbst eingehen. Die Ehefrau ist für die wirtschaftlichen Angelegenheiten der Familie verantwortlich. Sie bewahrt das Geld auf, entscheidet, was wann gekauft wird, verkauft die Ernte aus dem Garten auf dem Markt oder handelt mit anderen Gütern. Ihr Ehemann ist dafür verantwortlich, das Dorf und den Stamm zu schützen und den Status und die Ehre der Familie hochzuhalten, um seine Söhne und Töchter gut zu verheiraten. Er ist auch dafür verantwortlich, dass seine Frau viele Kinder bekommt, die Familie ein gutes Zuhause hat und satt wird.

Frauen und Kinder haben die höchste Stellung im Stamm inne. Denn die Frauen sichern das Überleben des Stammes. Nur sie können Kinder gebären, und diese Kinder bedeuten die Zukunft des Stammes. Die Männer sind dafür verantwortlich, die Struktur des Stammes aufrechtzuerhalten, damit die Frauen und Kinder darin sicher leben können. Im Stammesleben habe ich noch nie einen Mann sagen hören, dass er wie eine Frau leben wolle, oder eine Frau, dass sie die Aufgaben des Mannes übernehmen wolle. Dort ist jedem klar, dass jede und jeder die zugeschriebene Aufgabe zu erfüllen hat, damit das Gleichgewicht erhalten bleibt und der Stamm überleben kann.

Die einzelnen Gruppen haben nicht alle das exakt gleiche Gesellschaftssystem, aber alle, denen ich begegnet bin, hatten eine Struktur, in der Aufgaben und Verantwortlichkeiten strikt aufgeteilt sind. Sie brauchen es zum Überleben, zur Sicherung der nächsten Generation und für den Frieden innerhalb einer Gesellschaft oder eines Stammes. Immer geht es um die Gruppe als Ganzes, nicht um das Individuum.

In der westlichen Welt haben wir Gesetze, um Ordnung und Frieden aufrechtzuerhalten, in Stammeskulturen gibt es dafür die Stammesordnung und Traditionen. Durch den Einfluss der westlichen Welt hat sich dieses System in vielen Stammes- oder Dorfkulturen in den letzten Jahrzehnten verändert. Alte Strukturen brachen zusammen, an ihre Stelle traten neue, die die alten verdrängten oder sogar verboten, aber nicht komplett ersetzen konnten. Doch eine Gesellschaft ohne funktionierende Ordnung konnte nicht erfolgreich sein. Das habe ich immer wieder in Kulturen gesehen, die mit einer völlig neuen Lebensweise, neuen Technologien, einem Zusammenprall mit anderen Kulturen konfrontiert waren.

Lange Zeit hatte ich die Rolle, die der Häuptling im Stammessystem spielte, als selbstverständlich wahrgenommen. Erst im Westen erkannte ich, dass es so etwas nicht überall auf der Welt gibt. Der Häuptling war nicht nur das Oberhaupt des Stammes oder Clans, sondern auch für das Wohlergehen jedes einzelnen Mitglieds verantwortlich. In der Regel wurde die Position vom Vater auf den ältesten Sohn übertragen. Micky hatte von seinem Vater, der ebenfalls Häuptling war, gelernt, was es heißt, diese Rolle auszufüllen. Was es heißt, Verantwortung für den Stamm zu übernehmen und seine Pflicht als Häuptling zu erfüllen. Sein Vater hatte ihm beigebracht, bescheiden zu sein, die Bedürfnisse seines Volkes vor seine eigenen zu stellen, seinen Leuten zuzuhören, anstatt selbst zu viel zu reden.

Der fest definierte Platz für jedes Mitglied des Stammes wird durch die Eigenschaften und Fähigkeiten, die ein Mensch mitbringt, bestimmt. Ein Häuptling muss demütig sein. Er muss gut zuhören können, eine hohe emotionale Intelligenz haben. Er muss verantwortungsbewusst sein, eine langfristige Vision haben, lernbereit sein und eine neutrale Position im Stamm einnehmen. Ein Krieger dagegen muss aggressiv und extrovertiert sein, außerdem zäh, loyal und energisch. Ein Fischer muss geduldig und introvertiert sein und das offene Meer lieben. Der Farmer oder die Farmerin braucht einen soliden, bodenständigen Charakter und einen starken, muskulösen Körper. Er oder sie muss die Natur lieben, ein gutes Gespür für das Wetter haben und geschäftstüchtig sein. Ein Jäger muss schlank sein, um sich schnell bewegen zu können, ausdauernd, um lange Strecken zu laufen. Er benötigt wache, gut funktionierende Sinne, um jeden Geruch und jedes Geräusch wahrzunehmen. Außerdem muss er Teamplayer sein, da die Jagd meist in kleinen Gruppen stattfindet. Er muss Freude daran haben, seine Umgebung zu erkunden, und in der Lage sein, Tiere und ihre Spuren zu lesen. Ein Schamane ist jemand, der nicht viel Empathie empfindet, obwohl es seine Aufgabe ist, zu heilen. Er konzentriert sich aber auf den physischen Körper, nicht auf die emotionalen Bedürfnisse. Auch Frauen können Schamaninnen werden. Er oder sie muss sich für die Welt der Geister und die Magie interessieren, ein gutes Gedächtnis haben und schnell lernen können. Schamanen sind spirituelle Menschen, die sich mehr für die Welt der Toten als für die der Lebenden interessieren. Sie mögen es, einsam und zurückgezogen zu leben. Ähnlich der Position des Häuptlings wird auch die des Schamanen oder der Schamanin in der Regel vererbt. So bleibt das Wissen in der Familie und muss nicht mit Außenstehenden geteilt werden.

Die verschiedenen Positionen im Stamm sind so etwas wie die Berufe in unserer Welt. Mit dem Unterschied, dass die Menschen sie nicht frei wählen können. Schon in der Kindheit wird von den Dorfältesten festgelegt, wer an welcher Position zu wirken hat. Schon die Kinder werden entsprechend dieser Festlegungen gefördert und gefordert. Jeder kennt seinen Platz und bleibt in seiner Rolle, um das soziale Gerüst zu erhalten, das Frauen und Kinder stützt und schützt und damit die Zukunft des Stammes sichert.

Doch da, wo die westliche Kultur und der moderne Lebensstil auf die einst isolierten Gesellschaften traf, änderte sich das oft. In den Städten gibt es schrecklichen Missbrauch von Frauen, Familienstrukturen brechen auseinander und viele Menschen fühlen sich einsam und verloren, weil sie mit den veränderten sozialen Strukturen nicht zurechtkommen und in Kriminalität oder Alkoholismus abrutschen.

Für die Frauen ändert sich das Leben weniger, auch wenn sie in die Städte ziehen. Sie sind es weiterhin, die die Kinder bekommen, den Haushalt führen, die alten Eltern pflegen und sich um die wirtschaftliche Seite des Lebens kümmern. Sie behalten eine ähnliche Rolle, die sie auch in der Dorf- oder Stammesgesellschaft innehatten. Nur müssen sie keine Landwirtschaft mehr betreiben, denn die Supermärkte in den Städten und Gemeinden sind zu ihren Gärten geworden. Statt ihre Ernte zu verkaufen oder mit anderen Waren zu handeln, um ein Einkommen zu erzielen, werden sie nun Anwältinnen, Ärztinnen, Ingenieurinnen oder arbeiten in Banken. Nicht jede Frau schafft den Sprung in diese neue Welt gleich gut. Aber insgesamt sind sie darin erfolgreicher als die Männer.

Und nicht alle Männer zerbrechen an diesem kulturellen Wandel, aber sie kommen insgesamt schlechter damit klar als die Frauen. In vielen Gesprächen mit Männern und Frauen konnte ich auch herausfinden, warum das so war. Ein Mann, der vom Dorf in die Stadt zieht, verliert seine Rolle als Beschützer, Versorger, Krieger, als derjenige, der den Status der Familie aufrechterhält, Häuser baut, fischt oder jagt. Plötzlich standen die Männer ohne die gewohnte Struktur ihres Lebens da, ohne ihre angestammte Rolle in der Gesellschaft und ohne klare Richtlinien für eine Alternative.

Auch entfällt die soziale Kontrolle, die das Leben im Stamm in geordneten Bahnen gehalten hatte. Die Vielfalt möglicher Lebensentwürfe steigt, das Leben gewinnt massiv an Komplexität. Plötzlich werden die Männer mit Entscheidungen konfrontiert, die sie vorher nie treffen mussten. Echte Konsequenzen für ihr Verhalten gibt es nicht mehr, so wie es in der dörflichen Struktur der Fall gewesen wäre. Dort sorgen der Häuptling, das Dorf oder die Familie für Ordnung. In der neuen Welt gibt es Gesetze, über deren Einhaltung fremde Menschen aus anderen Stämmen oder Dörfern als Polizisten, Anwälte, Richter und Politiker wachen. Doch diese fremden Menschen werden nicht wie die eigenen Leute geachtet, man schämt sich nicht vor ihnen und fürchtet ihre Meinung nicht wie die von denen, die zum eigenen Stamm gehören.

Eine Entwicklung, die im Westen Hunderte von Jahren brauchte, dauerte auf den Pazifikinseln nur eine Generation. Micky wurde 1955 während der Kolonialzeit geboren, erlebte die Unabhängigkeit seines Landes und den Aufbruch in das moderne technische Zeitalter. Er empfand diesen rasanten Sprung nicht grundsätzlich als schlecht. In vielerlei Hinsicht war das Leben für ihn einfacher und angenehmer geworden. Doch kulturell ist es ein heftiger Zusammenprall, bei dem viele auf der Strecke bleiben.

Das moderne Zeitalter hat vielen Stämmen und Clans Frieden, Bildung und neue Chancen ermöglicht. Es brachte wunderbare Dinge wie Elektrizität, fließendes Wasser, Kommunikationssysteme und Toiletten mit sich. Und doch kehren sehr viele der Menschen, die in den Dörfern und Stämmen aufgewachsen sind, oft zu ihrem einfachen Lebensstil zurück. Sie wollen sich von dem Stress, der mentalen Erschöpfung und dem Druck erholen, den diese neue Lebensweise mit sich bringt. Auch mir ging es so. Ich sehnte mich nach dem ursprünglichen Dorfleben. Danach, den Boden unter den nackten Füßen zu spüren, das Essen über dem Feuer zu kochen, abends mit den anderen zusammenzusitzen. Ohne Druck, ohne strenge Zeitpläne und unzählige Regeln, die es zu befolgen galt.

Hingegen konnten sich diejenigen, die in der westlichen Gesellschaft aufgewachsen sind, oft nur schwer an das Dorfleben gewöhnen. Man hat dort das Gefühl, dass die Zeit langsamer läuft, wenn man nicht permanent abgelenkt ist, von Medien, Job und Freizeitaktivitäten. Wenn man nicht mehr weiß, wie es ist, einfach dazusitzen und gar nichts zu tun, dann ist man schlagartig mit sich selbst konfrontiert. Nichts lenkt mehr ab von schmerzhaften Erinnerungen, von Fehlern, die begangen wurden, und dem Gefühl des Versagens. Viele wissen nicht mehr, wie sie sich entspannen und die einfachen Dinge des Lebens genießen können. Auch haben sie Probleme mit dem Wegfall ihrer Privatsphäre, denn die gibt es im Stammesleben nicht.

Andersherum mussten diejenigen, die im Urwald aufgewachsen sind, kämpfen, wenn sie in die westliche Zivilisation kommen. Die meisten erleiden einen heftigen Kulturschock, so wie ich. Einige leben sich ein und sind erfolgreich, andere schaffen das nicht und verlieren sich komplett. Perfekt ist keine der Welten, keine der Kulturen. Sie sind einfach verschieden. Und es geht darum, dass wir unseren Platz darin finden.

So weit war ich damals noch nicht. Ich war nicht nur auf der Suche nach einem Heilmittel, sondern hatte den größten Teil meines Erwachsenenlebens mit der Suche nach meinem Platz in dieser Welt verbracht. Ich hatte zwar schon viele Jahre in der westlichen Welt gelebt, in der Kultur meiner Eltern, aber ich hatte nicht das Gefühl, dort je angekommen zu sein. Vielmehr existierte ich einfach in dieser Welt, anstatt dort wirklich ein Leben zu haben. Es war, als würde ich einen nie enden wollenden Marathon laufen. Egal, wie sehr ich mich anstrengte, nie schien ich mein Ziel zu erreichen, endlich dazuzugehören.

Als ich 2012 zurück in den Urwald ging und erneut viele Jahre in den Dörfern, unter den Clans und bei den Stämmen verbrachte, begann ich, mich selbst immer besser zu verstehen und die unterschiedlichen Kulturen meiner beiden Welten immer stärker zu begreifen. Was mir im Westen auch nach vielen Jahren nicht gelang, schaffte ich hier. Je mehr ich mir der kulturellen Unterschiede bewusst wurde, desto mehr erkannte ich, dass ich trotz der Jahre, die ich in Europa und anderen Teilen der Welt verbracht hatte, tief in meinem Inneren Melanesierin war. Und sich das auch nicht ändern würde. Es auch nicht musste, ich konnte meinen Frieden damit machen. Hätte es meine vier Kinder nicht gegeben und wären sie nicht so fest im Westen verwurzelt, ich wäre vermutlich nicht mehr zurückkehrt.

Doch die Liebe einer Mutter zu ihren Kindern ist grenzenlos. Ich wünschte mir jahrelang auf dieser Reise nichts sehnlicher, als sie wieder in meine Arme nehmen zu können. Und doch hatte ich große Angst vor der Rückkehr, Angst vor der Rückkehr in eine Kultur, die ich nicht wirklich verstand und die mir fremd geblieben war. Hier in den Dörfern, unter Menschen, deren Verhalten mir so vertraut war, wo ich nicht erklären musste, was ich fühlte oder dachte, war ich entspannt. Es war meine Welt, meine Kultur. Den

Stress, die Hektik, die Angst und die Einsamkeit, die mich im Westen durchgehend begleitet hatten, gab es hier nicht. Das Leben hier hatte eine Struktur, die durch und durch zu mir passte.

In dieser Zeit dachte ich oft an meine Kindheit und Jugend bei den Fayu zurück. Wie sehr sich ihr Leben und ihre Kultur von dem unterschied, was ich in Europa vorfand. Manches war besser, anderes schlechter. Bei den Fayu wurde jedes körperliche Leiden, jede Krankheit oder Verletzung ignoriert. Nur die Starken konnten das harte Leben im Dschungel überleben, die Schwachen wurden links liegen gelassen. Viele wurden einfach dem sicheren Tod überlassen, ohne dass man sich bemühte, sie zu heilen oder zu pflegen. In ihrer Logik war das richtig, denn wie sollte man auch einen Fluch, auf den in ihrer Vorstellung jede Form des körperlichen Leidens zurückgeführt wurde, heilen?

Ganz anders ging man mit emotionalen Verletzungen um. Wenn jemand traurig war, weil ein geliebter Mensch gestorben war, dann kümmerte man sich um den Hinterbliebenen. Wenn jemand eine traumatische Erfahrung machen musste, wichen die Menschen, die ihm am nächsten standen, nicht von seiner Seite. Man kochte für sie, sprach und weinte mit ihnen und tröstete sie, egal wie lange es dauerte. Man schaute nicht auf sie herab oder hielt sie für schwach. Selbst wenn es Wochen oder Monate dauerte, sie wurden in einen Kokon emotionaler Unterstützung gehüllt, bis sie sich vollständig erholt hatten.

Durch meine besondere Wahrnehmung war ich aber in der Lage, die emotionalen Narben, Verletzungen und Schmerzen der Menschen nach meinem Umzug damals nach Europa so zu sehen, als seien sie äußerliche Wunden. Oft versuchten die Menschen, sie vor den anderen zu verbergen. Meistens funktionierte das sogar, auch wenn mich kein noch so strahlendes Lächeln darüber hinwegtäuschen konnte. Ich selbst habe ebenfalls gelernt, meinen Schmerz hinter einem Lächeln zu verbergen.

Wir oft hatte ich mir das Beste aus den beiden Gesellschaften für die jeweils andere gewünscht. Ich hatte davon geträumt, dass sich die Fayu besser um ihre Verletzten und Kranken kümmern und wir im Westen mehr Verständnis und Unterstützung für diejenigen aufbringen, die mit emotionalen und psychischen Problemen zu kämpfen haben. Und doch wusste ich, dass es gar nicht anders sein konnte. In der Stammesgesellschaft mussten die Menschen körperlich stark sein, um zu überleben und die Gemeinschaft zu unterstützen. In der westlichen Gesellschaft musste man vor allem emotional stark sein, um erfolgreich zu sein und seinen Platz zu finden.

Das machte es für mich schwer. Als Kind und Jugendliche wurde ich auf körperliche Stärke trainiert, ich lernte, in den rauesten Umgebungen zu überleben. Aber ich hatte nicht gelernt, mich emotional zu schützen. Meine Kinder dagegen, die in Europa aufgewachsen sind, sind emotional stark, sie wissen, wie sie sich hier schützen können. Diese Unterschiede zu verstehen, gab mir nun neue Hoffnung, dass auch ich einen Weg finden würde, mich doch irgendwann in der westlichen Welt zurechtzufinden. Aber bevor ich das tun konnte, musste ich gesund werden.

Der Grund, warum ich 2012 nicht zu den Fayu zurückging, um ein Heilmittel zu finden, war auch, aber nicht allein, ihr Umgang mit körperlichen Krankheiten. Ich musste zu den Stämmen und Dörfern reisen, die mehr von traditioneller Medizin verstanden als die Fayu. Und die darüber hinaus willens waren, mir zu helfen, obwohl ich weiß war. Davon gab es einige. In den Monaten und Jahren, in denen ich nun schon von Dorf zu Dorf, von Stamm zu Stamm reiste, wurde ich Zeuge der unglaublichen Anstrengungen, die sie unternahmen, um mir zu helfen, ein Heilmittel zu finden.

Das taten sie jedoch nicht, weil sie Mitleid mit mir hatten oder jedem Fremden halfen, der sich in ihre Welt verirrte. Der Grund dafür war Micky. Als Häuptling seines Clans genoss er besondere Privilegien. Die bedeutende Rolle eines Häuptlings gehörte zu den Dingen, die sich trotz des Vormarsches moderner Lebensweisen nicht geändert hatten. Ging ein Häuptling in ein anderes Dorf, zu einem anderen Clan oder Stamm, dann wurde er dort mit dem gleichen Respekt behandelt wie zu Hause. Das übertrug sich auf mich, denn ich war nicht nur Teil von Mickys Clan, sondern reiste gemeinsam mit ihm. Außerdem war ich für sie trotz meiner Herkunft keine Fremde. Sie konnten fühlen und sehen, dass ich ihre kulturelle und spirituelle Sprache sprechen konnte.

Das brachte mich schließlich in eine Position, die ein Außenstehender kaum erreichen konnte. Durch Micky an meiner Seite öffneten sich Türen und Möglichkeiten, die mir allein verschlossen geblieben wären. Micky wusste das und verließ für viele Jahre sein Dorf, sein Geschäft und seinen Clan, um mit mir zu reisen und mir zu helfen, mein Leben zu retten. Dafür werde ich ihm ewig dankbar sein.

# Der Brautpreis

In Lalaura lebte vor vielen Jahren eine junge Frau namens Marlene, die für ihre herausragende Schönheit bekannt war. Sie stammte aus einer einfachen Familie, war lieblich und voller Eleganz. Viele der jungen Männer aus der Umgebung machten ihr den Hof und wollten sie zur Frau nehmen. Doch sie war nicht interessiert. Auch Puri, der Bruder von Micky, hatte sich in Marlene verliebt. Im Gegensatz zu Micky und seinen anderen Brüdern war Puri dunkelhäutig, klein und schüchtern, er sprach selten und verbrachte die meiste Zeit allein beim Fischen.

Er sprach so leise, dass ich ihn oft bitten musste, zu wiederholen, was er gesagt hatte. Seine Mutter machte sich Sorgen, ob er jemals eine Frau finden würde, denn er mied die Mädchen. Er wusste nicht, was er zu ihnen sagen oder wie er sich verhalten sollte. Seine Brüder machten sich über ihn lustig und hänselten ihn wegen seiner Schüchternheit im Umgang mit den jungen Frauen im Dorf.

Anders als in den meisten westlichen Gesellschaften wird eine Frau, die sich für einen Mann interessiert, nicht versuchen, den Mann zu beeindrucken oder zu verführen, sondern stattdessen Eindruck bei seiner Mutter machen wollen. So wollte sie die Mutter davon überzeugen, dass sie eine gute Schwiegertochter sein wird, mit dem Ziel, dass die Mutter ihren Sohn davon überzeugt, sie zu heiraten. Demzufolge wollte Marlene offenbar nicht Teil von Puris Familie werden, sie besuchte seine Mutter nur selten. Micky hingegen war damals wegen seines guten Aussehens, seines Charmes und auch weil er der Nächste in der Reihe war, Häuptling zu werden, sehr beliebt bei den Mädchen im Dorf. Viele junge Frauen kamen tagsüber vorbei, um seiner – und eben auch Puris – Mutter Essen aus ihren Gärten zu bringen, ihr beim Kochen zu helfen, Kokosnüsse für die Kokosmilch zu schaben, die in fast jedem Gericht verwendet wird, oder ein Feuer für sie zu machen.

Frauen haben in den Stammesgesellschaften viel mehr zu sagen, als hier im Westen oft angenommen wird, vor allem wenn es um die Ehe geht. Auch wenn mehr und mehr ein moderner Lebensstil in diese Kulturen eindringt und die Praxis, die Mutter zu umwerben, um einen Ehemann zu finden, seltener wird, so ist es in einigen Dörfern oder Stämmen noch heute üblich, so auch in Lalaura. Während Micky es genoss, dass viele der Mädchen ein Auge auf ihn geworfen hatten, und seine Beliebtheit noch mehr wuchs, als er seine Ausbildung machte und eine erfolgreiche Karriere begann, zeigte Puri offensichtlich keine großen Ambitionen bei Karriere und Familiengründung. Er zog die Einsamkeit eines Fischerlebens vor und verbrachte Stunden in seinem Boot, weit weg vom Trubel des Dorflebens. Bis zu dem Tag, an dem er alle überraschte und Marlene heiratete.

Monatelang hatte Puri Marlene umworben, unbemerkt von den anderen, er hatte seine Schüchternheit überwunden, um ihr näherzukommen. Denn auch er wollte sie unbedingt heiraten. Wie er es geschafft hat, Marlene schließlich für sich zu gewinnen, ist uns allen bis heute ein Rätsel, niemand konnte es verstehen. Man zog ihn sogar damit auf, dass er einen Zaubertrank dafür gebraucht habe. Ihre Eltern waren jedoch gegen die Beziehung und versuchten alles, um die Verbindung zu zerstören. Sie wollten, dass ihre Tochter einen wohlhabenden Mann heiratet, einen Mann von Bedeutung, keinen einfachen Fischer. Aber sie weigerte sich und verursachte damit einen großen Skandal, denn Kinder widersetzen sich normalerweise nicht den Wünschen ihrer Eltern.

Es wurde so schlimm, dass sie von zu Hause floh und zu Puris Familie zog. Früh am nächsten Morgen tauchte Marlenes Mutter bei Mickys Familie auf. Sie war wütend und aufgebracht, dass ihre Tochter ausgerechnet zu Puri gegangen war. »Puri, du hässlicher, alter und nichtsnutziger Narr, du bist es nicht wert, meine junge und schöne Tochter zu heiraten«, schrie sie. Ihre Stimme war so laut, dass sie das ganze Dorf aufweckte. Sie schleuderte ihm noch ein paar Beleidigungen entgegen, und verlangte dann einen Brautpreis in Höhe von 25 000 Kina. Zu der Zeit war das sehr viel.

Um die Situation zu entschärfen, ging Micky, als ältester Bruder dafür verantwortlich, auf ihre Forderungen ein. Der Brautpreis musste wie üblich nicht sofort gezahlt werden. Micky brauchte sieben Monate, um ihn zusammenzutragen. Er zahlte nicht nur Bargeld, sondern übergab Marlenes Familie auch eine Kuh, mehrere Schweine, Gemüse aus dem Garten und andere Vorräte, außerdem Muschelgeld. So ist es Tradition, alles, was als wertvoll angesehen wird, kann in die Summe einfließen.

In vielen Kulturen, die ich im Südpazifik kennengelernt habe, gab es diesen Brautpreis. Er galt nicht als Kaufpreis für die Frau, sondern sollte die Eltern dafür entschädigen, dass ihnen ihre Tochter genommen wurde. Denn im Urwald waren Eltern auf die Unterstützung und Pflege durch ihre Kinder angewiesen, wenn sie alt waren. Gesetzliche Renten oder Aktionendepots für das Alter gab es nicht. Wenn eine Frau heiratete, verließ sie ihr Dorf und schloss sich dem Clan oder Stamm ihres Mannes an. Der Brautpreis kompensierte, dass die Tochter sich nicht mehr um ihre alternden Eltern kümmern konnte – er war also eine Art Rentenfonds.

Aber der Brautpreis hatte noch einen anderen kulturellen Aspekt und betraf die Nachkommen. Solange der Brautpreis nicht gezahlt war, gehörten die Kinder zum Clan oder Stamm der Frau. Wenn die Ehe in dieser Zeit scheiterte, kehrten die Kinder aus dieser Verbindung zum Dorf oder Stamm der Frau zurück. War der Brautpreis aber gezahlt worden, gehörten die Kinder zum Clan oder Stamm des Vaters. Die Höhe des Brautpreises wurde zwischen den beiden Familien vereinbart. Für viele Familien war er nicht einfach aufzubringen. Sie sparten jahrelang, manchmal bis zu zwanzig Jahre, bevor sie ihn bezahlen konnten. Wenn sie ihn schließlich zusammengespart und übergeben hatten, wurde das mit einer aufwendigen Zeremonie gefeiert, die mehrere Tage dauern konnte.

Die Sorgen von Marlenes Mutter stellten sich schließlich als unberechtigt heraus. Es dauerte nicht lange, da wurde Puri zum beliebtesten Schwiegersohn der Familie. Er bewies ihnen, dass er mehr als fähig war, ihre schöne Tochter, die 17 Jahre jünger war als er, zu lieben und zu versorgen. Auch heute noch, nach mehr als 25 Jahren Ehe, ist Puri genauso verliebt in seine Frau wie am ersten Tag. Trotz des einfachen Lebens, das sie führen, sind sie eines der glücklichsten Paare, die ich je getroffen habe. Ich habe Marlene einmal gefragt, was sie an Puri so reizte. Sie lächelte nur und sagte, dass er ein guter Mann sei.

Traditionell spielten Liebe und Romantik bei der Partnerwahl in den Kulturen des Südpazifiks keine Rolle. Die Eltern wählten die Partner für ihre Kinder aus. Polygamie war in Papua-Neuguinea verbreitet, obwohl ein Mann laut Gesetz nur eine Frau haben durfte. Die weiteren Ehefrauen wurden als *traditionelle Ehefrauen* betrachtet. Der Mann durfte aber nur dann mehrfach heiraten, wenn er auch in der Lage war, alle seine Frauen zu versorgen und zu unterstützen. Je reicher er also war und je mehr Land er besaß, desto mehr traditionelle Ehefrauen konnte er haben. Die jüngere Generation praktiziert heute keine Polygamie mehr, bei den älteren Menschen gibt es sie aber noch.

Auch bei den Fayu war Polygamie üblich. Dort erbte der Mann sogar die Frau seines Bruders oder eines anderen Verwandten, wenn dieser starb. Deren Kinder wurden zu seinen Kindern. Wie gesagt, in der Ehe ging es nicht um Schmetterlinge im Bauch oder Herzklopfen. Auch kannte man keine romantischen Märchen über ein glückliches Leben bis ans Lebensende. Es ging ums Überleben und um die Fortpflanzung. Ein Mann galt als attraktiv, wenn er stark war, ein guter Jäger oder ein erfolgreicher Krieger oder eine hohe Position in der sozialen Struktur des Stammes innehatte. Frauen wurden als attraktiv angesehen, wenn sie breite, gebärfreudige Hüften hatten und groß und kräftig waren. Außerdem mussten sie Sago, das Grundnahrungsmittel der Fayu, herstellen können.

Mein Vater fragte die Fayu-Männer einmal, halb ernst, halb im Scherz, ob mich jemand heiraten würde, wenn ich in ihrer Kultur das heiratsfähige Alter erreicht hätte. Sie lachten über diesen Gedanken, denn für sie war ich alles andere als attraktiv. Erstens war ich farblos und zweitens wusste ich nicht, wie man Sago herstellt, sondern ging lieber auf die Jagd, was für sie unattraktiv war. Ich war viel zu wild für sie und galt nicht als wünschenswerte Ehefrau.

Scheidung und Trennung waren in den meisten Stammeskulturen erlaubt, aber im Gegensatz zu heute in der Vergangenheit selten. Jede Stammes- oder Dorfkultur hatte eine andere Art, mit Trennungen umzugehen. In der Fayu-Kultur durfte die Frau ihren Mann verlassen, umgekehrt aber nicht. Die Bedingung für die Frau, ihren Mann zu verlassen, war aber, dass sie bereits einen anderen Mann gefunden hatte, der sie zur Frau nehmen und die Kinder als seine eigenen akzeptieren würde. Im Gegenzug konnte ein Fayu-Mann mehr als eine Frau haben. In Mickys Kultur dagegen können sowohl Männer als auch Frauen ihre Ehe aufgeben, in früheren Zeiten war dort auch Polygamie üblich.

Auf meinen Reisen bin ich häufig auf Konstellationen gestoßen, in denen ein Mann mit mehr als einer Frau verheiratet war. Interessant fand ich, dass in einigen Fällen die zweite oder dritte Frau der ersten Frau nicht nur eine Entschädigung zahlte, sondern ihr untergeordnet war und sie als das Familienoberhaupt betrachtete. Dafür kümmerte sich die erste Frau um die Kinder der anderen Ehefrauen, damit diese ungestört arbeiten und mit ihrem Einkommen der Familie ein besseres Leben ermöglichen konnten. Sicherlich wird es auch Eifersüchteleien zwischen den Frauen gegeben haben, aber mir persönlich ist das nicht begegnet. Es war auch so, dass die Ehefrauen in den meisten Fällen nicht zusammenlebten. Jede hatte ihr eigenes Haus oder ihre eigene Hütte, manchmal lebten sie sogar in verschiedenen Dörfern oder Gegenden.

Allen Dorfgemeinschaften und Stämmen, denen ich mit all ihren unterschiedlichen Ausprägungen begegnet bin, war gemeinsam, dass es vor allem ums Überleben und um ein friedliches Zusammenleben ging. Über Hunderte von Jahren hatten sie durch Versuch und Irrtum herausgefunden, was für sie am besten funktionierte, was die besten Ergebnisse brachte und somit eine gute Zukunft für den Stamm und die Kultur sicherte.

Heute, durch den Einfluss der westlichen Kultur, hat sich das Zusammenleben verändert. In den Städten haben Eifersucht und Neid spürbar zugenommen und sind zum Problem geworden. Gewalt in der Partnerschaft, bis hin zum Mord, sind inzwischen weitverbreitet. Doch die jungen Menschen wollen die Freiheit, selbst zu entscheiden, ob und wen sie heiraten, die alten Kriterien der Partnerwahl gelten als überholt. Viele haben Kinder und leben zwar ohne Trauschein zusammen, lehnen aber auch die Lebensweise ihrer Eltern ab.

# Die Schatzinsel

## *Salomonen, 2014*

Ein zentraler Bestandteil des Dorflebens sind die Geschichten und Legenden, die man sich gegenseitig erzählt und von Generation zu Generation weitergibt. Eine Geschichte habe ich im Dorf von Matthew gehört, sie handelt von einem alten Grab und einer Höhle auf einer kleinen unbewohnten Salomonen-Insel namens Kiu. Die Insel war im Besitz von Dixin und seiner Frau, ein Paar, das wir auf den Salomonen kennengelernt hatten. Der Legende nach lebte auf Kiu eine große Schlange, die die Insel bewachte. Sie lebte in einer Höhle, ganz in der Nähe eines Grabes. In ihrer Höhle sollte es mehrere sehr alte Kisten geben. Dixin selbst hatte diese Höhle nicht betreten, der Großvater seiner Frau aber hatte ihm davon erzählt.

Als wir während der Zeit in Matthews Dorf in die Nähe von Kiu kamen, stimmte Dixin zu, dass wir die Insel besuchten. Sie war nur etwa zwei Quadratkilometer groß und korallinen Ursprungs. Über die Jahrhunderte hatte sie ihr eigenes kleines Ökosystem entwickelt, mittlerweile waren dort viele verschiedene Baum- und Insektenarten zu Hause. Es gab keine Süßwasserquelle und nur einen winzig kleinen, versteckt liegenden Strand, an dem wir mit unserem Boot anlandeten.

Nachdem wir unser Lager am Strand aufgeschlagen hatten, machte ich mich mit Dixin auf den Weg, um das rätselhafte Grab zu besichtigen, von dem auch er als Inselbesitzer nicht wusste, wer dort begraben lag oder wer dort wen begraben hatte. Wir liefen etwa fünf Minuten, als wir zu einer kleinen Lichtung kamen, auf der sich das Grab befand. Ich war überrascht, dass es sich nicht um das typische melanesische Ahnengrab handelte, von dem man mir erzählt hatte, sondern um ein aufwendig konstruiertes Grab aus Stein und mit einem Zementblock. »Haben deine Vorfahren früher schon Zement verwendet?«, fragte ich ihn. Er verneinte. Ich konnte ihn schließlich davon überzeugen, dass dieses Grab kein Ahnengrab war – das war zentral, denn sonst hätten wir die Ahnen gestört und sie hätten sich womöglich gerächt –, und Dixin bat uns, mit ihm zusammen das Grab zu erforschen.

Aber bevor wir loslegen konnten, mussten wir nach Guadalcanal zurückkehren, um Muschelgeld als Opfergabe besorgen. Denn auch bei diesem Grab war die Opfergabe nötig, um den Geistern dieser Verstorbenen unseren Respekt zu bezeugen und sie zu besänftigen, falls wir sie durch unsere Ausgrabungen stören sollten. Das Muschelgeld ist die traditionelle Form einer Währung, die in verschiedenen Teilen der Welt verwendet wird, so auch auf den Salomonen. Es besteht aus kleinen Muscheln, die sorgfältig ausgewählt, manchmal gefärbt oder poliert und zu Muschelschnüren oder -seilen aneinandergereiht werden.

Auf den Salomonen hatte das Muschelgeld eine lange Geschichte und große kulturelle Bedeutung. Verschiedene Völker auf den Salomonen verwendeten ihre eigenen Muschelarten und hatten eine bestimmte Weise, das Muschelgeld zu fertigen und ihm einen Wert zuzuschreiben. Die Herstellung von Muschelgeld war arbeitsintensiv. Sorgfältig bohrten Kunsthandwerker Löcher in die Muscheln und fädelten sie in bestimmten Mustern auf die Schnüre oder Seile auf. Der Wert des Muschelgeldes hing davon ab, wie selten die verwendeten Muscheln waren, welche Farbe und Größe sie hatten, und wie komplex das Design war.

Muschelgeld konnte auf den lokalen Märkten oder direkt bei den Herstellern erworben werden. Micky und ich hatten einen Freund, dessen Familie genau die Art Muschelgeld herstellte, die Dixin uns aufgetragen hatte zu beschaffen. Es dauerte ein paar Wochen, bis die Muschelgeldkette fertiggestellt war. Während dieser Zeit wohnten wir bei der Familie. Ich durfte ihnen bei der Arbeit zusehen und es sogar selbst versuchen. Es war viel schwieriger, als es aussah, und ich gab bald auf.

In Papua-Neuguinea und auf den Salomonen gilt Muschelgeld noch heute als wertvolle Währung, mit der man unter anderem Land kaufen, Streitigkeiten schlichten oder Brautpreise bezahlen kann. Früher wurde das Muschelgeld manchmal mit den Leichen der Verstorbenen vergraben oder in Tabubereichen, die nicht betreten oder berührt werden durften, vergraben. Wenn wir im Zuge unserer Projekte bei unserer Arbeit mit den Bauern ein Feld umgruben, um neue Pflanzen zu setzen, und dabei auf vergrabenes Muschelgeld stießen, stellten wir eine Markierung auf, um auf den einstigen Tabubereich hinzuweisen. Die Dorfbewohner schätzten den Respekt, den wir ihrem Ahnenglauben entgegenbrachten. Muschelgeld konnte auch als Entschädigung gezahlt werden, wenn jemand gegen eine Regel verstoßen oder den Ruf oder das Eigentum eines anderen zerstört hatte. Sogar das Fremdgehen eines Ehepartners konnte mit Muschelgeld wiedergutgemacht werden.

Die Tradition, Muschelgeld als Zahlungsmittel zu verwenden, war tief in der Kultur der Pazifikinseln verwurzelt, und wir nahmen das Muschelgeld oft mit auf unsere Reisen, weil wir nie wussten, wann es sich als nützlich erweisen würde. Oftmals öffnete es mir Türen zu einer Welt, die Außenstehenden ansonsten weitgehend verborgen war.

Mit der Opfergabe für die Geister kehrten wir nach Kiu zurück. Nachdem die Zeremonie abgeschlossen war, die Geister bezahlt und besänftigt waren, konnten wir mit den Ausgrabungen beginnen. Das Grab war sehr alt, der Zement bröckelte schon etwas. Aber die Verzierungen, die in den etwa einen Quadratmeter großen Block gehauen waren, waren noch zu erkennen. Oben befand sich eine Öffnung, in der sich ein Kreuz befunden haben könnte. Als ich die Öffnung untersuchte, entdeckte ich Teile von zwei Schädeln. Sie stammten von zwei erwachsenen Menschen, beide waren nach Osten, zur Höhle hin ausgerichtet. Als ich tiefer grub, fand ich drei weitere Schädel, von denen einer ebenfalls nach Osten zeigte, während die beiden anderen nach Westen, zum Strand, schauten. Ich erinnere mich noch, wie seltsam ich diese Anordnung fand. Zwei dieser Schädel mussten kleineren Kindern gehört haben. Der dritte war mittelgroß, wir vermuteten deshalb, dass der Mensch als junger Teenager gestorben war. Wir stellten uns vor, dass es die Grabstätte einer Familie war.

Ich grub außerdem ein paar alte Tonpfeifen, Holzknöpfe, zwei rostige Klingen, zahlreiche kleine Perlen und eine alte Pfeife aus. Dazu eine Glasscherbe, die zu einem Spiegel gehört haben könnte. Zwei runde Glasstücke, auf denen Farbreste zu sehen waren, vielleicht waren es alte Bilder. Eine alte Metallschüssel, die in hervorragendem Zustand war, eine stark verrostete Mundharmonika und ein dickes Armband aus Porzellan oder Elfenbein.

Mich überraschte, dass ich unter den vielen Gegenständen, die definitiv nicht aus der Gegend stammten, auch jede Menge Muschelarmbänder entdeckte, die von den Pazifikinsulanern hergestellt wurden und immer noch werden. Es mussten über vierzig dieser Armbänder in verschiedenen Größen gewesen sein. Von Dixin wusste ich, dass man nach seiner Tradition eine Opfergabe ablegen musste, wenn man an einem Ahnengrab zu den Geistern der Verstobenen beten wollte, und ich fand auch einige davon an der Graboberfläche. Aber diese Muschelarmbänder lagen tief unten, niemand hatte sie dort bei einem Besuch einfach dagelassen. Ich fand auch einige Münzen, vor allem aus den 70er- und 80er-Jahren des 20. Jahrhunderts, und stieß auf eine englische, silberfarbene Sechs-Pence-Münze aus dem Jahr 1890.

Als ich den Boden des Grabes erreichte, wurde mir klar, dass etwas Wichtiges fehlte. Wo waren die Skelette? Die Männer, die mich begleitet hatten, gruben unter und um das Grab herum, aber fanden nichts. Nachdem wir die Schädel wieder an ihre Plätze zurückgelegt hatten, sang Dixin einen Ahnengesang, um die Geister zu besänftigen und ihnen dafür zu danken, dass wir das Grab ausgraben durften.

Später am Abend saß ich am Strand und beobachtete den Sonnenuntergang. Mehrere Fragen gingen mir nicht aus dem Kopf. Warum hatte jemand die Familie ohne ihre Körper begraben? Warum baute jemand ein so aufwendiges Grab, nur für die Köpfe und ein paar persönliche Gegenstände? Und warum hatte sich dieser

Jemand ausgerechnet Kiu ausgesucht? Es war schwierig, die Insel mit dem Boot zu erreichen. Es gab kein Süßwasser, das zum Mischen des Zementes benötigt wurde. In der unmittelbaren Nähe gab es andere Inseln mit Frischwasserquellen und großen Anlandeflächen, auf denen es leicht gewesen wäre. Bis heute habe ich keine Antwort auf diese Fragen.

Am nächsten Tag versuchten wir, in die Höhle zu gelangen, aber sie war von Meerwasser überflutet und nicht betretbar. Wir kehrten im selben Jahr noch zwei weitere Male zurück, wieder ohne Erfolg. Die einheimischen Helfer, die wir angeheuert hatten, waren sehr abergläubisch und hatten zu viel Angst, die Höhle zu betreten. Ich hoffe, dass ich Kiu eines Tages noch einmal besuchen werde, um die Höhle zu erkunden und herauszufinden, ob es dort tatsächlich einen Schatz zu bewachen gibt. Dixins Frau, die Enkelin des einzigen Mannes, von dem wir wussten, dass er die Höhle betreten hatte, erinnerte sich daran, wie er ihr als kleines Mädchen davon erzählt hatte. Er beschrieb das Innere der Höhle als ein mit Wasser gefülltes Becken. Auf der einen Seite befänden sich zwei große Kisten, die teilweise unter Wasser lagen. Daneben hatte sich eine große schwarz-weiße Schlange zusammengerollt. Sie hatte ihm Angst eingejagt und so war er geflohen.

Den Wahrheitsgehalt dieser Geschichte kann ich nicht beurteilen. Ich stellte mir aber vor, dass das Grab vor allem als Markierung gedacht war. Jemand hatte vor vielen Jahren etwas sehr Wertvolles in der Höhle versteckt und das Grab in der Nähe platziert. So würde er eines Tages, wenn er zurückkam, die richtige Insel und die Höhle finden. Vielleicht würde ich ihm zuvorkommen?

# Der Faden des Lebens

## *Salomonen, April 2014*

Es hatte wochenlang geregnet, die Luft war dick und schwer von der Feuchtigkeit. Jeden Morgen weckte mich das beständige Geräusch von Regentropfen auf dem Blechdach, jede Nacht begleitete es mich beim Einschlafen. Wir waren ins Dorf unseres guten Freundes Jim und seiner Familie zurückgekehrt. Die Sonne hatte sich schon so lange nicht mehr blicken lassen, dass die solarbetriebene Batterie in der kleinen Dorfhütte, die uns Jims Familie überlassen hatte, leer war. Wir hatten also keine Möglichkeit, die Akkus unserer Telefone und Computer aufzuladen.

Aber das war es nicht, was die Tage fast unerträglich machte. Es war zum einen die Feuchtigkeit, die der beständige Regen und die wahnsinnig hohe Luftfeuchtigkeit mit sich brachte. Alles war nass und klamm. Und zwar ständig. Tag und Nacht. Die Kleidung, die ich trug. Die Decke, unter die ich mich in den kalten Dschungelnächten legte. Auch meine Haare und die Haut waren immerzu feucht. Ich fror und es war lästig.

Noch schlimmer aber waren die Hunderttausende von Fliegen, die uns plagten. Es ist die Art von Fliegen, die wir auch in Deutschland kennen. In Schwärmen kamen sie, und von Tag zu Tag wurden es mehr. Sobald ich einen Augenblick stillstand oder mich hinsetzte, ließen sie sich auf meinem Rücken nieder, mein T-Shirt wurde schwarz. Sie drängten in alles hinein, was nicht geschützt oder verdeckt war. Ich musste sie aus meiner Nase pulen und den Mund geschlossen halten, um nicht allzu viele von ihnen zu schlucken. Sie waren wie ein verrückt gewordener Mob, der die Kontrolle übernahm. In Sekundenschnelle setzten sich Dutzende von ihnen auf mein Essen und landeten auf der Oberfläche meines Tees, wenn ich beides nicht permanent mit der Hand bedeckte, was kaum möglich war. Ich brach Zweige von den Bäumen ab und verscheuchte die Fliegen damit von meinem Gesicht und meinem Körper. Ich verbrachte viel Zeit auf meiner Matratze unter dem Moskitonetz, aber das wurde schnell furchtbar langweilig.

Mit jedem Tag, der vorbeistrich, fühlte ich, wie immer mehr Energie aus mir herausgezogen wurde. Es war ein langsamer Prozess, der sich über Tage und Wochen hinzog. Ich war müde und antriebslos, saß stundenlang einfach da und starrte vor mich hin. Schaute dem Regen von der kleinen Veranda unserer Hütte aus zu. Ich dachte an meine Kindheit, die Tage, die ich in unserem Dorfhaus in Foida verbracht hatte. Auch damals, wenn es regnete, wartete ich darauf, dass die Sonne wieder auftauchte.

Aber hier fühlte es sich ganz anders an. In all den Jahren, in denen ich im Dschungel lebte, hatte ich noch nie dieses seltsame Unbehagen, das langsam in mir wuchs. Und noch nie hatte ich so viele Fliegen gesehen. Das Leben schien zum Stillstand gekommen zu sein, nur die Fliegen schienen diese seltsame Atmosphäre, die die Insel erfasst hatte, zu genießen und wunderbar zu gedeihen. Ich hatte damals keine Ahnung, dass sich mit diesem unbehaglichen Gefühl mein Instinkt zu Wort meldete, der mich vor einer Katastrophe warnen wollte.

Es war der Nachmittag des 3. April 2014, ich langweilte mich und meine einzige Beschäftigung bestand darin, die Fliegen wegzuschlagen, die mich durchgehend quälten. Ich beschloss, Fara, der Tochter von Jim, und ihrer Familie einen Besuch abzustatten. Ihre Hütte stand ungefähr 150 Meter hinter unserer in einem Yamswurzelfeld, sie lebte dort mit ihren drei Kindern und ihrem Mann. Vielleicht würde sie wissen, was mein quälendes Unbehagen zu bedeuten hatte.

Fara und ihre Familie saßen in der offenen Küche, die sich draußen vor der Hütte befand. Sie freuten sich, mich zu sehen, waren froh, etwas Ablenkung vom Regen und den Fliegen zu finden. Dankbar nahm ich den warmen Tee an, den sie mir anboten, denn es war kalt geworden. Ich hatte plötzlich eine klarere Vorahnung, vor was für einer drohenden Gefahr mein Instinkt mich warnen wollte, und fragte sie: »Gab es in dieser Gegend eigentlich jemals Probleme mit Überschwemmungen?« »Nein«, versicherte sie mir. »Wir haben nie ernsthafte Überschwemmungen gehabt, dafür liegt unser Gebiet zu hoch.« Ich war erleichtert. »Es gibt andere Teile der Insel, die regelmäßig vom Flusswasser überschwemmt werden. Aber die sind weit weg«, fügte sie hinzu. Ich trank meinen Tee, wir unterhielten uns und schließlich machte ich mich auf den Weg zurück zu unserer Hütte.

Es war gegen 17 Uhr. Micky und ich saßen in der Hütte, als wir plötzlich laute Schreie von draußen hörten. Wir erstarrten, die Schreie klangen furchterregend. Nicht so, wie wenn jemand streitet oder kämpft. Jemand war voller Angst und Panik. Micky und ich sprangen auf und rannten auf die vordere Veranda. Die Welt um uns herum hatte sich in ein Meer verwandelt, vom Boden war nichts mehr zu sehen. Ich stand wie erstarrt und sah zu, wie das Wasser mit einer unglaublichen Geschwindigkeit auf uns zukam, und mit ihm kamen Trümmer, Baumstämme und Äste. »Woher kommt das ganze Wasser?«, fragte ich mich verwirrt. Wir hatten es nicht kommen hören. Ich schaute auf und sah Fara auf uns zurennen. Sie war gekommen, um uns zu warnen, und ich konnte das Entsetzen in ihren Augen sehen. Sie lief an uns vorbei und rannte zum Haus ihrer Eltern. Noch hatte niemand von uns eine Ahnung, wie schlimm unsere Lage noch werden würde.

Fassungslos beobachteten Micky und ich, wie sich unsere Welt schlagartig verändert hatte. Es gab keine Geräusche von Vögeln, Insekten oder dem Dorfleben mehr, keine Schreie, kein Lachen oder Reden, keine bellenden Hunde oder krähenden Hähne. Selbst die Frösche waren verstummt. Nur das Geräusch des Regens und des Wassers, das immer weiter anstieg, erfüllte die unheimliche Atmosphäre um uns herum. Ich fragte Micky, ob wir uns Sorgen machen müssten. »Nein«, sagte er. »Unsere Hütte ist hoch gebaut. Mehr als anderthalb Meter über dem Boden«, erinnerte er mich. Aber der Wasserspiegel stieg immer schneller.

Inzwischen hatte der Regen nachgelassen. Als das Wasser etwa einen Meter hoch stand, sah ich den besorgten Ausdruck in Mickys Augen. Das war der Augenblick, als bei mir die Angst einsetzte. Wie eine eiskalte Hand umklammerte sie mein Herz. Ich durchdachte unsere Optionen. Wohin sollten wir fliehen? Was sollten wir machen? Wir konnten keine Hilfe aus der nächstgelegenen Stadt rufen, die Technik war kaputt. Hohe Gebäude gab es nicht, auch keine Anhöhen, auf denen wir Schutz suchen konnten.

Ich ging hinein, um unsere Wertsachen in Sicherheit zu bringen. Wie in Trance nahm ich den Computer, die Kameras, die Telefone und die Dinge, die uns wichtig waren, und stellte sie ganz oben auf das Regal. Da waren sie sicher, dachte ich zumindest. Als ich wieder nach draußen kam, registrierte ich entsetzt, dass das Wasser noch weiter gestiegen war. Micky sagte mir, dass er den Jeep, den wir uns geliehen hatten, hinter Jims Haus bringen würde, da es aus Zement gebaut war und auf einer Anhöhe lag, etwa 200 Meter entfernt. Mich durchflutete eine neue Welle von Panik. »Bitte beeil dich, ich möchte hier nicht allein bleiben«, rief ich ihm zu. »Alles in Ordnung, ich bin gleich zurück«, versuchte er, mich zu beruhigen.

Ich konnte sehen, wie stark die Strömung geworden war, als Micky sich auf den Weg zu Jims Haus machte. Inzwischen hatte es zu dämmern begonnen und das Tageslicht verschwand schnell. Er ging ins Haus, um mit Jim zu sprechen. Endlich sah ich Mickys Gestalt auf dem Weg zurück zu unserer Hütte. Das Wasser stand ihm jetzt fast bis zur Brust und er musste mit jedem Schritt gegen die starke Strömung kämpfen. Dann plötzlich verschwand er. Ich starrte angestrengt auf den Punkt, an dem ich ihn zuletzt gesehen hatte, aber er blieb verschwunden. Ich wartete darauf, dass er wieder auftauchte, und wurde mit jeder Sekunde nervöser. Ich beobachtete, wie das Wasser an unserer Hütte vorbeirauschte, und redete mir ein, dass dies alles nur ein Albtraum war.

Panik überkam mich und ich begann, um Hilfe zu schreien. Ich sah Jims Sohn am Eingang des Hauses stehen, winkte und rief Mickys Namen. Aber er gab mir nur ein Zeichen, auf der Veranda zu bleiben, dann drehte er sich um und ging ins Haus. Ich ging an den

Rand der Veranda und schaute hinter die Hütte, um zu sehen, ob ich Micky dort entdecken konnte. Vielleicht konnte ich ins Wasser steigen und nach ihm suchen. Langsam ging ich die Holzstufen hinunter ins Wasser, merkte aber schnell, dass die Strömung so stark war, dass sie mir fast die Beine wegzog. Inzwischen hatte das Wasser das obere Ende der Treppe erreicht. Ich kletterte schnell wieder auf die Veranda und überlegte panisch, was ich tun konnte.

Langsam setzte sich in meinem Kopf die Erkenntnis durch, dass ich nichts tun konnte, um Micky oder mich selbst zu retten. Also stand ich einfach nur da, angsterfüllt, frierend und hoffend, dass das Wasser nicht weiter steigen würde. Doch genau das tat es. Ich stand da und wusste nicht, wohin ich rennen sollte, wie ich mich retten konnte. Ein schreckliches Grauen erfüllte mich, ich war völlig allein. Dann bemerkte ich aus dem Augenwinkel einen dunklen Schatten. Ich drehte mich um und sah, wie ein im Wasser treibender großer Baumstamm mit unglaublicher Geschwindigkeit auf unsere Hütte und mich zukam. Ich sprang zur Seite und duckte mich, als der Baum gegen die Seitenwand der Hütte prallte. Die Hütte erzitterte unter der Wucht des Aufpralls und in diesem Moment dachte ich, sie würde einstürzen. Dann wurde der Stamm von der Strömung weggerissen.

Ich sah auf, mein Körper zitterte, und dann spürte ich etwas Kaltes an meinen Füßen. Ich schaute nach unten und sah das Wasser, das inzwischen auf die Veranda gestiegen war. Ich hob den Kopf und blickte in die Dunkelheit, in ein Meer von Wasser, das auf mich zuraste. Ich begann zu weinen, hatte das Gefühl, dass alle Hoffnung verloren war. Ich wusste, wie stark die Strömung war, ich wusste, dass ich der Naturgewalt nicht standhalten konnte und dass meine Überlebenschance gering war, sollte ich mitgerissen werden. Denn selbst wenn es mir gelänge, den Kopf über Wasser zu halten, würde ich ins offene Meer hinausgetrieben werden und ertrinken.

Da hörte ich plötzlich ein Geräusch vom anderen Ende der Veranda. Eine Welle der Erleichterung durchflutete mich, als ich Micky erblickte, der sich aus dem Wasser zog. Ich war unendlich glücklich, ihn zu sehen. Er ließ sich vor Erschöpfung auf den Boden sinken, obwohl das Wasser ihn schon überspült hatte. Doch für große Wiedersehensfreude war keine Zeit. Immer wieder trieben große, dicke Baumstämme vorbei, einige von ihnen trafen die Hütte. Sie und der andauernde Sog der nicht an Stärke nachlassenden Strömung ließen die Hütte gefährlich schwanken. Irgendwann mussten wir erkennen, dass uns auch die Hütte, die mir bis dahin als der einzig sicherere Ort erschien, keinen ausreichenden Schutz mehr bieten konnte. Doch die Vorstellung, sie zu verlassen und uns den reißenden Wassermassen auszusetzen, lähmte mich. Aber wir mussten weg, mussten an einen Ort gelangen, der sicherer war.

Unser Ziel war der Mangobaum wenige Meter vor unserer Hütte, hoch oben darin hatte jemand eine kleine Holzplattform gebaut. Zwischen unserer Veranda und dem Mangobaum hatte Micky vor Stunden, bevor er zu Jim aufgebrochen war, in weiser Voraussicht ein dickes Seil gespannt. Er überquerte das Wasser zuerst, ich sollte ihm folgen, nachdem er den Baum erreicht hatte und auf den untersten Ast geklettert war. Als er dort angekommen war, gab er mir das Zeichen, ihm zu folgen.

Ich befestigte eine Taschenlampe an meinem Handgelenk und griff nach dem Seil. Ich würde mich mithilfe des Seils zum Mangobaum ziehen müssen, bis zum Hals im Wasser. Ich musste nach oben schauen, um überhaupt atmen zu können. Die Strömung war stark, und ich würde meine ganze Kraft brauchen, um nicht mitgerissen zu werden. In diesem Moment zählte nur eins: zu überleben. Ich dachte an nichts anderes mehr, und es schien, als ob mein Verstand ausgeschaltet war. Es hatte erneut stark zu regnen begonnen und das Wasser stand an dieser Stelle über zwei Meter hoch. Das einzige Licht kam von der Taschenlampe. Während ich mich mit beiden Händen am Seil festhielt, ließ ich mich langsam ins Wasser gleiten.

Die Strömung packte mich und zog mich im Bruchteil einer Sekunde in Richtung Dunkelheit. Mit aller Kraft hielt ich mich am Seil fest, mein Körper wurde wie eine leblose Puppe umhergeworfen. Das Wasser lief in meine Nase und in meinen Mund, als ich nach Luft schnappte. Ich spürte keinen Boden unter meinen Füßen, und meine Hände rutschten langsam vom Seil ab, das tief in meine Haut schnitt. Es fühlte sich an, als hätten sich die Wassermassen in Hunderte von eiskalten Pranken verwandelt, die mich packten und immer wieder unter Wasser zogen.

Ich konnte Micky hören, wie er nach mir rief, aber ich war so darauf konzentriert, nicht loszulassen, dass ich nicht verstand, was er sagte. Und dann kam sie, die schreckliche Angst vor dem Tod, sie erfasste jede Zelle meines Körpers. Die Zeit verlangsamte sich, kam zum Stillstand, und der Gedanke, einfach loszulassen, ging mir durch den Kopf. Und damit dem Schmerz, dem Kampf und der tiefen Traurigkeit, die ich in mir trug, ein Ende zu setzen.

Mich überkam eine seltsame Ruhe, verlockend und verführerisch. Eine leise Stimme flüsterte mir zu, aufzugeben und mich sanft in die Wärme der Unendlichkeit tragen zu lassen. Doch dann tauchten meine Kinder vor mir auf, wie in einen Film, der in meinem Kopf ablief. »Was passiert mit ihnen, wenn ich nicht mehr da bin?«, dachte ich bei mir. »Nein, das darf nicht passieren. Ich kann sie jetzt nicht verlassen, sie brauchen mich noch«, entschied ich. Diese Feststellung brachte einen Adrenalinschub und eine Kraft, von der ich nicht geahnt hatte, dass ich sie hatte. Ich zog mich hoch, holte tief Luft und kämpfte mich zum Mangobaum vor. Die Muskeln in meinen Armen brannten vor Erschöpfung, meine Lungen schrien nach Sauerstoff, meine Hände bluteten. Mein Körper wurde von Trümmern bombardiert, erlitt Schnittwunden und Blutergüsse. Ich ignorierte das alles, war wieder aufs Überleben gepolt. Schließlich griffen starke Hände nach meinen Armen. Micky war wieder ins Wasser gesprungen und zog mich den Rest des Weges bis zum Mangobaum. Jetzt waren wir erst mal sicher.

Wir kletterten hoch auf die Plattform. Es regnete weiterhin, der Wasserspiegel stieg noch immer. Um den Akku zu schonen, schalteten wir die Taschenlampe aus und warteten. Es wurde stockfinster. Es schien, als hätte die Welt aufgehört zu existieren. Nur das sanfte Geräusch des Regens und das Poltern der Trümmer, die auf die Hütte trafen, füllten die dunkle Stille. Es war eiskalt, ich zitterte unbändig und ich hoffte, dass die Hütte standhalten würde.

Nach einer gefühlten Ewigkeit hörte der Regen endlich auf, das Wasser stieg nicht mehr an. Trotzdem beschlossen wir, noch weiter auf der Plattform auszuharren. Und das war gut so. Denn plötzlich explodierte ein lautes Krachen in die stille Welt, als ein weiterer großer Baumstamm gegen die Seite der Hütte schlug und einen Teil der Wand mit sich riss. Wir leuchteten mit der Taschenlampe hinüber und sahen, wie das Wasser jetzt ins Haus strömte und alles, was es mit seinen nassen Fingern erreichen konnte, mit sich zog, daran zerrte und zerriss. Ich sah zu, wie das Regal, auf dem ich unsere Wertsachen deponiert hatte, abgerissen und alles, was wir besaßen, weggefegt wurde. Aber in diesem Moment war es mir egal. Die Stille kehrte zurück und ich fühlte eine wachsende Taubheit in mir, war leer von jeglichen Emotionen und Regungen. Es blieb ein endloses Nichts.

Stunden später tauchte das erste Licht am Horizont auf, das Wasser begann langsam zu sinken. Micky kletterte ein Stück den Baum herunter und zog sich am Seil zum Haus hinüber, um zu prüfen, wie stabil es war. Ich hörte Mickys Stimme rufen: »Komm runter, wir können zurück ins Haus.«

Ich konnte meine Hände und Füße kaum noch spüren und zitterte so sehr, dass ich mich kaum noch an etwas festhalten konnte. Trotzdem machte ich mich auf den Weg und kletterte hinunter. Der Wasserspiegel war weit genug gesunken, dass ich den Boden unter den Füßen spüren konnte, aber die Strömung war immer noch stark. Schließlich erreichte ich die Hütte.

Die morgendlichen Lichtstrahlen bahnten sich ihren Weg durch die dunklen Wolken und erhellten die Wasserwelt, die uns umgab, als wir die Hütte betraten. Dort sah es aus, als wäre ein Zyklon durchgezogen. Das Wasser stand knöchelhoch, Massen von Schlamm und Trümmern füllten die Räume, und alles war weg: Essen, Kleidung, mein Computer und meine Kamera. Aber wir waren am Leben und in diesem Moment registrierte ich den Verlust nicht einmal. Ich war einfach erleichtert, dass wir überlebt hatten.

Ich wischte den braunen Schlamm vom Tisch, legte mich darauf und fiel erschöpft in einen unruhigen Schlaf. Als ich aufwachte, war das Wasser aus der Hütte verschwunden, hatte aber eine dicke Schicht Dreck und Matsch zurückgelassen. Es roch modrig. Die Fliegen waren verschwunden, genauso wie alle anderen Insekten. Das Wasser reichte jetzt nur noch bis zur Mitte der Vordertreppe, wo es für den nächsten Tag bleiben würde. Wir gingen auf die Veranda hinaus, um nach Jim und seiner Familie zu sehen. Sie hatten die Nacht auf dem Dachboden ihres Hauses verbracht und waren glücklicherweise nicht einmal verletzt worden. Wir selbst waren mit Schnittwunden und Prellungen davongekommen und wie durch ein Wunder hatten auch allen anderen Bewohner des Dorfs überlebt. Das Auto, das Micky hinter Jims Haus geparkt hatte, war voller Schlamm und Wasser, ein Totalschaden und unbenutzbar. Das Wasser stand immer noch so hoch, dass jeder Schritt mühsam war. Wir waren also vom nächsten Dorf abgeschnitten, konnten nur herumsitzen und warten.

Im Laufe des Tages setzten Hunger und Durst ein, aber wir hatten weder Essen noch sauberes Wasser, da die Flut nicht nur unsere ganzen Vorräte mit sich gerissen, sondern auch den Wassertank zerstört hatte. Micky ging in den Wald hinaus und kehrte eine Weile später mit einer Kokosnuss zurück, die wir teilten. Dann entfernten wir Trümmer und Schmutz aus dem Haus, so gut es ging. Müde und verzweifelt ließ ich mich auf dem Balkon nieder. Inzwischen war meine Kleidung getrocknet, aber über und über vom Schlamm verkrustet. Ein Schwarm Wildenten flog vorbei und ich stellte mir vor, sie über einem Feuer zu rösten. Mir lief das Wasser im Mund zusammen, während mein Magen vor Hunger schmerzte.

Am späten Nachmittag konnte sich Jims Sohn auf den Weg ins nächste Dorf machen und berichtete nach seiner Rückkehr, dass es dort einen Toten gegeben habe, alle anderen hatten glücklicherweise überlebt. Weitere Nachrichten von außen waren nicht zu uns durchgedrungen. Nur ein vorüberfliegender Helikopter ließ uns wissen, dass da draußen noch etwas von der Welt übrig war.

Später erfuhren wir, dass wir gerade die schlimmste Sturzflut in der Geschichte des Landes überstanden hatten und dass ausgerechnet unsere Gegend am stärksten betroffen war. Viele Menschen kamen in dieser Nacht ums Leben. Ganze Familien wurden aus ihren Häusern gerissen, Babys aus den Armen ihrer Mütter. Väter ertranken, als sie versuchten, ihre Frauen und Kinder zu retten. Sie alle hatten nicht so viel Glück wie wir. Wir erfuhren, dass der Premierminister gekommen war, um die Überschwemmungsgebiete zu inspizieren. Und obwohl er den Flutopfern sofortige Hilfe versprach, kam sie bei uns und in den umliegenden Dörfern nie an. Erst Monate später, und damit viel zu spät, verteilte das Rote Kreuz ein paar Töpfe, Eimer, Zelte, Decken und Werkzeuge. Es gab noch viele andere NGOs in der Hauptstadt Honiara, doch die ließen sich in den Dörfern gar nicht blicken.

Da waren wir also, ohne Nahrung, ohne sauberes Wasser und ohne Transportmittel. Ich schlief eine weitere Nacht auf der harten Tischplatte. Oft schreckte ich aus dem Schlaf auf und lief nach draußen, um nachzusehen, ob das Wasser nicht doch zurückgekehrt war. Der Schock über das, was passiert war, saß mir noch tief in den Knochen. Am nächsten Tag wurden wir außerdem von einem starken Erdbeben heimgesucht. Aus Angst, die Hütte könnte einstürzen, gingen wir nach draußen, obwohl das Wasser noch immer nicht ganz abgeflossen war. Erst Monate später konnte ich wieder ruhig schlafen, ohne bei jedem kleinsten Geräusch aufzuwachen.

Am Morgen des dritten Tages nach der Flut erwachte ich und sah die Morgensonne durch das Fenster strömen. Wie froh war ich, die Sonne auf meinem Gesicht zu spüren und den blauen Himmel zu sehen. Wie erleichtert, als ich aus dem Fenster schaute und endlich wieder den Boden sehen konnte. Die Flut hatte sich gelegt. Unsere Not endete jedoch nicht, denn wir saßen im Dorf fest. Die Geschäfte in der nächsten Stadt waren für uns unerreichbar, da die beiden Brücken, die man auf dem Weg dorthin passieren musste, weggespült worden waren. Wir hatten also weiterhin keine Lebensmittel und kein Trinkwasser, Hunger und Durst wurden immer schlimmer. Besonders schrecklich war es für die Kinder im Dorf, die vor Hunger und Durst ständig weinten. Die Frauen schwärmten in die Umgebung aus und kamen schließlich mit einigen essbaren Wurzeln zurück, die die Flut überlebt hatten. Ihre Ausbeute wurde mit allen Dorfbewohnern geteilt, wir machten ein Feuer und hatten nach drei langen Tagen endlich wieder etwas zu essen. Aber noch wochenlang kämpften wir jeden Tag um Nahrung und Wasser. Solange, bis die Brücken endlich provisorisch repariert waren und wir unsere Vorräte auffüllen konnten.

Doch eine Flut ist nicht dann überstanden, wenn das Wasser sich zurückgezogen hat und der Schlamm beseitigt worden ist. Die Folgen sind viel schwerwiegender und langfristiger. Jim und seine Familie verloren 41 Schweine und unzählige Hühner und alle ihre Hunde, bis auf einen, der es irgendwie geschafft hatte. Besonders schlimm war die Zerstörung der Gärten und damit der Ernten. Die Gärten mussten neu bepflanzt werden, und Saatgut war schon in normalen Zeiten schwer zu bekommen. Bis zur Ernte dauerte es drei bis sechs Monate. Für eine Dorfgemeinschaft, die sich wie wir fast komplett von Gartenanbau ernährte, und deren einziges Einkommen daraus bestand, überschüssige Ernteerträge und gelegentlich Schweine oder Hühner auf den Märkten zu verkaufen, waren drei bis sechs Monate eine wahnsinnige lange Zeit. Zu lange, um zu überleben.

Das zweite Problem war die riesige Menge an Schlamm, die sich flächendeckend auf der Erde festgesetzt hatte. Auf den bis dahin fruchtbaren Böden wurde es sehr schwierig, etwas neu anzupflanzen. Zudem waren die meisten essbaren Wildpflanzen ebenfalls von der Flut vernichtet worden. Und dann waren da noch Hunderte, wenn nicht Tausende von toten Tieren, die Flüsse, Wasserversorgung und Teiche vergifteten und einen schrecklichen Gestank verursachten, der drei Wochen lang anhielt. Es wurde so schlimm, dass ich fast den ganzen Tag mit einem Taschentuch vor der Nase rumlief. Innerhalb weniger Tage machte das verseuchte Wasser fast alle Dorfbewohner krank.

Ich verbrachte die meisten Tage damit, die Kranken zu unterstützen und ihnen zu helfen, wo immer ich konnte. Besonders die Kinder litten unter ständigem Durchfall, Erbrechen und Fieber. Ich war sehr dankbar für die vielen Kokosnüsse, die auf der Insel wuchsen, und brachte bald das ganze Dorf dazu, nur noch Kokoswasser zu trinken und damit zu kochen, was dazu beitrug, die Zahl neuer Krankheitsfälle zu reduzieren. Mit dem Telefon von Jim, die Telefonverbindungen funktionierten inzwischen wieder, rief ich meinen Vater an, zum Glück konnten wir mit der Hilfe meines Vaters Spenden sammeln, um den Familien in unserem Dorf zu helfen, Lebensmittel für die Zeit zu kaufen, die es dauerte, ihre Gärten neu zu bepflanzen. Wir begannen auch mit der Sanierung der beschädigten Kakaoplantage, die Jims Familie gehörte und mit der sie ein kleines Einkommen erzielen konnte.

Neben den materiellen Verlusten erlitten die Menschen durch die Katastrophe aber auch tiefe psychische Verletzungen, die weitgehend ignoriert wurden. Ihre Häuser und Gärten bauten sie wieder auf, und doch änderte sich das Leben für einige für immer. Fara beispielsweise, deren Haus schwer beschädigt wurde, erholte sich nie von ihrem Schock. In den folgenden Monaten versuchte ich, sie wieder auf die Beine zu bringen, kam aber zu der traurigen Erkenntnis, dass ich nicht viel tun konnte. Es fehlte an professioneller Hilfe, die ich nicht leisten konnte. Oft saß sie vor ihrem Haus und starrte viele Stunden lang ins Leere. Die Frau, die einst so selbstbewusst und voller Energie war, bekannt dafür, hart zu arbeiten und stolz auf ihre großen Gärten war, schien alle Hoffnung auf eine bessere Zukunft verloren zu haben.

Auch ich selbst brauchte viele Monate, um mich zu erholen. Ich werde nie vergessen, wie nahe wir dem Tod in dieser furchtbaren Nacht gekommen waren. Wie das kleine Dorf in der großen Not zusammenrückte und jeder alles mit allen teilte, was noch geblieben war. Wie die Dorfbewohner die Kraft fanden, neu anzufangen und ihr Leben wieder aufzubauen. Obwohl ich traurig war, den größten Teil meines Besitzes verloren zu haben, war ich doch unendlich dankbar, dass wir die Katastrophe überlebt hatten. Ich hatte wieder einmal erfahren und dieses Mal auf eine andere Art und Weise, an welch dünnem Faden das Leben hing und wie dieser Faden im Bruchteil einer Sekunde reißen konnte, ohne Vorwarnung, ohne Ankündigung.

Es fällt mir heute leichter, aus tiefstem Herzen dankbar für mein Leben zu sein, an jedem Tag. Für jeden Atemzug, den ich nehme, für jeden Sonnenuntergang, den ich beobachte, und für jede Minute, die ich leben darf. Ich bin dankbar für all das Gute um mich herum, besonders für meine Familie und meine Freunde. Ich schätze nicht nur die großen Dinge im Leben, sondern auch die kleinen, ein Lächeln, eine Umarmung oder ein freundliches Wort. Denn ich habe erfahren, wie schnell alles vorbei sein kann. Und das Wertvollste, was wir im Leben haben, ist das Leben selbst.

Und es war dieses Leben, um das ich weiterhin kämpfte. In den Wochen nach der Flut verschlimmerten sich meine Symptome. Die Medizin des Schamanen von Rossel verlor ihre Wirkung. Bald kehrten die Schmerzen zurück, die Übelkeit, das Fieber. Ich kam kaum noch aus dem Bett. Micky brachte mich zurück in Matthews Dorf, um zu sehen, ob er bei der Suche nach einem Heilmittel Fortschritte gemacht hatte. Von Woche zu Woche verschlechterte sich mein Zustand. Die Entbehrungen nach der Flut, der Mangel an Nahrung und Hygiene, hatten mein Immunsystem enorm geschwächt. Ich konnte die Besorgnis in den Gesichtern von Micky und Matthews Familie sehen.

Micky gab mir einen Saft, den er aus den Blättern des Papayabaums herstellte und der im Urwald als Antibiotikum verwendet wird. Er senkte das Fieber ein wenig und stabilisierte meinen Zustand, aber ich war längst nicht über den Berg. Matthew erfuhr von einem Freund aus einer anderen Gegend, dass sein Vater sich gut mit Kräutermedizin auskannte. Er schlug Micky vor, ihn zu besuchen.

Sie blieben etwa eine Woche weg und kehrten mit neuer Hoffnung zurück. Sie hatten den alten Mann getroffen, der blind war und sich an ein sehr altes Rezept für eine Heilmedizin erinnerte, das er von seinem Großvater bekommen hatte, als er noch ein junger Mann war. Micky und Matthew waren in den Dschungel gegangen, um die Pflanzen und eine Baumrinde zu finden, die zur Herstellung der Mischung benötigt wurden. Der alte Mann gab ihnen genaue Anweisungen, wie sie das Mittel herstellen mussten und wie es dosiert werden sollte. Und tatsächlich, nach einer weiteren Woche begann ich, mich besser zu fühlen. Die Symptome verschwanden und ich kam wieder zu Kräften. Für uns war das nach dem ständigen Auf und Ab der letzten Jahre kein Grund zum Feiern mehr, da wir wussten, dass mein Zustand kaum lange anhalten würde. Selbst der alte Mann glaubte nicht, dass mich sein Mittel endgültig heilen würde, es konnte allenfalls die Symptome mildern und uns Zeit verschaffen.

# Flughundjagd

## *Salomonen 2014*

Charlie war 13 Jahre alt. Trotz seines jugendlichen Alters hatte er sich bereits einen Ruf als einer der besten Flughundjäger auf der Insel erworben. Seine Familie stammte aus einem Clan, der zu den größten Landbesitzern auf der Insel Guadalcanal gehörte und lange Zeit von der Jagd und dem Fischfang lebte. Inzwischen verdienten sie ihren Lebensunterhalt mit dem Anbau von Obst und Gemüse und dem Verkauf ihrer Ernte auf den Märkten.

Während meiner Kindheit in West-Papua habe ich häufiger Flughunde gegessen. Ich habe sogar versucht, ihre festen Flügel zu zerkauen, sie mit Zucker zu bestreuen und eine neue Art von Kaugummi zu erfinden – es war keine erfolgreiche Erfindung. Auf der Insel Neuguinea waren die Flughunde dunkler und viel größer als die auf Guadalcanal,

Als ich Charlies Dorf besuchte, sah ich ihn mit seinen Freunden, wie sie in der Küche hinter dem Haus einen Flughund brieten. Wer noch nie einen probiert hat: Das Fleisch ist dunkel, hat einen starken Geschmack, ist aber eigentlich ganz gut. Flughunde wurden von den jungen Männern als eine Art Snack gejagt, und als Kind, ich war ja vermeintlich ein Junge, habe auch ich es geliebt, sie zu jagen. Aber das war schon viele Jahre her.

Einmal, als ich Charlie und seine Familie besuchte, fasste ich den spontanen Entschluss, ihn zu fragen, ob er mit mir auf die Jagd nach Flughunden gehen würde. Zuerst lachten sie und hielten es für einen Scherz, die Jagd war schließlich Männersache. Doch ich fing immer wieder damit an und am Ende hielten sie es für eine gute Idee. Gegen Mittag machten Charlie und ich uns auf den Weg in die Wälder.

Ich hatte damals gelernt, Flughunde mit Pfeil und Bogen zu jagen. Charlie aber wusste nicht, wie man sie benutzt; seine bevorzugte Waffe war die Steinschleuder. »Um einen Flughund zu jagen«, erklärte Charlie, »brauchst du nur zwei Dinge. Eine Steinschleuder und ein paar glatte, runde Steine. Nicht zu klein und nicht zu groß«, erklärte er mir. »Die beste Zeit zum Jagen ist tagsüber, wenn die Sonne am höchsten steht, denn dann schlafen die Flughunde und sind in den Bäumen gut zu sehen.«

Als ich ihm zuhörte, spürte ich, wie meine Aufregung wuchs. Ich erzählte Charlie nichts davon, dass ich als Kind oft Flughunde gejagt hatte. Es wäre schwierig gewesen, zu erklären, warum man mir als Mädchen das Jagen beigebracht hatte, es galt in seine Kultur als nicht angemessen.

Wir sammelten ein paar Steine und gingen den Hügel hinunter. Wir bahnten uns einen Weg durch die vielen Gärten in Richtung des Waldes, der sich weit ins Innere der Insel ausdehnt. Es war sehr heiß an diesem Tag, aber ich registrierte die brennende Sonne kaum. Ich fühlte mich wieder wie das Kind, das mit Pfeil und Bogen auf der Suche nach Beute durch den Dschungel streifte.

Nach einer halben Stunde erreichten wir den Waldrand. Im Wald kühlte die Luft merklich ab, es wehte eine leichte Brise durch die Blätter. Wir gingen einen kleinen Pfad entlang und Charlie hielt in den Ästen über uns nach den Flughunden Ausschau. So liefen wir noch eine ganze Weile tiefer in den Wald hinein. Plötzlich gab Charlie mir das Zeichen zu stoppen, er hatte etwas in einem der Bäume über uns gesehen. Leise schlichen wir näher heran, um einen besseren Blick zu erhaschen. Moskitos und andere Insekten schwirrten um mich herum, aber ich wagte nicht, mich zu bewegen.

Es dauerte eine gefühlte Ewigkeit, bis Charlie mich zu sich heranwinkte. Er zeigte auf den Baum und da sah ich ihn. Versteckt hinter einigen Ästen hockte die kleine, dunkle Gestalt eines Flughundes. Charlie flüsterte mir zu, dass es wichtig sei, ihn am Wegfliegen zu hindern. Dazu müsse man ihm mit einem Stein auf den Rücken treffen, genau zwischen die Flügel. Das würde ihn lähmen. Langsam schlich er sich weiter heran, der Flughund hatte uns noch immer nicht bemerkt. Charlie nahm einen Stein aus seiner Tasche, zielte. So wie Charlie es vorausgesagt hatte, konnte der Flughund nicht mehr fliegen und stürzte tiefer, wo er sich an einem dünnen Ast festkrallte. Charlie befestigte die Schleuder um seinen Kopf, kletterte auf den Baum und zog den Flughund herunter.

Als er mit dem Flughund herunterkam, wehrte der sich plötzlich, flatterte wild umher und versuchte, Charlie in den Finger zu beißen. Flughunde haben scharfe Krallen und sehr spitze Zähne, die nicht nur einen sehr schmerzhaften Biss verursachen können, sondern sie tragen auch massenweise aggressive Bakterien in ihrem Speichel. »Es ist viel sicherer, einen Flughund mit dem Pfeil zu erschießen«, dachte ich bei mir, denn auch ich kannte die Gefahr, gebissen zu werden. Charlie konnte ihn gerade noch abwehren. Er warf den Flughund zu Boden, nahm das Buschmesser und schlug ihm mit dem flachen Ende auf den Kopf. Er war auf der Stelle tot.

Plötzlich roch ich etwas, das mir aus meiner Kindheit sehr vertraut war. Es war ein intensiver Geruch, der Flughund verströmte ihn aus seinen Poren, um seine Artgenossen vor der Gefahr zu warnen. In dem Moment strömten so viele Erinnerungen in meinen Kopf, dass ich die Augen schloss und einfach diesen Geruch einatmete, den ich schon fast vergessen hatte. Tief in mir rührte sich etwas, das ich viele Jahre lang unterdrückt hatte. Das Adrenalin schoss in meinen Körper, es erweckte ein unbändiges Verlangen, das jahrelang geschlummert hatte: das Verlangen zu jagen. Ich sehnte mich nach dem Geschmack von Blut in meinem Mund, dem Kribbeln in meinen Fingern. Ich hatte vergessen, wie gut sich das anfühlte. Der Rausch, der sich nach einer erfolgreichen Jagd einstellte, der mich wie Wellen überspülte und mir ein Gefühl der Unsterblichkeit gab.

Diese Jagd verschaffte mir nicht den Rausch einer richtigen Jagd, aber sie weckte lange verblasste Erinnerungen, die nun immer stärker wurden. Eine heftige Begierde wuchs in mir. Ich wollte nun mehr davon. Unbedingt. Ich wusste, dass es alles andere als selbstverständlich war, dass mich jemand als Frau mit auf die Jagd nahm. Aber vielleicht könnte ich einen Weg finden, zu den Ursprüngen meiner Kindheit zurückzukehren. Denn ich wollte mich wieder lebendig fühlen und endlich diesem starken Drang nachgeben, der so lange unterdrückt, ignoriert und sogar verachtet worden war.

Aber dazu müsste ich tiefer in den Dschungel gehen, zu Stämmen, die noch isoliert lebten, mit wenig oder gar keinem Kontakt zur Außenwelt, und die noch wussten, wie man mit Pfeil und Bogen jagt. Fürs Erste würde ich mich gedulden müssen. Aber das Verlangen war wieder erwacht und ich fühlte mich so lebendig wie seit vielen Jahren nicht mehr. Inzwischen waren mehr als zwei Jahre seit meiner Abreise aus Europa vergangen. Und obwohl mein Gesundheitszustand durch die regelmäßigen Behandlungen mitunter einigermaßen stabil war, war ich noch längst nicht geheilt.

Wir blieben noch fast ein Jahr in Mathews Dorf und starteten viele weitere Versuche, ein Heilmittel für mich zu finden, ohne Erfolg. Schließlich, im Herbst 2015, bereiteten wir uns darauf vor, in ein Dorf noch tiefer in den Bergen zu reisen. Da erhielten wir eine traurige Nachricht. Jims Frau war gestorben. Ohne Vorwarnung und ohne jegliche Anzeichen von Krankheit war die einst so lebenshungrige und tatkräftige Frau plötzlich zusammengebrochen. Sie wurde ins Krankenhaus gebracht, wo sie wenige Stunden später starb. Wir sagten unsere Pläne ab und machten uns auf die Reise zurück in Jims Dorf, um an der Beerdigung teilzunehmen und der trauernden Familie beizustehen. Auf der Rückfahrt dachte ich an die Zeit, die ich mit ihr verbracht hatte, an die Geschichten, die sie mir über ihre Kindheit erzählt hatte, über ihren Vater, der ein Häuptling war und in seiner Gemeinde hohes Ansehen genoss, als Experte für Naturmedizin und Zauberkunst. Er war als Friedensstifter bekannt, der Frieden zwischen verschiedenen Clans vermittelt hatte, und als er starb, kamen die Menschen von der ganzen Insel, um sich von ihm zu verabschieden. Wie gerne hätte ich ihn getroffen, seine Geschichten gehört und von ihm gelernt. Und nun hatte auch seine Tochter, Jims geliebte Frau, diese Welt verlassen.

Als wir die Straße in die Richtung von Jims Dorf entlangfuhren, erinnerte ich mich an meine erste Begegnung mit dem Tod. Damals war ich fünf Jahre alt. Ich habe diese Erfahrung nie vergessen, sie vermittelte mir ein tiefes Verständnis für die unterschiedlichen Trauerpraktiken in den verschiedenen Kulturen, die ich im Laufe meines Lebens kennenlernen sollte.

# Tod & Trauer

## *Irian Jaya, Indonesien, 1978*

Ich war fünf Jahre alt, als wir in Irian Jaya ankamen, das heute als West-Papua bekannt ist. Ich war fasziniert von dieser neuen Welt. In den ersten Wochen nahm ich all die mir unbekannten Geräusche, Gerüche, Pflanzen und Menschen neugierig und begeistert auf. Bald nachdem wir uns in unserem neuen Zuhause in Abepura, einer Gemeinde etwa dreißig Autominuten von der Hauptstadt Jayapura entfernt, niedergelassen hatten, begannen meine Eltern, eine Sprachschule zu besuchen, um Indonesisch zu lernen. Meine Mutter scherzte später darüber, wie frustriert sie waren, dass sie jeden Tag lernen mussten, während wir Kinder rausgingen und spielten. Das Ergebnis war, dass meine Eltern nach einigen Monaten immer noch Vokabeln lernten, wir die indonesische Sprache aber bereits fließend beherrschten. Denn es dauerte nur ein paar Wochen, bis wir uns mit den einheimischen Kindern, die in unserer Nachbarschaft lebten, anfreundeten.

Meine indonesische Freundin Mari wohnte mit ihrer Familie ein paar Straßen von uns entfernt und sie kam fast jeden Tag zum Spielen zu mir. Sie war ein wunderschönes Mädchen, etwa in meinem Alter, mit großen, dunklen Augen und kurzen, schwarzen Haaren. Wir liebten es, die verschiedenen Viertel in unserer Gegend zu erkunden, durch Gärten zu rennen, Früchte von den Bäumen zu stibitzen und dafür verjagt zu werden.

An manchen Tagen saßen wir in unserem Lieblingsladen im Nebenhaus, beobachteten, wie die Kunden kamen und gingen, aßen Süßigkeiten und exotische asiatische Snacks. An anderen besuchten wir unsere Freunde in ihren Häusern, spielten mit den

Mädchen in unserem Alter und wurden von ihren Familien mit leckeren Mahlzeiten verköstigt. Die Indonesier sind ein wunderbar gastfreundliches Volk und akzeptierten mich trotz meiner ausländischen Herkunft als eine der ihren. So hatte ich das Privileg, die vielen verschiedenen Aspekte ihrer Kultur intensiv kennenzulernen, die mich sehr faszinierte. Aus heutiger Sicht einer Erwachsenen waren es die Art und Weise, wie die Indonesier ihren Alltag lebten und wie sie mit Armut, Krankheit und familiären Problemen umgingen. Oder mit dem Tod, von dem ich damals zum ersten Mal erfuhr.

Durch Mari hatte ich mich mit einer Familie angefreundet, die nicht weit von ihrem Haus entfernt wohnte. Sie stellten einheimische Lebensmittel und Snacks wie Maniokchips mit Chili, Bananenchips, gekochte Erdnüsse und gebratenen Mais her, die sie auf den Märkten in der Umgebung und in den ansässigen Läden verkauften. Oft saß ich mit den Frauen der Familie zusammen und half dabei, die verschiedenen Snacks in kleine Plastiktüten zu füllen und sie mit einer heißen Kerze zuzuschweißen.

Die Frauen tratschten dabei über die neuesten Ereignisse, wer geheiratet hatte, wer ein Baby bekommen hatte, wer krank war, wer gestorben und so weiter. Wie es in der asiatischen Kultur oft der Fall war, lebten mehrere Generationen unter einem Dach, und auch bei dieser Familie war das der Fall. Ich weiß nicht einmal mehr, wie viele Familienmitglieder sie zählten, aber es waren viele, darunter auch die Großmutter. Ich nannte sie Nenek, was in der indonesischen Sprache Großmutter bedeutet.

Jeden Morgen wurde sie in einen großen Rattanstuhl gesetzt, der mit Kissen gepolstert war. Nach einem Schlaganfall, den sie ein paar Jahre zuvor erlitten hatte, konnte sie nicht mehr sprechen und benutzte ein Notizbuch, um sich zu verständigen. Sie hatte keine Zähne und konnte nicht laufen. Ich brachte ihr Essen und Trinken und half ihr bei allem, was sie brauchte. Mir fiel schon damals auf, mit wie viel Respekt und Ehre sie von den anderen behandelt wurde.

Wenn gekocht wurde, bekam sie die erste Portion. Wenn sie Hilfe brauchte, wurde alles stehen und liegen gelassen, um ihr zu helfen. Und immer leistete ihr jemand Gesellschaft, was ich sehr bemerkenswert fand. Jeden Tag wurde eine Person ausgewählt, die neben ihr saß und bereitstand, ihr jeden Wunsch zu erfüllen oder ihr einfach beim Schlafen zuzusehen. Obwohl ich kein Mitglied der Familie war, wurde auch ich manchmal mit dieser Aufgabe betraut.

Einmal beschwerte ich mich darüber, ich fand es langweilig. Daraufhin wurde ich getadelt und sie sagten mir, dass ich Nenek mehr respektieren solle, dass es eine Aufgabe sei, die man mit Stolz zu erfüllen habe. Von da an hatte ich diesen Dienst an Nenek als Ehre empfunden. Es wurde zu einer wichtigen Lehre in meinem Leben.

Und so war ich sehr traurig, als Mari eines Morgens kam und mir sagte, dass Nenek gestorben war. Ich ging zu meiner Mutter und bat darum, zu ihrem Haus zu gehen, ich wollte bei der Beerdigung dabei sein. Zuerst zögerte meine Mutter, aber nachdem sie mit meinem Vater darüber gesprochen hatten, gaben sie mir die Erlaubnis. Ich war zwar noch sehr klein, aber der Tod gehört nun einmal zum Leben, und sie dachten, dass es eine gute Erfahrung für mich sein würde.

Ich war aufgeregt, als Mari und ich endlich am Haus ankamen. Überall wimmelte es von Menschen, ich schaffte es kaum durch die Eingangstür. Es schien, als ob die ganze Großfamilie, alle Nachbarn und Freunde gekommen waren, um Nenek die letzte Ehre zu erweisen. Wir drängelten uns zum Wohnzimmer durch, wo Nenek in der Mitte des Raumes auf einer Matratze lag, die mit einem weißen Laken bedeckt war. Sie sah sehr friedlich und schön aus. Ihr weißes Haar war zurückgekämmt; sie trug ein weißes Spitzenkleid, das an ein Hochzeitskleid erinnerte. Ihre Haut war fast graublau, das Gesicht weiß gepudert und die Lippen waren knallrot bemalt. Die Augen waren zugeklebt, aber der Mund war offen, fast so, als wollte sie etwas sagen.

Die Menschen weinten, berührten ihre Arme, streichelten ihr Haare. Sie erzählten sich, was sie in ihrem Leben erreicht hatte. Schnell wurde es uns langweilig, den Trauernden zuzuschauen, und wir drängten in die Küche, wo die Frauen damit beschäftigt waren, das Essen für die Gäste zuzubereiten, es war jede Menge Essen. Nasi Goreng, scharfe Fleischgerichte, exotische Früchte und Süßigkeiten, viele köstliche Spezialitäten. Fast so schnell, wie sie das Essen zubereiteten, wurde es auch schon serviert und gegessen. Ich weiß noch, dass ich so viel gegessen hatte, dass mir der Magen wehtat.

Obwohl viel geweint wurde, kam es mir fast wie ein Fest vor. Alle hatten ihre besten Kleider angezogen, unterhielten sich lebhaft und tauschten Neuigkeiten aus. Kinder rannten herum und spielten, es wurden kalte Getränke serviert. Mari und ich drängten uns zurück ins Wohnzimmer. Der Geruch dort war fast unerträglich geworden, eine Mischung aus verschwitzten Körpern, exotischen Gewürzen, Neneks verwesendem Körper und jeder Menge Lufterfrischer, der, anstatt sie zu überdecken, die anderen Gerüche noch zu verstärken schien. Mari verzog das Gesicht und wir fingen an zu kichern. Prompt bekamen wir einen Klaps auf den Hinterkopf und wurden ermahnt uns zu benehmen.

Der Sarg wurde hereingebracht und neben Nenek gestellt. Ihre Söhne hoben sie mit dem weißen Laken, auf dem sie lag, an. Sie legten sie vorsichtig in den Sarg, während die Frauen noch lauter zu weinen begannen als zuvor. Auf mich wirkte das fast theatralisch, als ob sie versuchten, einander zu übertreffen. Neneks Tochter erklärte mir später, dass das als Zeichen des Respekts für Nenek galt. Ich fragte mich damals, wie das sein konnte, wo Nenek doch bereits tot war und sie es weder sehen noch hören konnte.

In späteren Jahren wurde ich noch oft Zeuge solcher Szenen und lernte sie zu verstehen und zu schätzen. Als Nenek schon in ihrem Sarg lag, kamen ihre Töchter und gaben einige ihrer persönlichen Gegenstände hinein. Dann wurde der Sarg zugenagelt und mehrere Männer hoben ihn an. Die Prozession zum Friedhof begann.

## *Salomonen, 2015*

37 Jahre später fand ich mich auf einer anderen Beerdigung wieder, ich war nicht mehr fünf, sondern eine erwachsene Frau. Es war spät am Nachmittag, als wir in Jims Dorf ankamen. Lange Schlangen von Autos säumten die unbefestigte Straße, die zum Haus führte. Die Frauen kochten in der Außenküche, die wir Jim nach der Flut wieder aufgebaut hatten, Kinder liefen herum und spielten. Ein großes Zeltdach war über etwa dreißig Stühle gespannt. Wie es üblich ist, brachten die Menschen Essen und Geld mit, um die trauernde Familie zu unterstützen und die Beerdigung zu bezahlen. Micky und ich hatten Säcke mit Reis und Kaffee aus der Stadt mitgebracht, wir überreichten sie Jims Sohn, der für das Einsammeln der Geschenke zuständig war. Ich ging zu den Frauen der Familie, um ihnen mein Beileid auszusprechen.

Von anderen Beerdigungen wusste ich, dass ich eine lange Nacht vor mir hatte. Anders als in Europa, wo die Trauerfeier nicht einmal den ganzen Tag dauert, musste man hier mit zwei Tagen bis zu einer Woche rechnen, je nach Stammeskultur. Ich hatte Faras Schwester Doreen, mit der ich eine enge Freundschaft geschlossen hatte, danach gefragt. Sie erzählte mir, dass die Trauerfeier die ganze Nacht andauern würde, und ihre Mutter am nächsten Morgen, wenn der Sarg eintraf, begraben werden sollte. Für das Begräbnis war ein Platz hinter dem Haus ausgewählt worden.

Ich ging mit Doreen los, um etwas zu essen zu holen, und war erstaunt, wie viel die Leute mitgebracht hatten. Die Frauen hatten mehrere Feuer angezündet, grillten Fisch, kochten Reis, Gemüse, Süßkartoffeln und vieles andere. Wir füllten eine Schüssel mit den Speisen und setzten uns unter einen Baum. Während ich aß, beobachtete ich die Kinder, die spielten, herumliefen, sich gegenseitig jagten und lachten, die Frauen, die ununterbrochen kochten, um alle satt zu bekommen, die Männer, die miteinander sprachen und sich auf die Beerdigung vorbereiteten.

So viele Menschen waren gekommen, um Geschenke zu bringen, den Verlust zu betrauern und sich zu unterhalten. Obwohl alle traurig waren, war es auch ein Fest des Lebens, wie mir Doreen erklärte. Ihre Mutter war Teil einer großen Familie gewesen. Nun hatten sich alle versammelt, ihre vielen Kinder, die unzähligen Enkelkinder, die anderen Verwandten, die aus vielen verschiedenen Regionen angereist waren, und Freunde. Es war ein Zeichen für das gute und erfolgreiche Leben, das sie geführt hatte. Nach ihrem Tod würde sie durch die gemeinsamen Erinnerungen, durch die Taten ihrer Kinder und Enkelkinder weiterleben. »Ihre Zeit war gekommen, um sich den Geistern unserer Vorfahren anzuschließen und das Land zu bewachen«, sagte Doreen, als wir zusammen unter dem Baum saßen.

Ein Onkel hatte einen Generator mitgebracht, und als die Sonne unterging, wurden Lichter aufgestellt, denn bald würde die Trauerzeit beginnen. Zwischenzeitlich waren immer noch mehr Besucher eingetroffen, es wurde langsam sehr voll. Ich mochte die Atmosphäre, das Stimmengewirr, das geschäftige Treiben um mich herum. Die vielen Menschen, die ihre Erinnerungen an Jims Frau austauschten. Es erinnerte mich an meine Kindheit und Jugend bei den Fayu und ähnliche Erfahrungen im späteren Leben. An meine Zeit mit Mari und Nenek und die anderen Beerdigungen, an denen ich in meinen jüngeren Jahren in West-Papua und später in Papua-Neuguinea teilnahm. Sie waren so ganz anders als die Beerdigungen, die ich in Europa und anderen westlichen Ländern besucht hatte.

Ich drängte mich durch die Menge, begrüßte Leute, die ich kannte, sprach mit einigen Frauen und brauchte fast eine Stunde, um die Tür von Jims Haus zu erreichen. Drinnen war es so voll, dass ich mich kaum bewegen konnte. Als Doreen mich sah, drängte sie sich vor und zog mich hinter sich her. Jims Frau war auf eine Matratze in der Mitte des Raumes gelegt worden. Sie trug ihr schönstes Kleid und ihr Haar war ordentlich zurückgebürstet und geflochten. Sie sah aus, als würde sie inmitten der trauernden und weinenden Menge, die sie jetzt umgab, friedlich schlafen.

Familienmitglieder und diejenigen unter den Gästen, die höhere Positionen bekleideten, setzten sich nacheinander an den Kopf von

Jims Frau, berührten ihr Haar und ihre Wangen, schaukelten hin und her und küssten laut weinend ihre Stirn. Auch ich wurde dort hingesetzt, um ihr die letzte Ehre zu erweisen. Und wie die anderen es getan hatten, streichelte ich ihr Haar und ihre Wangen, ich weinte laut und redete über die Erinnerungen, die ich an sie hatte. Ich lobte sie für ihre guten Taten, ihre Stärke, ihre Rolle als Mutter und treue Ehefrau.

Bei jedem Lob, das ich aussprach, nickten die Menschen um mich herum und stimmten meinen Worten lautstark zu. Nach etwa 15 Minuten überließ ich meinen Platz der nächsten Person, um Jims Frau die letzte Ehre zu erweisen. Jemand stimmte ein Lied an, die anderen sagen mit. Dann trat Micky zu Jims Frau und erwies ihr der Tradition folgend seinen Respekt als Häuptling. Zu seiner Rechten saß Jim, auf der anderen Seite der älteste Sohn. Gemeinsam mit dem Ehemann und dem ältesten Sohn der Verstorbenen zu trauern, war eine hohe Wertschätzung, die nur denjenigen zuteilwurde, die eine ganz besondere Rolle oder Position innehatten. So vergingen viele Stunden.

Die Kinder wurden müde und suchten sich einen Platz zum Schlafen. Einige Gäste verließen die Feier, weil sie eine lange Heimreise vor sich hatten, und am frühen Morgen waren nur noch die Großfamilie und die engsten Freunde da. Ich ging in eines der anderen Zimmer des Hauses, um mich ein wenig auszuruhen. Die Geräusche von Weinen, Gesang und Stimmen wiegten mich in einen leichten Schlaf.

Als ich aufwachte, ging ich zurück in das Zimmer, in dem Jims Frau noch immer auf der Matratze lag. Körper und Gesicht waren jetzt mit einer Decke bedeckt. Ihr verwesender Körper roch nun stark, ein Geruch, den ich aus meiner Zeit bei den Fayu gut kannte. Anders als die meisten Kinder, die in der westlichen Zivilisation aufwachsen, war ich den Toten sehr nahe gekommen. Denn die Fayu beerdigten ihre Toten nicht. Sie lebten mit dem Leichnam unter einem Dach, bis nur noch die Knochen übrig waren, die sie in den Hütten aufhängten. Als Kind mied ich die Hütten mit den Leichen wegen des Geruchs, so gut es ging, er blieb mir stundenlang in der Nase hängen.

Ich ging schnell nach draußen in die Küche, wo ich Wasser kochte und mir einen Kaffee machte. Jim und seine Familie warteten auf den Sarg und einen christlichen Priester, dann sollte das Begräbnis beginnen. Gegen Mittag trafen sie ein, und Jims Frau wurde zusammen mit einigen persönlichen Gegenständen und Fotos der Familie in den Sarg gelegt. Nachdem der Sarg zugenagelt war, trugen ihn die männlichen Familienmitglieder nach draußen zu dem Grab, das am Vortag ausgehoben worden war. Der Priester sprach ein paar Gebete, und im Kreis der Familie und einiger enger Freunde wurde Jims Frau beigesetzt. Jim bat uns, zum Mittagessen zu bleiben. Danach verabschiedeten wir uns und fuhren zurück in Matthews Dorf.

Auf der Fahrt dachte ich über den Tod und die unterschiedlichen Trauerprozesse nach, die ich in meinem Leben kennengelernt hatte. Ich war fasziniert davon, wie die Menschen in den verschiedenen Kulturen mit dem Tod, der Trauer und der Bestattung umgingen. Ich dachte zurück an die Fayu und ihren speziellen Umgang mit Tod und Trauer. Dort gab es damals eine Frau, deren Sohn im Teenageralter gestorben war. Sie nahm seinen Leichnam mit, wohin sie auch ging. Eines Tages kam sie in einem Kanu mit dem leblosen, verwesenden Körper in Foida an, der Gestank war schrecklich. Sie tat mir leid, denn der Schmerz über den Verlust war in ihrem Gesicht deutlich zu sehen. In späteren Jahren hatten die Fayu damit begonnen, die Leichen auf hohen Plattformen außerhalb der Dorfgrenzen verwesen zu lassen. Sie sagten der Frau, dass sie den Leichnam nicht mit ins Dorf bringen könne. Aber sie weigerte sich, sich vom Körper ihres Sohnes zu trennen, und wurde weggeschickt.

Bei den Fayu waren die Trauerzeiten besonders lang. Der Tod eines Familienmitgliedes oder Freundes war für sie ein großer Verlust. Und da die emotionalen Bedürfnisse sehr ernst genommen wurden, trauerten sie wochen-, manchmal monatelang, abhängig vom Alter der Person. Diejenigen, die dem Verstorbenen am nächsten standen, rieben den Körper mit Schlamm ein und erinnerten sich in einer Art Gesang an jedes gute und schlechte Erlebnis, das sie mit der Person verband. Es war fast so, als ob das gesamte Leben der verstorbenen Person vorgesungen wurde, sodass alle es hören konnten. Je älter die Person war, je länger die Freundschaft oder die Ehe dauerte, desto mehr Zeit brauchten sie, um diese Erinnerungen wieder aufleben zu lassen. Daher trauerten die Fayu um ein Kind oft nur ein oder zwei Tage, um einen älteren Menschen aber monatelang. »Wir kannten dieses kleine Kind noch nicht so gut; wir haben nicht viele Erinnerungen an es, warum also monatelang trauern?«, erklärten sie, als mein Vater sie danach fragte.

Interessant fand ich, dass nicht der Ehemann, die Ehefrau oder die Kinder der Verstorbenen am längsten trauern, die meisten Geschichten singen oder am lautesten weinen, sondern der beste Freund oder die beste Freundin. Generell ist in der Kultur der Fayu Freundschaft wichtiger als die Beziehung zum Ehepartner und sogar zu den Kindern. Freundschaften werden schon in jungen Jahren geschlossen und halten ein Leben lang. Wenn jemand Kummer hat und Trost sucht, wendet man sich nicht an seinen Mann oder seine Frau, sondern an die engsten Freunde. Von ihnen erhalten sie die emotionale Liebe, die sie brauchen, dazu waren der Ehemann oder die Ehefrau nicht fähig, so die verbreitete Auffassung der Fayu. Auch Geheimnisse teilt man nicht mit ihnen, sondern mit der besten Freundin. Allein für die sexuellen Bedürfnisse sind die Ehepartner jeweils zuständig, nur unter ihnen sind sie erlaubt.

Ich lernte noch viele andere kulturelle Eigenarten kennen. In Papua-Neuguinea stieß ich auf einen Stamm, der seine Toten räuchert und mumifiziert. Bei einem anderen Stamm schneidet man sich einen Finger ab, wenn jemand stirbt, der einem sehr nahestand. Wieder ein anderer Stamm legt seine Toten in einer Höhle ab, feilt die Zähne, sodass sie wie Haifischzähne aussehen, und schmiert eine rote Substanz auf den Körper, um ihn zu konservieren. Dann werden die Leichen hoch oben auf den Felsvorsprüngen der Höhle platziert, von wo aus sie auf die Besucher herabblicken. In einigen sehr isolierten Stämmen isst man Körperteile der Toten. Das ist zwar gesetzlich verboten, manche behalten die Tradition aber dennoch bei. Man will damit sicherstellen, dass der Geist der Toten bei den Lebenden bleibt.

All diesen unterschiedlichen Bräuchen gemein ist, dass der Trauerprozess nicht nur an einem Tag stattfindet, sondern mehrere Tage, Wochen und manchmal Monate dauert. Man feiert im Urwald nicht die Geburt, auch nicht die Hochzeit, sondern den Tod eines Menschen. Ich habe außerdem die Beobachtung gemacht, dass in den meisten Traditionen die Namen der Verstorbenen nach ihrem Tod nicht mehr erwähnt werden. Sie werden dann nur noch mit den Funktionen oder Positionen benannt, die sie im Leben innehatten. Wenn die Person aber begraben, mumifiziert, verarbeitet oder gegessen worden ist und wenn der Trauerprozess irgendwann abgeschlossen ist, dann geht das Leben weiter, als wäre nichts geschehen. Es gibt dann keine Tränen, kein Bedauern und keine Traurigkeit wegen ihres Todes mehr.

Das hat auch damit zu tun, dass für viele, die den alten Gebräuchen folgen, das Leben nicht mit dem Tod endet. Der Tod markiert nur den Übergang in eine andere Lebensform, die der Geisterwelt. Sie betrauern den Übergang des geliebten Menschen von der physischen in die nicht-physische Welt, aber wenn der abgeschlossen ist, gibt es für sie keinen Grund mehr, traurig zu sein. Denn das Leben ist endlos, auch wenn es nach dem Tod in anderer Form weitergeht. Auch in der neuen Form, als Geister, spielen sie weiter eine Rolle. Wenn die Hinterbliebenen Probleme haben, wenn sie Schutz brauchen, einen neuen Garten anlegen oder ein neues Haus bauen wollen, sprechen sie mit dem Geist des Verstorbenen und bringen ihnen Opfer dar.

Durch den Einfluss der Kirchen haben sich viele dieser Bestattungsriten verändert. Die Toten werden heute auf Friedhöfen begraben, anstatt mumifiziert, gegessen oder in irgendeiner Form in den Hütten und Häusern der Familienmitglieder aufbewahrt zu werden. Einmal hörte ich eine Geschichte über einen Missionar, der bei einem Stamm in den Bergen von Papua-Neuguinea lebte. Dieser Stamm hatte eine besondere Art, mit seinen Toten umzugehen: Sie aßen sie. Der Missionar aber bestand darauf, die Leichen zu begraben. Die Stammesangehörigen mochten diesen jungen Missionar sehr und wollten es ihm recht machen.

Also fertigten sie Särge für ihre Toten und brachten sie zu dem Missionar, der ein Gebiet als Friedhof ausgewiesen hatte. Dort bekamen sie von ihm ein christliches Begräbnis. Viele Jahre später wurde der Friedhof im Zuge eines Bauprojektes ausgehoben. Als man die Särge öffnete, fand man darin allerdings keine menschlichen Überreste, sondern nur große Steine. Die Stammesangehörigen hatten also eine Lösung gefunden, die sowohl den Missionar als auch sie selbst glücklich machte.

Ich fragte mich, wie wohl meine Beerdigung sein würde. Würden auch meine Angehörigen und Freunde meine Taten loben oder mein Ableben betrauern? Eine wie lange Trauerzeit wäre ihnen mein Leben wert? Ich wandte mich zu Micky um, der am Steuer saß, und sagte ihm, dass ich im Dschungel begraben werden wollte, falls ich nicht überleben sollte. Mein Geist sollte an einem Ort bleiben, an dem ich glücklich war und den ich als mein Zuhause betrachtete. Barsch forderte er mich auf, mit solchen Gedanken aufzuhören. Aber ich konnte die Sorge in seinem Gesicht sehen. Auch er hatte bemerkt, dass meine Symptome schon wieder zurückgekehrt waren, obwohl ich versuchte, die Schmerzen, die Übelkeit und die Müdigkeit zu verbergen.

# Fischmädchen

Nach der Beerdigung von Jims Frau waren wir nun schon seit einigen Wochen zurück im Dorf von Matthew. Ich wurde immer kränker. Jede Art von Medizin, die ich in den vergangenen Monaten eingenommen hatte, hatte ihre Wirkung irgendwann verloren. Die meisten Mittel halfen eine Weile lang ganz gut, linderten die Symptome und gaben mir Zeit, meine Suche nach Heilung fortzusetzen. Jedes Mal aber kehrten die Symptome zurück. Ich hatte inzwischen unzählige Schübe durchgemacht und oft war der nächste schlimmer als der vorherige. Mein Gewicht schwankte stark, je nachdem, in welcher Phase des Krankheitszyklus ich mich befand. Ich nahm hohe Dosen an Schmerzmitteln und hatte das Gefühl, dass sich mein Körper langsam aufzulösen begann.

Mich quälte der Gedanke, dass der nächste Schub mein letzter sein könnte. Ich vermisste meine Kinder mit jedem Tag mehr. Nächtelang weinte ich vor mich hin und versteckte meine Tränen in der Dunkelheit. Meine Hoffnung, jemals ein Heilmittel zu finden, schwand. Wir waren im Krankenhaus von Honiara gewesen, um mit einigen Ärzten zu sprechen, aber auch sie waren ratlos. Micky war zunehmend beunruhigt, denn nun verfiel ich langsam in eine tiefe Depression. Ich wollte nicht mehr aufstehen, mit niemandem reden oder an irgendwelchen Aktivitäten teilnehmen. Den ganzen Tag lag ich im Bett oder auf der Veranda und starrte ins Leere.

Die Flut und ihre Folgen und nun auch noch der Tod einer Frau, die mir sehr am Herzen gelegen hatte, hatten mich geistig völlig ausgelaugt. Ich hatte keine Kraft mehr, um mein Leben zu kämpfen. Ich war allein in einer Welt voller Dunkelheit, die Verzweiflung war überwältigend. Ich hatte das Gefühl, nicht richtig atmen zu können. Im Treibsand der Hoffnungslosigkeit gefangen, zog mich jeder Schritt tiefer in ein bodenloses Loch, und als mich der letzte Rest meiner Kraft verließ, beschloss ich aufzugeben.

In der Stille der endlosen Nächte, als die Traurigkeit unerträglich und die Aussichtslosigkeit überwältigend wurde, begannen meine Gedanken, in die Vergangenheit zu wandern, zurück zu den majestätischen Bergen des Himalayas, der Ort, an dem ich geboren war und meine ersten Lebensjahre verbracht hatte. Ich konnte sehen, wie die Sonnenstrahlen von den schneebedeckten Gipfeln reflektiert wurden und sie in eine goldene Landschaft verwandelten, konnte die beruhigenden Geräusche von Kühen und Ziegen hören, die im üppigen Tal unter mir grasten, das Lachen und die Stimmen aus dem Dorf Hatitunga erfüllten die kühle Luft, als der Abend hereinbrach. Ich bewunderte den Nachthimmel, der mit Tausenden von Sternen bedeckt war, die so hell funkelten, dass man den Eindruck hatte, sie einfach anfassen zu können.

Dann waren da andere Erinnerungen, ein üppiger tropischer Regenwald breitete sich wie ein immergrüner Teppich über sanfte Hügel und tiefe Täler aus. Flüsse bahnten sich ihren Weg zwischen uralten Bäumen, wie lange blaue Finger, die Leben in den Dschungel brachten. Ich roch modrige Sümpfe und hörte den Gesang von Insekten, Fröschen und Vögeln, die alle ihren Teil zu einer großen Symphonie beitrugen. Wie schön und sicher sich diese Welt für mich anfühlte. Es war eine kleine, von der Außenwelt vergessene Ecke des Lebens, die mich in einen Kokon aus Wärme und Wundern einhüllte. In der die Regeln des Überlebens von der Natur selbst festgelegt wurden. Hier, weit weg von allen neuzeitlichen Erscheinungen, war ich zu einer jungen Frau herangewachsen. Das Leben schien mir wohlgesonnen zu sein, bis zu jenem schicksalhaften Tag, an dem sich alles änderte und ich mit einer Welt konfrontiert wurde, die so ganz anders war als die, in der ich aufgewachsen war.

Die Bilder, Gefühle und Erinnerungen begannen sich immer schneller zu drehen, gerieten außer Kontrolle, bis sie in tausend

Bruchstücke zersplitterten. Ich schaute mich um, und alles, was ich sehen konnte, waren die Scherben von Erinnerungen und Gefühlen, Glück und Verzweiflung, Verwirrung und Sehnsucht, Orten und Menschen. Ich war zurück in der Dunkelheit der Verzweiflung, lag auf einer Matte in einem Dorf am Rande der Welt. Ich kroch nach draußen auf die hölzerne Veranda, schaute auf den Ozean und sah zu, wie die Sonne aufging. Ich konnte die Farben nicht sehen, nahm die Schönheit nicht wahr, denn meine Welt war nur noch ein Grau. Die Tage vergingen, ohne dass ich es merkte, ich verlor das Zeitgefühl.

Es war früh am Abend, ich saß auf der Veranda und starrte an ein kleines Kissen gelehnt auf den Ozean hinaus. Mücken schwirrten umher, auf der Suche nach einer Abendmahlzeit aus frischem Blut. Matthews Frau stellte eine Mückenspirale auf und bot mir Tee an, aber ich schüttelte den Kopf. Matthew und Micky waren seit dem Morgen unterwegs, aber ich hatte ihre Abwesenheit kaum bemerkt, bis ich sie auf das Haus zukommen sah. Hinter ihnen ging ein junger Mann, der sehr seltsam auf mich wirkte.

Ich hatte ihn noch nie zuvor gesehen und er sah anders aus als alle anderen Bewohner der Salomonen, die ich bisher getroffen hatte. Sein Haar war mit großen rosafarbenen Blumen geschmückt und wie bei einer Frau ordentlich geflochten. Sein Gesicht hatte er mit einer pinken Glitzerfarbe bemalt. Er trug eine Damentunika und beigefarbene Shorts. Über seiner Schulter hing eine rosafarbene Handtasche. Er trug Ketten um den Hals und glänzende Armbänder um seine Handgelenke. Je näher er dem Haus kam, desto deutlicher konnte ich seinen traurigen Gesichtsausdruck sehen. Er sah kaum auf, während er ging, wirkte versunken in einer eigenen Welt.

Die kleine Gruppe ließ sich auf die Veranda nieder, Matthews Frau brachte Tee. Ich schaute den seltsamen jungen Mann an und fragte mich, warum er hier war. Matthew stellte ihn mir als Fischmädchen vor. Überrascht fragte ich: »Warum heißt er Fischmädchen?« »Weil er zehn Jahre lang bei einer Meerjungfrau gelebt hat«, sagte Matthew. Ich ging auf diese sonderbare Antwort nicht ein, ich fühlte mich zu elend. Ich wusste damals nicht, dass die beiden ihn hergebracht hatten, um mich auf andere Gedanken zu bringen. Micky kannte meine Faszination für ungewöhnliche Geschichten und Matthew hatte vorgeschlagen, Fischmädchen einzuladen, damit er mir seine Geschichte erzählt.

Nachdem wir gegessen hatten, erzählte Micky ihm ein wenig darüber, wer wir waren und woher wir kamen. Wie in dieser Kultur üblich, gab er erst etwas von sich preis, bevor er um eine Gegenleistung bat. Fischmädchen bedankte sich für die Einladung. Micky eröffnete ihm, dass er seine Geschichte kannte, sie aber gerne von ihm selbst hören wollte. Er reagierte nicht sofort, sondern schaute auf das Meer und die untergehende Sonne hinaus. Nach einer Weile blickte er zum ersten Mal auf: »In Ordnung, ich werde euch meine Geschichte erzählen.«

Es war still um uns herum geworden, nur das Rauschen der Wellen und das abendliche Orchester der Frösche und Insekten durchbrach die Stille. Im Licht der untergehenden Sonne begann Fischmädchen, seine Geschichte zu erzählen. Zuerst hörte ich gar richtig zu, aber je mehr er erzählte, desto hellhöriger wurde ich.

»Ich wurde in eine arme Familie geboren. Mein Vater verließ uns, als ich noch ein Baby war, ich habe ihn nie kennengelernt. Meine Mutter schlug mich regelmäßig, sie war oft betrunken. Unser Zuhause war nichts mehr als eine kleine Hütte mit nur einem Zimmer. Ich schlief oft draußen auf einer kleinen Holzplattform, wo wir auch aßen, oder auf dem Boden der Hütte, wenn es regnete. Weil ich der älteste Sohn war, schickte mich meine Mutter jeden Morgen zum Markt, um das Obst und Gemüse zu verkaufen, das sie in unserem Garten geerntet hatte. Meistens ging ich ohne Frühstück, denn weil meine Mutter unser Geld hauptsächlich für Alkohol ausgab, reichte es nicht, um mich und meine Geschwister zu ernähren. Als Kind bekam ich weder Liebe noch Zuneigung, kannte weder Freude noch Lachen. Ich war zu jung, um mich und meine Geschwister zu beschützen. Ich sah zu, wie sie geschlagen wurden, aber aus irgendeinem Grund hasste meine Mutter mich am meisten. Vielleicht erinnerte ich sie an meinen Vater.«

Fischmädchen wurde still, versank in seinen Gedanken. Nach einer Pause fuhr er fort: »Ich war gerade acht Jahre alt geworden, und eines Morgens war meine Mutter besonders wütend. Sie drohte mir, mich umzubringen, wenn ich nicht das ganze Geld aus den Einnahmen des Markts mitbrächte. Ich hatte schon lange nichts mehr gegessen und war sehr hungrig. Ich verkaufte das Gemüse und tat dann etwas, was ich noch nie zuvor getan hatte. Ich kaufte mir mit dem verdienten Geld etwas zu essen.

Da ich zu viel Angst hatte, nach Hause zu gehen, ging ich zu den Docks. Ich setzte mich auf einen Holzsteg, der weit ins Wasser hinausging, und weinte. Ich wusste, dass ich nicht nach Hause zurückkehren konnte, hatte aber keine Ahnung, wohin ich gehen sollte. Plötzlich hörte ich eine fremde Stimme, drehte mich um, sah aber niemanden. Dann schaute ich hinunter ins Wasser und entdeckte dort eine Frau. Ihr Haar war lang, dunkel und glatt, ihr Gesicht sehr blass und ihre Augen tiefblau. Gesicht und Arme waren mit einer schleimigen Substanz bedeckt, die in der Sonne glänzte. ›Warum weinst du?‹, fragte sie mich. ›Ich habe Angst vor meine Mutter, sie will mich umbringen.‹ ›Möchtest du mit mir gehen?‹ Ich nickte und sie streckte mir ihre Hände entgegen. Auch die sahen merkwürdig aus. Zwischen ihren Fingern spannte sich dicke Haut, sie fühlten sich glitschig an. ›Schließ deine Augen‹, sagte sie, und schon zog sie mich ins Wasser. Dann musste ich das Bewusstsein verloren haben.

Als ich zu mir kam, befand ich mich in einer sehr großen Höhle. Sie lag teilweise unter Wasser, aber durch eine Öffnung in der Decke fiel Licht herein und ich konnte den Himmel sehen. Die Frau lag neben mir und schockiert bemerkte ich, dass sie keine Beine hatte. Ihr Unterleib war der eines Fisches, mit Flosse an der Unterseite. Die blaugraue Haut war jedoch nicht schuppig, sondern glatt und schleimig. Die Flossen hatten eine dunklere Farbe und waren scharfkantig. ›Du musst keine Angst mehr haben, bei mir bist du in Sicherheit‹, sagte sie mir.

Doch ich war verwirrt, verstand nicht, wo ich war oder wer diese Fischfrau war. Aber sie war freundlich zu mir und gab mir zu essen. Sie brachte mir Obst, Gemüse, Seetang und rohen Fisch. Zum ersten Mal, seit ich mich erinnern konnte, wurde ich satt, durfte so viel essen, wie ich wollte. In den ersten Wochen verbrachte ich die meiste Zeit auf dem Felsvorsprung, wo die Fischfrau ein Bett aus getrocknetem Seegras für mich hergerichtet hatte. Tagsüber schlief sie meist auf dem Steinboden neben meinem Bett, nachts schlüpfte sie ins Wasser und verschwand. Sie schärfte mir ein, nicht ins Wasser zu gehen, sondern auf ihre Rückkehr zu warten.

Jeden Morgen kam sie mit Geschenken für mich zurück. Manchmal brachte sie auch Blumen mit, denn die liebte sie. Sie liebte alles, was bunt war oder glitzerte. Sie flocht meine Haare, als sie länger wurden, und schmückte sie mit Blumen. Manchmal, wenn sie abends zurückkam, spielte sie mit mir oder sang für mich. Ihre Stimme war keine menschliche Stimme, sie war ein leises Flüstern mit einem tiefen melodischen Ton. Dann umarmte sich mich, streichelte meine Haut und ließ ihre Hände auf meinem Körper umherwandern. Da ich von meiner eigenen Mutter nie Zuneigung erhalten hatte, ließ ich sie diese Dinge tun, auch wenn sie mir unangenehm waren. Trotzdem war ich glücklich. Niemand schlug mich oder drohte, mich umzubringen. Ich hatte ein weiches Bett zum Schlafen, es war warm und ich musste nichts auf dem Markt verkaufen.

Allerdings machte mir die Langeweile immer mehr zu schaffen und ich war oft traurig. Besonders nachts war es schwer, denn ich war ganz allein. Eines späten Abends kam die Fischfrau früher als sonst zurück. Ich war schon den ganzen Tag traurig gewesen und nichts, was sie tat, konnte meine Stimmung verbessern. Als ich auf dem Felsvorsprung saß und vor mich hinstarrte, begann ein seltsames Licht, die Höhle zu erhellen. Verwirrt ging ich an den Rand des Wassers. Die Fischfrau schwamm auf mich zu. Hinter ihr sah ich etwas so Schönes, dass es mir den Atem raubte. Ihr folgten Tausende von leuchtenden Quallen, die das Wasser und die Höhle erleuchteten. Es sah aus, als wären die Sterne vom Himmel herabgefallen und hätten sich im Wasser versammelt. Stundenlang saß ich da und beobachtete, wie die Quallen umherschwommen. Ich staunte über ihre Schönheit und Anmut. Es war ein Anblick, den ich nie vergessen werde.

Die Tage vergingen, allmählich verlor ich jegliches Zeitgefühl und wusste nicht, wie lange ich schon hier unten war. Aber mein Körper hatte sich verändert, ich war groß geworden. Mir war klar, dass viel Zeit vergangen sein musste. Weitere Jahre vergingen, und obwohl die Fischfrau freundlich zu mir war, wurde ich langsam unruhig. Ich begann mich zu fragen, was mit meinen Geschwistern passiert war. Sie mussten inzwischen erwachsen sein. Meine Mutter würde sie und mich nicht mehr schlagen können. Ich wünschte mir, in die Welt zurückzukehren, aus der ich gekommen war. Auch wenn mich der Gedanke daran, die Fischfrau zu verlassen, traurig machte, berichtete ich ihr dennoch von meinem Entschluss, nach Hause zu meiner Familie zu gehen. Sie überredete mich zum Bleiben. Aber mit der Zeit wurde ich immer unruhiger, ich sagte ihr, dass ich es leid sei, in der Höhle zu leben und so viel allein zu sein. Sie wollte nicht nachgeben und ich wurde wütend. Als ich mich weigerte, mich von ihr anfassen zu lassen, willigte sie schließlich ein, mich gehen zu lassen.

Ein paar Tage später, es war noch dunkel, sagte sie mir, dass sie mich zurückbringen würde. Ich sah mich ein letztes Mal um, sah all die schönen Dinge, die sie mir mitgebracht hatte, und wurde traurig. Die Fischfrau nahm meine Hand und zog mich ins Wasser. Ich wachte an einem Strand auf, die Sonne war gerade aufgegangen, sie blendete mich sehr. Ich war nackt, weil ich nie Kleidung trug, als ich bei der Fischfrau lebte. Ich lief den Strand entlang und sammelte ein paar Blätter ein, um mich zu bedecken.

Ein paar Fischer kamen auf mich zu. Sie brachten mich zu einer größeren Insel und übergaben mich dort der Polizei. Auf die Frage, wie ich auf die Insel gekommen sei, auf der man mich gefunden hatte, konnte ich nichts weiter sagen, als dass mich die Fischfrau dorthin gebracht hatte. Ein paar Wochen später erfuhr ich, dass sie meine Familie gefunden hatten, und sie brachten mich zu ihr. Meine Mutter weinte vor Freude und erzählte mir, dass sie all die

Jahre nach mir gesucht hatte. Aber ich habe nie vergessen, was sie mir angetan hatte, also verließ ich sie wieder, um bei Verwandten in einem anderen Dorf zu leben.«

Als er geendet hatte, wirkte er noch trauriger als zuvor, verloren und einsam. Ich spürte, dass er nicht weiterreden wollte, und bedankte mich bei ihm für seine Geschichte. Mich hatte sie sehr fasziniert. Zum ersten Mal seit langer Zeit drehten sich meine Gedanken nicht mehr um meine eigene Situation. Ich dachte immer wieder an den jungen Mann und fragte mich, was hinter seiner Geschichte steckte. Denn obwohl Fischmädchen fest davon überzeugt war, dass sich alles so abgespielt hatte, hielt ich sie für erfunden. Ich wollte wissen, warum er die Geschichte auf diese Art erzählte.

Matthew berichtete mir am nächsten Morgen, dass die Polizei Ermittlungen durchgeführt hatte, nachdem sie Fischmädchen gefunden hatten. Er war zehn Jahre lang verschwunden gewesen, bis er plötzlich auf einer kleinen, unbewohnten Insel, Tausende Meilen entfernt von seiner Heimat auf den Salomonen, wieder aufgetaucht war. Nicht eine Meerjungfrau hatte ihn entführt, sondern ein Mann, der auf einem großen Fischereischiff arbeitete. Er fand Fischmädchen damals weinend auf dem Steg und nahm ihn mit. Zehn Jahre lang hielt er ihn in seiner Kabine gefangen. Was er dort mit dem Jungen gemacht hatte, ließ sich nicht genau feststellen. Eines Tages ließ der Fischer ihn an einem einsamen Strand zum Sterben zurück. Zum Glück wurde er gefunden und konnte gerettet werden.

Ich habe Fischmädchen nie wiedergesehen. Aber aus irgendeinem Grund hat seine Geschichte etwas in mir ausgelöst. Je mehr ich über sie nachdachte, darüber, wie Fischmädchen die Jahre mit der Meerjungfrau beschrieb, desto mehr schaute ich auf meine eigene Situation. Er hatte die harte Realität in eine schöne Geschichte verwandelt, die ihm half, mit dem Schmerz fertigzuwerden. Ich dachte darüber nach, wie ich mich von meiner Realität hatte herunterziehen und lähmen lassen. Mir wurde klar, wie mächtig der Verstand ist, wie Gedanken und Gefühle uns und sogar unsere Zukunft formen können.

Im Vergleich zu Fischmädchen, der ein tragisches Leben hatte, war mein Leben gut verlaufen. Meins war ein verrücktes Leben, es war chaotisch und jetzt kämpfte ich um mein Leben. Aber ich hatte Eltern, die mir eine wunderbare Kindheit geschenkt hatten, behütet und voller aufregender Abenteuer. Meine Kinder waren, obwohl sie weit weg waren, gut versorgt und in Sicherheit. Ich schämte mich für mein Selbstmitleid, das mich davon abgehalten hatte, vorwärtszugehen und das Versprechen an meine Kinder zu erfüllen, zu ihnen zurückzukehren.

Die Geschichte von Fischmädchen hat mir auch gezeigt, dass in jeder Gesellschaft schlimme Dinge passieren können, Dramen wie Vernachlässigung und Missbrauch. Es gibt keine perfekte Welt, und obwohl das, was Fischmädchen widerfahren ist, in den Dörfern und Stammesgebieten selten ist, ist es in den Städten zu einem wachsenden Problem geworden. Dort ist die Bevölkerung zwischen Tradition und Moderne gefangen, zwischen einer Gesellschaft, die sich auf die Gruppe konzentriert, und einer Gesellschaft, in der der Individualismus in den Vordergrund rückt. Viele haben ihren Halt verloren, sehen den Sinn des Lebens nicht mehr, sind Drogen und Alkohol verfallen, stecken in missbräuchlichen Beziehungen. Sie sind, wie ich, zwischen zwei Welten, zwischen zwei Kulturen gefangen. Doch es gibt auch diejenigen, die sich der Herausforderung gestellt haben, Männer wie Micky und seine Familie, die die Veränderungen angenommen und gelernt haben, sich ihnen anzupassen, aber trotzdem an ihren Traditionen festhalten.

Ich kam zu dem Schluss, dass ich zwei Möglichkeiten hatte: Entweder aufzugeben und mir die Zukunft von den Umständen diktieren zu lassen. Oder mein Leben selbst in die Hand zu nehmen. Wenn es mein Schicksal war, zu sterben, dann sollte es so sein. Aber ich wollte nicht kampflos untergehen, denn ich wollte leben. An diesem Tag beschloss ich, es noch einmal zu versuchen. Wenn sich in den nächsten Monaten nichts an meinem Gesundheitszustand änderte, würde ich zu meinen Kindern zurückkehren. Denn das Versprechen, dass sie mich wiedersehen würden, musste ich auf jeden Fall einhalten. Aber bis dahin würde ich kämpfen, bis zum Äußersten.

Ein paar Wochen später erhielt Micky einen Anruf von der Schwester von Mountain John, die in Port Moresby lebte. Ihr Bruder hatte eine Nachricht geschickt und darum gebeten, dass wir so schnell wie möglich zurückkehrten. Er behauptete, nicht nur den Namen der Krankheit herausgefunden zu haben, an der ich litt, sondern auch das richtige Heilmittel gefunden zu haben.

# Der Blutbaum

## *Papua-Neuguinea, Anfang 2016*

Es war also Zeit für unsere Rückreise nach Papua-Neuguinea. Von Honiara wollten wir nach Choiseul fliegen und dann mit dem Boot nach Bougainville fahren. Dort wollten wir unserem guten Freund Pius einen kurzen Besuch abstatten, bevor wir nach Lae auf dem Festland von Papua-Neuguinea weiterflogen. Wir freuten uns auf die Rückkehr, aber wussten auch, dass wir all die wunderbaren Menschen vermissen würden, die wir während unseres Aufenthaltes auf den Salomonen kennengelernt hatten. Nach unzähligen Abschiedsfeiern, vielen Tränen und dem Versprechen, bald wiederzukommen, machten wir uns auf den Weg.

Am frühen Nachmittag kamen wir in Choiseul an und fanden ein kleines Motel, in dem wir übernachteten. Micky machte ein Fischerboot ausfindig, das am nächsten Morgen die Überfahrt machen wollte. Weder Micky noch ich hatten in dieser Nacht viel geschlafen. Wie freuten uns sehr darauf, nach Jahren in der Fremde zurückzukehren. Der Anruf von Mountain Johns Schwester war eine neue Perspektive. Die Dringlichkeit, mit der er uns über seine Schwester gebeten hatte, so schnell wie möglich zurückzukehren, stimmte mich hoffnungsvoll.

Die Sonne ging gerade auf, als wir uns auf den Weg zum Hafen machten. Bald fanden wir das Boot, das uns mitnehmen sollte. Wir begrüßten die anderen Passagiere und brachten unser Gepäck an Bord. Es war ein typisches Fischerboot aus Glasfaser mit einem Außenbordmotor und Platz für maximal acht Personen. Ich wollte mich gerade hinsetzen, als ein lauter Knall ertönte. Einer der kleinen Gasbehälter an Bord war explodiert. Eine Hitzewelle schlug mir ins Gesicht. Sofort packte mich Micky, zog mich ins Wasser und drückte meinen Kopf nach unten. Als er mich herauszog, sah ich die Erleichterung in seinen Augen. Ich hatte, ebenso wie er, keine Verbrennungen im Gesicht. Zum Glück war auch sonst niemand verletzt worden. Wir setzten uns an den Strand und warteten auf die Ankunft eines Ersatzbootes. Obwohl das Boot nicht schwer beschädigt zu sein schien, sagte uns der Fischer, dass die Gefahr zu groß sei, dass während der Fahrt ein Leck entstand.

Das neue Boot kam ein paar Stunden später, die Überfahrt konnte beginnen. Es wurde eine wunderschöne Fahrt. Der Himmel war klar, kein Wind und kein Sturm waren in Sicht. Das Boot glitt sanft über das Wasser, der Wind wehte mir ins Gesicht. Fische sprangen aus dem Wasser, fliegende Fische, wie wir sie nannten. Ich tauchte meine Hand ins Wasser und ließ es durch meine Finger gleiten. Ich roch das Salz in der Luft und spürte die Sonne auf meiner Haut. Ich liebte es, mit dem Boot unterwegs zu sein und die Schönheit des Ozeans zu bewundern.

Es dauerte ein paar Stunden, bis wir die Küste von Bougainville erreichten. Am Strand luden wir unser Gepäck aus und verabschiedeten uns von der Bootsmannschaft. Micky ging hinüber zur Hauptstraße und hielt einen Passagierbus an. Wir fuhren ein Stück landeinwärts zu einer Bushaltestelle und wurden dann von Pius' Fahrer abgeholt.

Auf dem Weg zu seinem Dorf breitete sich ein seltsames Brennen auf meinem Gesicht und meinen Armen aus, ähnlich wie ein Sonnenbrand. Ich schaute in den Rückspiegel. Mein Gesicht war ungewöhnlich rot, aber ich dachte mir noch nicht viel dabei. Wahrscheinlich hatte ich während der Bootsfahrt zu viel Sonne abbekommen. Am frühen Abend erreichten wir das Dorf. Pius' Frau Maria begrüßte uns herzlich und hatte ein leckeres Mahl aus Süßkartoffeln, Gemüse und Fisch zubereitet. Sie hatte ein Zimmer mit einem großen Bett für mich hergerichtet. Ich hatte schon lange nicht mehr auf einem so großen Bett mit einer so weichen Matratze geschlafen. Erschöpft sagte ich den anderen gute Nacht, fiel ins Bett und schlief innerhalb weniger Minuten ein.

Als ich erwachte, war es dämmrig. Die Luft war heiß und stickig. Mein Gesicht glühte, ich konnte kaum etwas sehen. Meine Augen waren zugeschwollen und mein Körper brannte vor Fieber. Ich war verwirrt, was war passiert? Hatte mich vielleicht ein giftiges Insekt gestochen? Ich holte eine Taschenlampe und weckte Micky. Sein schockierter Blick, als er mir mit der Taschenlampe ins Gesicht leuchtete, sagte mir, dass etwas ganz und gar nicht stimmte. »Was ist los?«, fragte ich ihn. »Dein Gesicht, es ist ganz aufgedunsen«, antwortete er.

Bald waren alle wach und die Kinder starrten mich wie eine Außerirdische an. Maria wollte mich mit Kokosnussöl und einer besonderen Art von Blättern aus ihrem Garten behandeln. Pius holte die Blätter, während seine Frau das Öl besorgte. Ich legte mich hin und Maria schmierte das Öl auf mein Gesicht und verteilte die Blätter darauf. Das linderte das Brennen und die Schmerzen ein wenig. Nachdem ich ein fiebersenkendes Mittel genommen hatte, schlief ich wieder ein.

Später am Tag wachte ich mit furchtbaren Schmerzen auf. Ich kroch aus dem Bett und ging zur Wand, an der ein kleiner Spiegel hing. Was ich sah, schockierte mich. Mein Gesicht war auf die doppelte Größe angeschwollen. Ich hatte Verbrennungen zweiten Grades. Ich ging zu Maria, deren Gesichtsausdruck das widerspiegelte, was ich fühlte, als ich mich im Spiegel sah. Sie brachte mich in mein Zimmer, holte Wasser und sagte mir, dass es sehr wichtig sei, viel zu trinken. Dann holte sie mir noch mehr von dem Öl und den Blättern.

Doch die Schmerzen wurden schlimmer. Ich lag auf dem Bett und wusste nicht, was ich tun sollte. Das war nicht nur ein Sonnenbrand. Wahrscheinlich hatten die Dämpfe der Explosion meine Haut geschädigt. Zusammen mit der Sonne und dem Salz in der Luft hatte ich mir diese Verbrennungen zugezogen. Maria kam zurück und versorgte mich wieder mit dem Öl und den Blättern. Ich nahm weitere Medikamente, konnte aber in den nächsten Tagen wegen der großen Schmerzen kaum aufstehen.

Mein Gesicht schwoll weiter an, die Haut platzte auf und eine Flüssigkeit trat aus. Maria behandelte mein Gesicht mehrmals am

Tag und sogar einmal in der Nacht. Sie sagte, dass das eine Infektion verhindern und die Haut schneller heilen würde. Zum Glück half es und ich erholte mich langsam. Es dauerte aber etwa einen Monat, bis die Schwellung ganz abgeklungen und ich wieder gesund war. Ich war erleichtert, keine Narben zurückbehalten zu haben. Das Wissen der Einheimischen um die Naturmedizin hatte sich wieder einmal als sehr nützlich erwiesen.

Aus ein paar Tagen, die wir im Dorf bleiben wollten, waren wegen meines Zustands schließlich einige Wochen geworden. Micky stellte weiterhin die Medizin her, wie es Matthew ihm beigebracht hatte, um meine Krankheit einigermaßen unter Kontrolle zu halten. Tief in mir wusste ich, dass diese Reise unser letzter Versuch war, ein Heilmittel zu finden. Wir hatten schon so viele Jahre auf der Suche verbracht. Wenn es uns in den nächsten Monaten nicht gelänge, ein Heilmittel zu finden, dann würde ich auch so zu meinen Kindern zurückkehren, um meine letzten Wochen oder Monate bei ihnen zu verbringen.

Ich erlitt einen neuen heftigen Symptomschub. Das Brennen in den Knochen und die Übelkeit waren schlimmer als je zuvor. Ich war oft müde und konnte nicht viel tun, außer herumzusitzen oder im Bett zu liegen. Ich fragte mich, wie ich den langen Marsch in die hohen Berge zum Dorf von Mountain John noch einmal schaffen sollte. Irgendwo musste ich die Kraft finden, es wenigstens zu versuchen.

Wir flogen von Bougainville nach Lae und von dort nach Popondetta. In Popondetta wartete Mountain John auf uns. Beim Abendessen erzählte er, was ihn dazu bewogen hatte, uns die Nachricht zu schicken. Nachdem wir zu den Salomonen aufgebrochen waren, hatte er die Suche nach einem Heilmittel zunächst nicht aufgegeben. Als er aber nach Jahren nichts mehr von uns hörte, nahm er an, dass ich wieder gesund war. Dann besuchte er seine Schwester in Port Moresby, die auf Umwegen davon erfahren hatte, und hörte, dass dem nicht so war.

Mountain John berichtete, dass eines Tages ein junger Mann von ein paar Jägern in sein Dorf gebracht worden war. Sie hatten ihn verletzt und bewusstlos am Ufer eines Flusses gefunden. Sie wussten nicht, wer er war und woher er kam. Vermutlich war er von einem Tier angegriffen worden, er hatte mehrere Wunden am Körper. Mountain John nahm ihn auf, versorgte ihn, verband seine Wunden und gab ihm Antibiotika, als er aufwachte.

In den folgenden Wochen erholte sich der junge Mann langsam. Er erzählte Mountain John, dass er von einem Stamm sei, der tief im Nomansland lebe. Er sei auf der Jagd gewesen, als ihn ein Wildschwein angegriffen habe. Nach ein paar Monaten war der junge Mann stark genug, um nach Hause zurückzukehren. Bevor er aufbrach, fragte er Mountain John: »Wie kann ich mich dafür bedanken, dass du mein Leben gerettet hast?« Mountain John erwiderte: »Es ist alles in Ordnung, ich möchte nur, dass du sicher zu deinem Volk zurückkehrst.«

Doch dann kam Mountain John plötzlich ein Gedanke. Er lief dem jungen Mann hinterher und sagte ihm, dass er vielleicht doch etwas für ihn tun könne. Er erzählte ihm von einer Frau, die aus einem fernen Land kam, wo die Menschen keine Hautfarbe hatten. Diese Frau habe eine Krankheit, die niemand heilen könne. Er erzählte ihm alles, was er über die Symptome wusste. Der junge Mann versprach, sein Volk danach zu fragen. Wenn jemand etwas über diese Krankheit wisse, würde er wiederkommen.

Die Monate vergingen und als er nicht zurückkehrte, ging Mountain John davon aus, dass der junge Mann entweder sein Versprechen vergessen oder niemanden gefunden habe, der helfen konnte. Eines frühen Nachmittags tauchte der junge Mann aber plötzlich wieder auf. Er erzählte Mountain John, dass man die Krankheit in seinem Stamm die Blutegelkrankheit nannte.

»Sie saugt das Leben aus dem Körper, deshalb der Name«, erklärte er Mountain John. Und ja, sie hätten ein Mittel dagegen. Aber um es zu verabreichen, müsse ich selbst in sein Dorf kommen. Mountain John war so aufgeregt, dass er sich am nächsten Tag auf den Weg nach Popondetta machte. Von dort aus konnte er seine Schwester anrufen.

Nachdem Mountain John seine Geschichte erzählt hatte, begann ich zu weinen. Noch nie war die Chance auf Heilung greifbarer als in diesem Moment. Noch nie hatte jemand meine Krankheit benennen können, geschweige denn behauptet zu wissen, wie sie zu heilen war. Sollte ich doch gesund zu meinen Kindern zurückkehren? Wenn diese Menschen, wer auch immer sie waren, meine Symptome so klar erkannten, dann hatten sie vielleicht auch ein Heilmittel. Auch Micky war die neue Hoffnung anzusehen. Wie ich war er müde von der langen Reise, sehnte sich nach seinem Dorf und seiner Familie. Auch deshalb hatte ich beschlossen, eine Frist zu setzen.

Die nächsten Tage verbrachten wir damit, uns auf die Reise vorzubereiten. Wir würden in ein Gebiet reisen, das noch weitgehend unerforscht war. Dort gab es keine Geschäfte, keinen Telefonempfang und keinen Strom. Es gab keine Straßen, keine modernen Dörfer und keine Möglichkeit, mit der Außenwelt zu kommunizieren. Oben in Nomansland gab es, wie der Name schon sagt, nichts als Dschungel, Flüsse und Berge. Wir mussten genügend Batterien für unsere Taschenlampen, ein Erste-Hilfe-Set, gute Laufschuhe, Feuerzeuge, Kochgeschirr und alles andere, was wir auf der Reise brauchten, mitnehmen. Wir wussten nicht, wie lange wir unterwegs sein würden. Und doch wurde nur das Nötigste eingepackt. Mountain John heuerte einige junge Männer aus dem Dorf an, uns zu begleiten. So war ich vom Tragen meiner Ausrüstung entlastet.

Dann machten wir uns auf den Weg zum Mambare-Fluss, zum zweiten Mal waren wir auf der Reise in das Dorf von Mountain John. Wieder brauchten wir mehrere Tage, um es zuerreichen, und wieder war die Reise sehr anstrengend für mich. Ich ging langsam und musste oft anhalten, um mich auszuruhen. Ich fragte Mountain John nach den »Happy Leaves«, wie ich sie nannte, die mir schon einmal beim Durchhalten geholfen hatten, aber dieses Mal konnte er keine finden. Es war die falsche Jahreszeit. Ich war enttäuscht, sie hatten damals so großartig gewirkt. Als wir endlich im Dorf ankamen, begrüßten uns alle sehr herzlich, es war ein wunderbares Gefühl. Die Dorfbewohner erinnerten sich noch gut an unseren letzten Besuch. »Oro, oro, oro, oro!«, hörten wir den vertrauten Ruf zur Begrüßung der Besucher.

Ich traf auch den jungen Mann aus Nomansland, der sich Koli nannte. Er war ins Dorf gekommen, um auf unsere Ankunft zu warten. Koli war nicht sehr groß, hatte aber einen muskulösen Körper. Er hatte keine Piercings, weder in der Nase, wie bei den Fayu, noch in den Ohren, wie ich es oft bei anderen Stämmen gesehen hatte. Er trug keine Schuhe, war sein Leben lang barfuß gelaufen. Mountain John hatte ihm eine kurze Hose gegeben. Normalerweise trug er keine Kleidung, sondern nur ein Tuch aus Baumrinde, das er sich um die Hüften band, um die Vorderseite seines Körpers zu bedecken.

Koli sprach kein Tok Pisin, beherrschte aber eine lokale Sprache, die auch Mountain John verstand. Wie die meisten Papua-Neuguineer war er mit mehreren Sprachen aufgewachsen. Diese Sprache war ein Dialekt, der der Sprache von Kolis Mutter ähnelte, die einem anderen Stamm angehörte. Er hatte sie als Kind gelernt und konnte sie noch immer sprechen. Was mich an Koli am meisten faszinierte, war der Anblick seiner Waffe, ein Bogen mit Pfeilen, wie sie auch die Fayu hatten. Der Bogen war sehr groß, die Pfeile aus Bambus mit Knochenspitzen. Zu gerne hätte ich sie angefasst, wusste aber, dass das unangebracht war. Also hielt ich mich zurück.

Wir beschlossen, ein paar Wochen in Mountain Johns Dorf zu bleiben. Ich brauchte Kraft für die lange Reise zu Kolis Dorf. Micky fragte Koli, was uns dabei erwarten würde, um besser planen zu können. Würde die Reise zu Fuß über Land gehen oder würde es die Möglichkeit geben, mit dem Kanu auf einem Fluss zu fahren? Würden wir Berge besteigen, Täler oder Sümpfe durchqueren?

Mountain John hatte versucht, ein paar junge Männer zu finden, die bereit waren, mit uns auf diese Reise zu gehen. Doch nur ein Einziger meldete sich, David, der Neffe von Mountain John. Die anderen hatten zu viel Angst, so tief ins Nomansland vorzudringen. Denn schon als Kinder hatten sie Geschichten von diesem geheimnisvollen Land gehört. Von wilden Kreaturen, die Menschen fraßen, und von Bestien, die einen ausgewachsenen Mann mit einem Schlag töten konnten. Warum sollten sie das bequeme Leben im Dorf dafür aufgeben? Tief im Urwald war Nahrung schwer zu finden, giftige Insekten und Schlangen lauerten im Unterholz. Dort lebten unbekannte Stämme, von denen man nicht wusste, ob sie friedlich waren oder nicht. Die einzigen Menschen, die diese Gebiete betraten, waren Jäger, und auch sie wagten sich nicht zu weit vor.

Ich selbst hatte keine Angst, denn was hatte ich schon zu verlieren? Ich bot Micky an, ohne ihn zu gehen, aber er wollte mich auf jeden Fall begleiten. Auch Mountain John bestand darauf mitzukommen, wir würden ihn als Dolmetscher brauchen. Die Motive von Mountain Johns Neffen waren andere, wie er mir erzählte. Er wollte das Landesinnere erkunden, auf der Suche nach der Quelle der Goldadern, die sich durch Neuguinea zogen. Einem alten Gerücht zufolge sei diese Quelle im Nomansland zu finden. Überrascht fragte ich Mountain John, woher das Gerücht stammte. Denn ich hatte nicht zum ersten Mal von dieser Quelle gehört und erinnerte mich nun daran.

Vor fast zehn Jahren hatte ich einen Mann aus der Golfprovinz von Papua-Neuguinea getroffen. Er war klein, hatte weiße Haare und einen weißen Bart. Sein Name war Ruru. Ich schätzte ihn damals auf Anfang sechzig. Ruru wuchs in einem Dorf in den Bergen auf, das damals noch keinen Kontakt zur Außenwelt hatte. Sein Vater war Häuptling eines großen Stammes und hatte mehrere Ehefrauen. Ruru war der jüngste Sohn seiner letzten Frau. Bei seiner Geburt war sein Vater schon ein alter Mann. Der alte Häuptling liebte seinen jüngsten Sohn mehr als all seine anderen Kinder. Ruru erzählte, dass sein Vater die uralten Geheimnisse kannte, darunter das Wissen um Kräutermedizin und magische Praktiken. Einiges davon hatte er an ihn weitergegeben.

Ruru und ich wurden enge Freunde und er teilte schließlich einige dieser Geheimnisse mit mir. Ich konnte ihn dabei erleben, wie er sie an mir anwendete. Auf einer unserer Reisen stürzte ich und verstauchte mir den Knöchel schwer. Ich konnte nicht mehr auftreten und bald war mein Fuß sehr stark angeschwollen. Ich hatte Angst, dass er gebrochen war. Wir waren so weit draußen im Urwald, dass ich unmöglich zurück ins nächste Dorf laufen konnte.

Ruru bat um Erlaubnis, mich behandeln zu dürfen. Er untersuchte meinen Fuß stellte fest, dass er nicht gebrochen, sondern nur verstaucht war. Dann tat er etwas, was mir bis heute unerklärlich ist. Er massierte den Knöchel und bewegte ihn in verschiedene Richtungen, bis ich vor Schmerzen aufschrie. Der Knöchel wurde sehr heiß, die Hitze breitete sich im ganzen Bein aus. Dann wollte er, dass ich aufstehe. »Ich kann nicht, es tut zu weh«, antwortete ich ihm. Er ließ nicht locker, bis ich nachgab und aufstand. Als ich keine Schmerzen verspürte, trat ich mit dem verstauchten Knöchel leicht auf. Wieder keine Schmerzen. Ich machte einen Schritt. Zu meinem Erstaunen fühlte ich noch immer keinen Schmerz. Wir gingen weiter und innerhalb einer halben Stunde war die Schwellung verschwunden. Ich konnte laufen, als ob nichts gewesen wäre. Ich sagte Ruru, dass ich ihn von nun an als persönlichen Leibarzt für all meine Reisen verpflichten würde, was ihn zum Lachen brachte.

Aber es war vor allem eine Geschichte, die Ruru mir erzählt hatte und die ich nie vergessen habe. Er hatte sie von seinem Vater gehört. Sie handelte von einem Stamm, der tief in den Bergen lebte. Ein Stamm, dessen Häuptling kein Mann war, wie ich es bisher überall erlebt hatte, sondern immer eine Frau. Ihr Land erstreckte sich über ein weites Gebiet. Es war ein idealer Ort zum Jagen, denn in ihren Wäldern lebten viele Tiere.

Rurus Vater jagte dort sehr oft. Auf seinen Jagdausflügen hatte er einige der Frauen dieses Stammes getroffen. Es waren hellhäutige Frauen, mit dunklen, glatten Haaren, groß gewachsen. Sie stellten eine Regel auf, die er unbedingt befolgen musste. Wenn er auf sie traf und ihnen die Haare ins Gesicht fielen, durfte er auf ihrem Land nicht jagen. Wenn sie ihre Haare aber zurückgebunden hatten und sie die Augen freigaben, durfte er es. Er hielt sich an diese Regel. Bis er eines Tages die Beherrschung verlor. Er hatte schon mehrere Tage erfolglos gejagt, als er auf drei der Frauen traf. Dummerweise fiel ihnen das Haar ins Gesicht. Also schlug er ein kleines Lager auf und wartete darauf, dass die Situation sich änderte. Er lud sie ein, bei ihm zu bleiben. Als es Abend wurde, teilte er mit ihnen sein mitgebrachtes Essen. Der nächste Tag zog vorbei, aber ihre Gesichter blieben bedeckt. Drei Tage vergingen und Rurus Vater wurde langsam ungeduldig. Er verstand nicht, warum sie ihn nicht jagen ließen. Sein Essensvorrat war aufgebraucht und er hatte Hunger.

In der vierten Nacht wurde er so wütend, dass er den Frauen die Haare abschnitt, während sie schliefen. Als sie aufwachten und sahen, was er getan hatte, waren sie außer sich. Sie verboten ihm, je wieder auf ihrem Land zu jagen. Und sie ergänzten noch etwas, was er nicht einordnen konnte: Sie würden ihm nun niemals verraten, wo die Quelle der Goldadern sei, die durch Papua-Neuguinea flössen. Rurus Vater kehrte ins Dorf zurück. Er hielt sich an das Verbot der Frauen und jagte nie wieder auf ihrem Land.

Als ich Mountain John also fragte, was es mit der Quelle des Goldes auf sich hatte, von der sein Neffe gesprochen hatte, erzählte er mir von einem Stamm, der hoch oben in den Bergen lebte und dessen Angehörige behaupteten, die Quelle der Goldadern zu kennen. »Woher weißt du das?«, fragte ich ihn. »Ich kenne eine der Frauen, wir treffen uns regelmäßig«, antwortete er. »Es ist ein ganz besonderer Stamm, bei dem der Häuptling eine Frau ist.« Ich war wie elektrisiert, als ich das hörte, es klang wie das, was Ruru mir damals über den geheimnisvollen Stamm erzählt hatte. Er beschrieb auch die Frauen genauso, wie Ruru es getan hatte: hellhäutig, glattes schwarzes Haar und groß.

Mountain John bot uns an, diese Frau zu treffen. Er sagte, sie gebe ihm immer ein Zeichen, wenn sie in der Nähe sei. Begeistert stimmte ich zu, wie aufregend! Ein paar Tage später kam Mountain John und erzählte uns, dass er das Zeichen bekommen habe. Leider war ich zu diesem Zeitpunkt wieder zu krank, um mitzukommen. Der Treffpunkt war einen Tagesmarsch entfernt, zu viel für mich. So konnte also nur Micky Mountain John begleiten.

Micky sah, wie enttäuscht ich war. »Wenn an der Geschichte etwas dran ist, kommen wir eines Tages wieder und dann kannst du sie treffen«, tröstete er mich. Ich bat Mountain John, der Frau eine Nachricht von mir zu überbringen. Ich wollte sie darum bitten, mich zu ihrem Stamm zu bringen. Mountain John machte mir jedoch keine großen Hoffnungen und sagte, dass niemand dorthin gehen konnte, der nicht zum Stamm gehörte. Nicht einmal er selbst dürfe das. Er wollte sie aber für mich fragen.

Früh am nächsten Morgen brachen die beiden Männer auf. Ich blieb traurig und frustriert zurück. Ungeduldig wartete ich auf ihre Rückkehr. Sie erschienen zwei Tage später am frühen Abend. An Mickys Gesichtsausdruck konnte ich erkennen, dass sich der Ausflug gelohnt hatte, er konnte seine Aufregung kaum zurückhalten. Nachdem sie gegessen und sich ein wenig von der langen Wanderung erholt hatten, begann Micky zu erzählen, was er erlebt hatte.

Es war anstrengend gewesen. Sie mussten zuerst einen hohen Berg erklimmen und dann quer durch ein weites Tal zum Fuß eines anderen Berges laufen. Dort wartete die Frau am Eingang einer Höhle. Micky sagte, dass sie tatsächlich exakt den Beschreibungen von Ruru und Mountain John glich. Sie war etwas größer als ich, ihre Haut war hell, wenn auch nicht so hell wie meine. Ihr dunkles Haar reichte ihr bis zur Hüfte. Sie hatte wunderschöne Gesichtszüge, eher javanisch als melanesisch. Ihre Augen waren dunkelbraun und standen leicht schräg. Sie war nackt bis auf ein Tuch aus Baumrinde, das sie wie einen Minirock um die Taille trug. Mehrere Ketten und Armbänder zierten den Hals und ihre Armgelenke.

Anfangs war sie überhaupt nicht von Mickys Gegenwart begeistert, sie hatte keinen Fremden erwartet, erlag aber schließlich seinem Charme. Micky fragte sie auch nach ihrer Herkunft und ihrem Stamm, Mountain John fungierte als Übersetzer, doch sie weigerte sich zu antworten. Also wechselten sie das Thema und Mountain John erzählte ihr von mir, von meiner hellen Haut, den glatten Haaren und der Farbe meiner Augen. Die beiden waren überrascht, wie neugierig sie das machte. Mountain John erzählte ihr, dass ich aus einem fernen Land kam, aber die Sprache des Dschungels sprach. Und er erzählte ihr von meiner Bitte. Zu seinem großen Erstaunen willigte sie ein, allerdings unter einer Bedingung: Ich müsse allein kommen.

Micky war alles andere als begeistert davon und sagte mir, dass er mich niemals allein gehen lassen würde, es sei zu gefährlich. Ich erwiderte, dass ich mich durch nichts davon abhalten lassen würde, diese Frau zu treffen. Dass ich bereit war, jedes Risiko einzugehen, weil sich eine solche Gelegenheit viel zu selten bieten würde. Für mich sei es die Chance, etwas über diesen Stamm zu erfahren, in unerforschte Gebiete zu gehen und ein großartiges Abenteuer zu erleben. In all den Jahren, die ich mittlerweile im Laufe meines Lebens im Urwald verbracht hatte, hörte ich unzählige Geschichten von unentdeckten Stämmen. Jetzt wurde eine davon greifbar, ich hatte eine Einladung von dieser fremden Frau bekommen. Es beflügelte meine Fantasie und weckte die Abenteuerlust in mir. Ich fühlte mich wieder wie das Kind, das durch den unberührten Regenwald streifte, ohne zu wissen, was es hinter der nächsten Biegung erwartete. Es war die Welt, in der ich mich wohl, sicher und geborgen fühlte. Eine Welt, die für die allermeisten große Gefahr bedeutete, für mich aber mein geschütztes Zuhause war.

Ich war neu motiviert, nun endlich gesund zu werden. Zusammen mit Koli, David und Micky brach ich ein paar Tage später am frühen Morgen ins Ungewisse auf, um endlich ein Heilmittel zu finden. Es war meine letzte Hoffnung, meine letzte Chance, dieses Monster, das in meinem Körper wütete und mich als Geisel hielt, endlich loszuwerden.

# Nomansland

## *Nomansland, Papua-Neuguinea 2016*

Als ich ein Kind war, hörte ich eine Geschichte über ein US-amerikanisches Paar, das auf die Insel Neuguinea kam. Sie waren Anthropologen und wollten bei einem Stamm leben, um dort ihre Forschungen zu betreiben. Einige Missionare, die schon länger auf der Insel lebten und arbeiteten, warnten das Paar. Man kannte die Kultur und Traditionen dieses Stammes nicht. Auch hatte er noch nicht viel Kontakt mit der Außenwelt gehabt, was ein Problem sein konnte, wenn man als Ausländer mit ihnen leben wollte. Das amerikanische Paar aber weigerte sich, auf sie zu hören. Sie zogen also in die Berge, zu dem Stamm. Vor ihrer Abreise gaben die Missionare ihnen ein Kurzwellenradio mit, damit sie im Notfall Kontakt aufnehmen konnten. Ein paar Wochen lang blieb es ruhig.

Doch eines Morgens war die panische Stimme der Frau über das Radio zu hören. »Sie haben ihn getötet, sie haben ihn getötet«, schrie sie wieder und wieder, »helft mir, rettet mich!« Ein Sprachforscher, der Sitten und Gebräuche der Einheimischen gut kannte und auch ihre Sprache beherrschte, flog sofort mit dem Hubschrauber los. Als er sich dem Haus des Paares näherte, sah er den leblosen Körper des Mannes auf dem Boden liegen. Der Häuptling stand mit seinen Kriegern neben der Leiche. Er schien erleichtert, den Forscher zu sehen. Er erklärte, dass er nicht verstand, was vor sich ging. Die weiße Frau habe ihn gebeten, sie zu heiraten. Er habe also ihren Mann getötet, aber nun schrie sie bereits seit Stunden hysterisch herum und weigerte sich, die Tür zu öffnen. Der Besucher bat ihn und seine Männer zu gehen, dann überzeugte er die Frau, ihn hereinzulassen.

Es stellte sich heraus, dass in der Kultur dieses Stammes eine Frau, die einen Mann mehrfach anlächelt, ihm damit zu verstehen gibt, sie zur Ehefrau zu nehmen. Ob er wollte oder nicht, es war dann seine Pflicht, sich mit dem aktuellen Ehemann zu arrangieren. Das aber war in diesem Fall an den nicht vorhandenen Sprachkenntnissen gescheitert. Deshalb blieb ihm nichts anderes übrig, als ihn loszuwerden. Und das war passiert: Die amerikanische Anthropologin hatte ihre Freundlichkeit und ihren Respekt gegenüber dem Häuptling zum Ausdruck bringen wollen. Sie wollte sich in die Kultur integrieren, wollte mehr über die Menschen erfahren. Wie sie es von zu Hause kannte, tat sie das, indem sie besonders freundlich zu dem Häuptling war. Jedes Mal, wenn sie ihn sah, lächelte sie ihn an.

Um seine Ehre zu wahren, musste der Häuptling nun handeln. Alles andere hätte seinen Ruf innerhalb des Stammes schwer beschädigt. Das ganze Dorf hatte schließlich mit angesehen, wie die Frau ihm offen ihre Zuneigung zeigte und ihn umwarb. Er hatte gar keine andere Wahl, als diese Frau zu heiraten. Wie er später erklärte, war er darüber ganz und gar nicht glücklich gewesen. Er fand sie hässlich, mit ihrer seltsamen Hautfarbe und dem schmalen Körperbau. Doch sie hatte ihre Entscheidung getroffen und auch er als Häuptling musste sich fügen, ob er wollte oder nicht. Also biss er in den sauren Apfel und tötete ihren Ehemann. Dass sie darauf derart aufgebracht reagierte und jegliche Freundlichkeiten ihm gegenüber einstellte, ihn sogar anschrie, konnte er in keiner Weise nachvollziehen. Er wusste nicht, was schiefgelaufen war.

Ich erzähle diese Geschichte oft, denn sie veranschaulicht das Risiko, dem Ausländer ohne Erfahrung oder geeignete Führer ausgesetzt sind, wenn sie Menschen besuchen, die bis dahin wenig oder gar keinen Kontakt mit der Außenwelt hatten. Sie zeigt, dass diese Kulturen ihre eigenen Gesetze und Traditionen haben. Gesellschaften, die seit Hunderten von Jahren isoliert sind, entwickeln ihr eigenes System, für andere Kulturen und Verhaltensweisen als ihre eigenen haben sie mangels Berührungspunkten meist kein Verständnis.

Zusammen mit Koli als Wegführer, Micky, David und Mountain John machte ich mich auf den Weg in die Berge Richtung Nomansland. Dichter Dschungel umgab uns und ließ den schmalen Pfad, auf dem wir gingen, wie einen gewundenen, grünen Tunnel aussehen. Ich atmete tief ein und nahm den Geruch der Blätter, der Bäume und des Morgentaus in mich auf. Wir waren vor Sonnenaufgang aufgestanden und hatten gut gefrühstückt, Süßkartoffeln, gekochte Bananen und Thunfisch aus der Dose. Ich brauchte so viel Energie wie möglich für die lange Reise, die etwa eine Woche dauern sollte. Einen Teil der Strecke würden wir mit dem Kanu zurücklegen, ich musste also nicht den ganzen Weg zu Fuß gehen. Schlafen mussten wir unter freiem Himmel, denn Dörfer lagen nicht auf dem Weg.

Ohne Micky hätte ich mich niemals in diese abgelegenen Gegenden und zu den isolierten Stämmen getraut, schon gar nicht als Frau. Seine Position als Häuptling, sein tiefes kulturelles Verständnis und seine Erfahrung mit unterschiedlichen Stammesgesellschaften gaben mir Schutz. Aber ich konnte mich auch auf mich verlassen. Ich kann mich nicht erinnern, jemals Angst gehabt zu haben – selbst in den entlegensten Gebieten nicht. Ich wusste instinktiv, wie ich mich verhalten musste, denn ich konnte jede Emotion spüren.

In meinem Kopf lief dann ein Programm ab, das mir Anweisungen gab, wie ich mich bewegen, sprechen und verhalten musste. Schon als Kind hatte ich gelernt, die Reaktionen, den Tonfall und die Blicke meines Gegenübers genau zu beobachten, und so konnte ich jede Stimmung und jedes Gefühl erkennen. Wenn ich ein Dorf betrat, konnte ich die Atmosphäre innerhalb von Sekunden erspüren. Ich wusste, ob die Menschen dort in Harmonie lebten, ob es unter ihnen Streit gab oder ob Krieg herrschte. Ich konnte in ihren Gesichtern genau sehen, ob sie freundlich oder ablehnend, misstrauisch oder vertrauensvoll waren.

Die Stunden vergingen und der Dschungelpfad schien nicht enden zu wollen. Wir überquerten kleine Flüsse, stiegen in enge Täler hinab und bald begann der lange Aufstieg über den ersten Hügel.

Gegen Mittag war ich völlig erschöpft, ich musste mich ausruhen. Wir fanden einen geeigneten Platz und setzten uns zum Essen. Die Hitze der Sonne drang durch das Blätterdach zu uns herunter. Ich kramte meine Wasserflasche hervor und trank, ich durfte nicht dehydrieren. Am liebsten hätte ich mich auf der Stelle zum Schlafen hingelegt. Aber ich hatte keine Wahl, wir mussten weiter.

Mit schmerzenden Beinen und außer Atem stolperte ich hinter Micky her, verlor jedes Zeitgefühl. Ich lief auf dem nassen Laub, das den Boden bedeckte, vorbei an endlos vielen Bäumen, Büschen, umgestürzten Stämmen. Manchmal mussten wir Baumwurzeln als Leitern benutzen, um weiter dem Weg zu folgen. Weit konnte ich nicht sehen, das Gestrüpp war zu dicht. Doch selbst wenn es etwas zu bewundern gegeben hätte, war ich zu sehr damit beschäftigt, einen Fuß vor den anderen zu setzen.

Die Luftfeuchtigkeit war wahnsinnig hoch. Der Schweiß lief mir über Rücken, Beine und Arme. Ständig musste ich mir über das Gesicht wischen, damit er mir nicht auch in die Augen lief. Die Haare hingen mir feucht ins Gesicht, meine Kleidung war pitschnass. Wegen der unzähligen Mücken und Insekten trug ich lange Hosen und ein langes Hemd. Ich hätte sie am liebsten ausgezogen, wusste aber, dass mir dann die Insekten und alles, was auf mein Blut aus war, das Leben zur Hölle machen würden.

Ich befahl mir selbst weiterzugehen, einen Schritt nach dem anderen zu machen. Die Stunden vergingen. Ich kletterte weiter die Hänge hinauf und hinunter, watete durch Flüsse. Kroch unter umgestürzten Baumstämmen hindurch, balancierte über sie, um Gräben zu überqueren, bis ich schließlich nicht mehr konnte und zusammenbrach. Inzwischen war es später Nachmittag. Die Männer beschlossen, das Lager für die Nacht aufzuschlagen und am nächsten Tag weiterzuziehen.

Während ich mich gegen einen Baum lehnte, schnitten die Männer mit ihren Buschmessern Äste von den Bäumen und bauten daraus ein Verdeck, unter dem wir schlafen konnten. Ich war zu müde, um ihnen zu helfen, zu schwach, um mich zu bewegen, und schloss einfach die Augen. Ich weiß nicht, wie lange ich dort schon saß, als Mountain John mir eine gekochte Banane gab. Sie würde mir neue Energie geben, sagte er. Ich aß, sie war trocken und schmeckte nach Kartoffel. Die Männer entfachten ein Feuer und kochten Tee. Ich kam ein wenig zu Kräften. Wir beschlossen, früh schlafen zu gehen und bei Sonnenaufgang aufzubrechen. Am nächsten Abend wollte Koli den Fluss erreicht haben, an dem er sein Kanu zurückgelassen hatte.

Ich legte mich so nah wie möglich ans Feuer, um warm zu bleiben und mich vor den Moskitos zu schützen. Vor Erschöpfung schlief ich schnell ein. Als ich am frühen Morgen aufwachte, war David gerade damit beschäftigt, das Wasser für unseren Tee zu kochen. Koli hatte ein paar grüne Blätter für das Frühstück gesammelt, das Mountain John gerade zubereitete. Solche Blätter hatte ich noch nie gesehen, aber man sagte mir, dass sie die perfekte Nahrung seien, wenn man lange Strecken zurücklegen musste. Mountain John reichte mir eine Schüssel mit den gekochten Blättern, einer Süßkartoffel und etwas Thunfisch aus der Dose. Sie waren nicht gewürzt, schmeckten aber dennoch köstlich. Nach der erholsamen Nacht und der warmen Mahlzeit fühlte ich mich gestärkt, trotz des schmerzenden Muskelkaters.

Nachdem wir alles zusammengepackt hatten, setzten wir unseren Weg fort. Von Stunde zu Stunde wurde der Pfad schmaler. Bald mussten Koli und David unseren Weg mit ihren Buschmessern in den dichten Dschungel schlagen. Ich fiel in eine Art Trance. Schmerzen, Übelkeit und Hitze setzten mir sehr zu. Ich war immer noch nicht besonders belastbar, der letzte Schub lag erst etwa zwei Wochen zurück. Alle paar Stunden legten wir eine Pause ein und setzten dann den Weg fort, der mir endlos schien. Am Nachmittag war ich so entkräftet, dass ich nicht mehr weitergehen wollte. Koli sagte, dass wir kurz vor dem Ziel seien und ich jetzt nicht aufgeben dürfe.

Mit letzter Kraft raffte ich mich auf, konzentrierte mich intensiv auf den Weg vor mir, um mich von meinem Elend abzulenken. Kurz vor Sonnenuntergang erreichten wir den Fluss. Ich war unendlich erleichtert, als ich das Wasser rauschen hörte. Doch gerade als wir das Ufer erreichten, wurde mir schrecklich übel, und ich lief zurück in den Busch, um mich zu übergeben. Die Anstrengung war zu groß geworden. Mir war heiß, meine Kleidung klebte am Körper.

Während die Männer unser Nachtlager aufbauten, schaute Koli nach seinem Kanu. Es war nun viel kühler geworden, vermutlich wegen der Höhe. Nach dem Essen legte ich mich auf mein Bett aus Blättern, deckte mich mit einer dünnen Decke zu und schlief sofort ein. Ich war erschöpft, mir war noch immer übel, ich konnte weder sprechen noch denken und wünschte mir nichts sehnlicher, als dass die Schmerzen in meinen Beinen nachließen. Doch das war noch nichts im Vergleich zu dem, was mich am nächsten Morgen erwarten sollte.

Ich wachte früh auf und stellte fest, dass ich mich nicht bewegen konnte. Die Schmerzen in den Beinen waren unerträglich geworden. Ich weckte Micky und sagte ihm, dass ich mir wohl sämtliche Muskeln in meinen Beinen gerissen hätte. Er beruhigte mich mit der Aussicht darauf, dass wir die nächsten Tage im Kanu verbringen würden, wo ich mich ausruhen könnte. Ich aber lag auf meiner Laubmatte, starrte auf den Fluss und fragte mich, wie um alles in der Welt ich diese Reise überleben sollte.

Eine Stunde später trugen mich die Männer zum Kanu und breiteten meine Schlafmatte darin aus. Dann begann die lange Fahrt flussaufwärts. Mit dem Paddel und einer langen Holzstange bewegten die Männer das Boot mühsam vorwärts. Die Sonne wanderte langsam über den Himmel, während ich im Boot lag, mit dem Kopf auf meinem Rucksack, den ich als Kopfkissen benutzte. Ich beobachtete die Wolken über mir. Die Zeit schien zum Stillstand zu kommen, als das lange Kanu über die Wasseroberfläche glitt. Vier Tage verbrachten wir auf dem Fluss und ich erholte mich langsam. Bald konnte ich mich aufsetzen und die Dschungellandschaft aus einer neuen Perspektive bewundern. Meine Lebenskraft kehrte zurück. Ich genoss es, wieder in der Umgebung meiner Kindheit zu sein. Hier war es auch nicht mehr so feucht. Ich beobachtete die Vögel, die über mir flogen, lauschte dem Geräusch der Paddel, die auf das Wasser schlugen, und schlief einen großen Teil der Reise.

Dann waren wir da. Jetzt war es nur noch ein Tagesmarsch bis zu Kolis Dorf. Er hatte seinen Leuten schon von der Frau mit der seltsamen Haut- und Augenfarbe und den glatten, hellen Haaren erzählt. Sie erwarteten unsere Ankunft, und tatsächlich, nachdem wir das Kanu festgemacht hatten, kamen vier junge Männer aus dem Busch. Als sie mich sahen, stand ihnen der Schock ins Gesicht geschrieben. Obwohl Koli mich ihnen beschrieben hatte, war es für sie etwas anderes, mich nun leibhaftig vor sich zu haben.

Die Männer trugen den traditionellen Lendenschurz und hatten Pfeil und Bogen in der Hand. Sie waren nicht besonders groß und ihre Haut war dunkler als die der Küstenbewohner. Sie hielten Abstand zu mir, warfen mir aber verstohlene Blicke zu, wenn sie sich unbeobachtet fühlten. Die Etikette in den Stammeskulturen bei der Begrüßung ist ganz anders, als wir es im Westen kennen. Als Frau wurde ich nicht vorgestellt und einfach ignoriert.

Die Männer sprachen hauptsächlich mit Koli und machten sich auf den Weg in Richtung ihres Dorfes. Ich machte mir Sorgen um den letzten Teil der Reise, wollte einfach nur ankommen, egal wie. Seit Tagen hatte ich nicht gebadet und war voller Schlamm und Schweiß. Micky und ich hätten gern noch eine Nacht am Fluss verbracht, doch die Männer waren schon außer Sichtweite und hatten auch das meiste Gepäck mitgenommen. Uns blieb also nichts anderes übrig, als weiterzuziehen. Bald begannen meine Muskeln wieder zu schmerzen, noch hatte ich mich nicht vollständig erholt. Die Umgebung unterschied sich kaum von der, die wir Tage zuvor durchquert hatten. Es waren nur noch mehr Bäume, mehr Büsche, mehr Lianen, noch mehr Pfade, die mit feuchten Blättern bedeckt waren. Und mehr Schmerzen. Ich ging langsam und vermutlich waren die Männer deswegen genervt, aber niemand beschwerte sich.

Als wir uns schließlich unserem Ziel näherten, stand ich bereits unter Beobachtung. Einige der Jungen aus Kolis Stamm waren neugierig auf die seltsam aussehende Frau und uns entgegengekommen. Sie wollten mich mit eigenen Augen sehen. Sie waren zu ängstlich und blieben deshalb im Gebüsch und beobachteten mich aus der Ferne. Es war kurz vor Sonnenuntergang, als wir endlich das Dorf erreichten. Ich konnte keinen Schritt mehr gehen, war zu müde zum Stehen und brach auf dem Boden zusammen. In diesem Moment war es mir egal, wie erbärmlich ich gewirkt haben musste. Die Reise war einfach zu hart für mich gewesen.

Micky und David trugen mich durch das Dorf in eine kleine Hütte. Ich hörte Kinder schreien. Aus den Augenwinkeln sah ich die schockierten Gesichter einiger Frauen, die sich vor mir versteckten. Die Dorfbewohner wussten, dass es noch andere Stämme gab, man hatte ihnen erzählt, dass es eine Außenwelt gab, in der die Menschen anders als sie aussahen. Aber als sie nun zum ersten Mal einen farblosen Menschen sahen, mussten sie mich für ein Gespenst gehalten haben. Die Männer hatten weniger Angst und schauten fasziniert zu mir herüber. Dann wurde ich ohnmächtig.

Die nächsten Tage zogen wie ein Nebel aus Bildern, Gerüchen und Geräuschen an mir vorbei. Ich konnte mich nicht bewegen und nichts essen. Micky gab mir Wasser zu trinken. Draußen vor der Hütte hörte ich Stimmen. Und die Geräusche der Natur. Ich roch den Rauch des Feuers. Einmal regnete es. Die Sonne schien durch die Ritzen in den Wänden der kleinen Hütte. Die Nächte waren kalt, die Tage feucht und heiß. Von Tag zu Tag wurde ich kräftiger, bis ich mich schließlich aufsetzen und essen konnte. Zusehends erholte sich mein Körper von der anstrengenden Reise. Dann kam der Tag, an dem ich die Hütte verlassen und die Welt sehen konnte, in die ich gekommen war.

Das Dorf war einfach, die Häuser direkt auf den Boden gebaut. Die Dächer bestanden aus Palmenblättern, die Wände und Dachsparren aus dicken Baumstämmen, Stangen und Ästen. Die Türen waren nur ein schmaler Spalt in der Wand, der Fußboden war die Erde selbst. Insgesamt gab es etwa dreißig Hütten, die über ein weites Gebiet verteilt waren. In der Mitte des Dorfes gab es einen großen, offenen Platz. In der Nähe war ein Fluss, Berge umgaben uns.

Die Menschen waren nur knapp mit Tüchern aus Baumrinde bekleidet, aus denen sie auch Beutel und Fischernetze herstellten. Sie trugen keinen Schmuck oder Federn. Mich überraschte, dass einige von ihnen Buschmesserbesaßen, und ich erfuhr später, dass sie diese in anderen Dörfern gegen Schweine eingetauscht hatten. Als Werkzeug benutzten sie meist eine Steinaxt. Fleisch schnitten sie mit einem flachen Stein, der an einem Holzstück befestigt war. Feuer entfachten sie mit einem speziellen schwarzen Stein, von denen sie zwei aneinanderrieben, und mit getrocknetem Moos, das die Funken auffing.

Während der ersten Wochen blieb die Angst der Kinder vor mir bestehen, meist rannten sie weg oder drehten sich um, wenn sie mich sahen. Die Frauen hielten Abstand und beobachteten mich von Weitem. Aus Erfahrung wusste ich, dass sie sich mit der Zeit an mich gewöhnen würden. Sie würden verstehen, dass ich ein Mensch wie sie war. Es war so wie damals, als ich zum ersten Mal zu den Fayu kam. Ich war dankbar, dass ich diese Erfahrung gemacht hatte und wusste, wie ich mich in solchen Situationen zu verhalten hatte. Die Männer ignorierten mich weiterhin und ich achtete darauf, sie nicht direkt anzusehen. Solange wir uns dem Häuptling nicht richtig vorgestellt hatten und er uns nicht offiziell begrüßt hatte, galten wir als Fremde. Micky aber wollte damit warten, bis ich mich erholt hatte. Er selbst hatte schon einige Zeit mit dem Häuptling verbracht, sie verstanden sich gut.

Ein paar Tage nachdem ich mich von den Strapazen regeneriert hatte, wurden wir in die Dorfmitte gerufen. Es war Zeit für unsere offizielle Vorstellung. Das ganze Dorf war zusammengekommen. Auch die Frauen und Kinder, die sich inzwischen an mich gewöhnt hatten, waren da, hielten aber einen Sicherheitsabstand. Sie sahen mich auch nicht direkt an. Ich saß hinter den Männern, ein Stück hinter Micky, David und Mountain John, so wie es für eine Frau in dieser Kultur üblich war. Vor uns saß der Häuptling, ein älterer Mann, der viel Autorität ausstrahlte. Hinter ihm saßen mehrere Männer, von denen ich annahm, dass sie entweder zu seiner Familie oder zu seinen Beratern gehörten. Mountain John begann eine lange Rede, von der ich nichts verstand. Dann war Micky an der Reihe, Mountain John übersetzte. Zunächst aber sagte Micky einige Minuten lang gar nichts, schaute nur auf den Boden. Damit zeigte er, dass er ein bescheidener Mann war, der nicht drauflos sprach, sondern seine Worte mit Bedacht wählte. Alle schwiegen und warteten, bis Micky zum Häuptling aufblickte.

Zuerst bedankte er sich, dass wir in seinem Dorf bleiben durften und er uns eine Hütte zum Schlafen gab. Dann stellte er sich vor und erzählte, dass er der Häuptling eines Clans sei, der am Meer lebte. Er berichtete von seiner Abstammung und davon, was er im Leben erreicht hat. Dann erläuterte er, wer ich war und dass wir gekommen waren, um ihn um Hilfe bei der Suche nach einem Heilmittel zu bitten. Er beschrieb die Jahre, in denen wir nach diesem Heilmittel gesucht hatten. Wie wir weite Strecken zurückgelegt hatten, aber niemand uns helfen konnte.

Er erzählte, dass ich eine Familie hatte, die sich nach mir sehnte und wollte, dass ich gesund zurückkomme. Detailliert beschrieb er mein Leiden und den Schmerz, von meiner Familie getrennt zu sein. Dass ich unbedingt leben wollte, um meine Kinder heiraten zu sehen und um mich um meine zukünftigen Enkelkinder kümmern zu können. Er erzählte ihnen von der Arbeit, die ich bei anderen Stämmen geleistet hatte. Dass ich in einem Dorf aufgewachsen war, das ihrem Dorf ähnelte.

Ich konnte die Überraschung in den Gesichtern der Zuhörer sehen, als er von meiner Kindheit erzählte. Als er ihnen sagte, dass ich zwar eine andere Hautfarbe hatte, aber innerlich eine von ihnen war. Als er ihnen erzählte, wie sehr ich den Urwald und das Leben dort liebte. Als ich in ihre Gesichter schaute, konnte ich sehen, wie gerührt sie waren.

Für einen Außenstehenden mag diese Einführung seltsam und übertrieben wirken, wie ein Theaterstück. Aber es war ihre Art zu kommunizieren. Die Menschen im Urwald kommen nicht direkt auf den Punkt, sie sprechen nicht in kurzen Sätzen, sondern beschreiben die Dinge ausführlich, lebendig und emotional. Micky war Experte für diese Art der Kommunikation. Er wusste, wie er die

Menschen erreichen konnte, er verstand, wie sie dachten. Bald sah ich, wie sie nickten, eine Geste, die zeigte, dass sie seine Worte annahmen und ihn verstanden. Nur der Häuptling blieb still, er hatte neutral zu bleiben. Er musste zuhören und nachdenken, bevor er eine Entscheidung traf oder auf das Gesagte reagierte.

Nachdem Micky seine Rede beendet hatte, wandte er sich direkt an den Häuptling und fragte ihn, ob er bereit wäre, uns zu helfen. Wir kannten die Antwort bereits, aber darum ging es nicht, der Häuptling musste offiziell gefragt werden. Dann legte Micky die Geschenke, die wir mitgebracht hatten, vor den Häuptling: Muschelgeld, Messer, Angelhaken, kleine Spiegel, Streichhölzer, Handtücher und andere Dinge, die sie brauchten. Er setzte sich wieder und wartete. Der Häuptling schwieg einige Minuten lang.

Dann erhob er sich und begann zu sprechen. Ich weiß nicht, was er sagte, denn ich saß zu weit weg, um Mountain Johns Übersetzung zu hören. Ich hatte solche Situationen aber schon oft erlebt und wusste, dass er seine Entscheidung verkündete, uns bleiben zu lassen. Dass er uns helfen würde, ein Heilmittel zu finden. Dann hieß er uns offiziell in seinem Stamm willkommen. Micky neigte den Kopf, genau wie Mountain John, David und ich, als Zeichen der Akzeptanz seiner Entscheidung und des Dankes für die Aufnahme. Der Häuptling und seine Männer sahen mich während der Zeremonie kein einziges Mal an, denn das wäre in ihrer Kultur unpassend gewesen. Als alles nach etwa zwei Stunden vorbei war, ging ich zurück in unsere Hütte und legte mich schlafen, die Zeremonie hatte mich erschöpft.

Nach der Zeremonie lernten wir den jungen Mann kennen, dessen Großonkel der Medizinmann war, der behauptete, meine Krankheit zu kennen und ein Heilmittel zu haben. Er hieß Robu. Der Häuptling hatte ihn beauftragt, am nächsten Tag in die Berge zu ziehen, um den Onkel und das Heilmittel ausfindig zu machen.

In dieser Nacht kehrten die Symptome abermals zurück, mit voller Wucht, noch schneller als sonst. Die Reise hatte meinem Körper sehr zugesetzt, mein Immunsystem war geschwächt. Mich überkam große Angst. Ich wollte nicht sterben, nicht so kurz vor dem Ziel.

# Das Heilmittel

Seit Jahren waren wir nun schon unterwegs, auf der Suche nach einem Heilmittel. In jedem Dorf, in das wir gekommen waren, bei jedem Stamm, den wir besuchten, auf jeder Insel, auf die wir gestoßen waren, hatten wir nach den Medizinmännern und -frauen gefragt. Ich hatte alles probiert, was sie mir gaben, egal wie seltsam oder bitter es schmeckte. Oft hatte sich mein Zustand gebessert, aber jedes Mal kehrten die Symptome nach einer Weile zurück. Also waren wir weitergezogen ins nächste Dorf, in die nächste Provinz oder auf die nächste Insel. Wir waren immer tiefer ins Land gereist, hatten einsame Inseln besucht, waren auf hohe Berge geklettert und schliefen, wo immer wir einen Platz oder eine Hütte gefunden hatten. Oft hatte uns wochenlang nachts nur ein Feuer warm gehalten, oder wir hatten uns einen Unterschlupf aus Blättern und Zweigen gebaut, um dem starken Regen zu entkommen.

Und nun lag ich in einer einfachen Buschhütte, irgendwo tief im Nomansland. Meine Knochen brannten, ich hatte Gliederschmerzen und mir war speiübel. Erschrocken stellte ich fest, dass ich aus dem Darm blutete. Meine Haut war mit blauen Flecken übersät, die Haare fielen mir büschelweise aus und meine Lymphknoten waren auf die Größe von Hühnereiern anschwollen. Schluchzend und von Schmerzen gequält, krümmte ich mich auf meiner Matte zusammen.

Obwohl ich von Menschen umgeben war, fühlte ich mich einsam und allein. Außer Micky sah ich niemanden. Ich war zu schwach, um die Hütte zu verlassen, zu müde, um mit den Stammesfrauen Kontakt aufzunehmen, zu deprimiert, um die Schönheit des Urwaldes um mich herum zu genießen. Ich schlief auf dem harten Boden, nur mit einer dünnen Matte als Unterlage. Moskitonetze gab es nicht und so wachte ich manchmal auf, weil eine Ratte oder eine Maus an meinen Haaren nagte, Spinnen unter meine Decke gekrochen waren oder Insekten mich bissen.

Micky verbrachte seine Zeit damit, den Dorfbewohnern beim Gemüseanbau zu helfen und ihnen Techniken zu zeigen, mit denen sie ihre Ernteerträge steigern konnten. Mountain John war in sein Dorf zurückgekehrt, sodass nur noch David als Übersetzer zur Verfügung stand. Nach und nach ließen die schlimmsten Symptome nach und ich ging ich wieder nach draußen. Micky und einige der Männer hatten für mich eine Holzplattform vor unserer Hütte gebaut. Dort lag oder saß ich im Schatten eines großen Baumes und beobachtete das Treiben im Dorf.

Mit der Zeit verloren die Frauen ihre Angst vor mir. Manchmal kamen sie und brachten mir etwas von dem Essen, das sie gekocht hatten. Da ich ihre Sprache nicht beherrschte, konnte ich mich nicht mit Worten bedanken, aber ich lächelte dankbar und nickte anerkennend. Wenn sie nicht in ihren Gärten arbeiteten, kochten oder etwas anderes taten, saßen sie in Gruppen zusammen und unterhielten sich. Oft blickten sie dabei zu mir herüber und ich fragte mich, was sie wohl über mich sagten.

Das, was Micky bei der Begrüßungszeremonie über mich und darüber, warum ich hier war, gesagt hatte, schien eine Wirkung auf sie gehabt zu haben. Sie waren jetzt viel freundlicher zu mir als in den ersten Tagen nach unserer Ankunft. Vielleicht, weil sie begriffen, dass ich gar nicht so anders war als sie, dass auch ich Kinder hatte und genauso verletzbar war wie sie. Eines Tages schenkten sie mir sogar eine selbst gemachte Kette. Ich verbeugte mich lächelnd und bedankte mich in ihrer Sprache, denn ich hatte inzwischen ein paar Worte ihrer Sprache gelernt. Sie kicherten über meine noch etwas unbeholfenen Versuche.

Schließlich kamen immer mehr Frauen zur Plattform. Sie setzten sich neben mich, unterhielten sich und genossen das schattige Plätzchen. Ich war glücklich, sie an meiner Seite zu haben und nicht mehr allein zu sein. Auch wenn ich längst nicht alles verstand, was gesagt wurde, und auch wenn ich nicht mit den Frauen sprechen konnte, so wusste ich doch, was sie fühlten. Aufgeregt streichelten sie meine Haut und suchten mein Haar nach Läusen ab, wie es bei den Stämmen üblich ist. Wenn sie sahen, dass ich Schmerzen hatte, massierten sie meine Arme und Beine, was meine Verspannungen linderte. Mir ging es zusehends besser, wieder einmal.

Allmählich wurde ich ein Teil ihres Alltags, ein Teil ihres Lebens. Am frühen Abend begleiteten sie mich zum Fluss, sahen zu, wie ich badete. Oder machten Feuer, um mich zu wärmen, und brachten mir heißes Wasser mit Zitronengras. Sie hatten keine Töpfe und kochten meist direkt über dem Feuer oder legten das Essen in Blätter gewickelt in die heiße Glut. Die Lebensmittel, die wir mitgebracht hatten, waren bald aufgebraucht, und so fingen wir an, wie sie zu essen. Den Topf nutzten wir nur noch, um darin Wasser zu kochen.

Doch obwohl ich mich in der Welt der Frauen wohl und akzeptiert fühlte, wurde ich immer unruhiger. Denn Robu war auch nach Wochen nicht wieder aufgetaucht. Micky und ich machten uns große Sorgen. Was, wenn ihm etwas zugestoßen war? Oder er seinen Großonkel, den Medizinmann, nicht finden konnte? Micky hatte mit dem Häuptling gesprochen, aber der sagte, ich solle mir keine Sorgen machen. Der Medizinmann sei oft schwer zu finden, weil er sehr abgelegen in den Bergen lebte. Er selbst war ihm sogar noch nie begegnet. Er galt als etwas verrückt, ein wilder Mann, der aber ein unglaubliches Wissen über Pflanzen und Krankheiten zu haben schien. Und so ging das Warten weiter.

Es war am Nachmittag, die Sonne stand hoch und ich lag auf der Plattform, mehrere Frauen und Kinder saßen um mich herum. Die kleineren Kinder hatten ihre Scheu vor mir noch nicht abgelegt, aber die Älteren kamen schon zu mir und berührten mich sanft. Plötzlich rief eine der Frauen etwas und zeigte auf den Waldrand. Ich setzte mich auf, mein Herz machte einen Sprung. Da kam Robu, aber er war allein. Ob er seinen Großonkel vielleicht nicht gefunden hat, fragte ich mich von Panik ergriffen.

Robu ging an uns vorbei, nickte nur kurz zur Begrüßung, als er mich sah. Ich wollte aufspringen und ihm folgen, um herauszufinden, was passiert war. Wollte wissen, warum er allein zurückgekommen war. Aber ich wusste, dass ich hier sitzen bleiben und abwarten musste. Nervös und angespannt schaute ich den Weg hinunter, in der Hoffnung, Micky und David zu sehen. Ein paar Minuten später kam eines der Kinder angerannt und gab mir ein Zeichen, mit ihm zu kommen. Ich stand auf und folgte ihm zur Hütte des Häuptlings, wo die Männer sich versammelt hatten. Auch Micky war dort und bedeutete mir, mich neben ihn zu setzen.

Ich hörte zu, wie Robu erzählte, dass es zunächst sehr lange gedauert hatte, bis er seinen Onkel gefunden hatte. Dann gingen die beiden auf die Suche nach zwei besonderen Baumarten, wovon eine äußerst selten vorkam. Es dauerte Wochen, bis sie den Baum gefunden hatten. Sein Großonkel nannte ihn den Blutbaum, weil sein Saft rot wie Blut war. Robu hatte seinen Onkel gebeten, ihn ins Dorf zu begleiten, aber der hatte abgelehnt. Es sei nicht nötig, denn er würde Robu genau erklären, wie die Medizin zubereitet werden musste.

Robu packte zwei Stücke einer Baumrinde aus, die in große Blätter eingewickelt waren, und reichte sie uns. Sie besaßen eine Farbe, die ich noch nie an einem Baum gesehen hatte. Sie waren zartrosa, ein Stück etwas dunkler als das andere. Die Anweisungen seines Onkels waren einfach. Zuerst die Rinde von beiden Stücken anschneiden, dann den Saft herauspressen und ihn gleichmäßig verrühren. Robu zeigte uns auf seiner Handfläche, wie viel ich nehmen sollte, es war etwa ein Teelöffel. Eine einmalige Einnahme wäre ausreichend. Dann schärfte er uns ein, dass ich die Behandlung erst durchführen durfte, wenn die Symptome wieder da waren. Sonst würde sie nicht richtig funktionieren. Und dann schob er etwas nach, dem wir kaum mehr Beachtung schenkten, weil wir viel zu aufgeregt waren: »Du wirst dich fühlen, als ob du stirbst. Aber keine Sorge, das wird nicht passieren.«

Es war das erste Mal, dass ich ein Heilmittel ausdrücklich nur während der Phase mit den Symptomen nehmen durfte. Mir ging es aber ganz gut in diesem Moment, ich war so gut wie symptomfrei. Also begann erneut eine Phase des Abwartens. Ich hatte Zeit zum Nachdenken. Im Laufe des letzten Jahres waren die Schübe noch einmal deutlich heftiger geworden, die Krankheit schritt voran. Anders als gehofft, hatte sich mein Gesundheitszustand nicht verbessert, ganz im Gegenteil. Doch irgendwie machte mich der Gedanke an mein bevorstehendes Ende nicht mehr so traurig wie früher, ich war längst nicht mehr so verzweifelt wie in der Zeit nach der Flut.

In den Wochen, in denen wir auf Robus Rückkehr warteten, hatte ich mich verändert, innerlich und äußerlich. Mir war irgendwann die Seife ausgegangen und ich hatte aufgehört zu baden. Ich wusch mir wie die anderen auch nicht mehr die Hände oder das Gesicht, kämmte mir nicht mehr die Haare. Bald war mein Körper voller Schmutz, und ich hatte das Gefühl, mit der Welt um mich herum zu verschmelzen. Ich arbeitete mit den Frauen in den Gärten, pflanzte und erntete, machte Feuer, kochte wie sie, aß wie sie, schlief wie sie, und es schien, als würde die westliche Welt, aus der ich vor ein paar Jahren hierhergekommen war, allmählich verblassen. Bis sie nur noch ein Schimmer war, der sich in einen dunklen Schatten verwandelte.

Ich wachte auf, wenn die Sonne aufging, und ging schlafen, wenn sie unterging, das Quaken der Frösche und das Summen der Insekten begleitete mich dabei. Nachts staunte ich über einen Himmel voller Sterne und einen Mond, der so hell war, dass ich meinen eigenen Schatten sehen konnte. Wenn ich aufwachte, hörte ich die Vögel die aufgehende Sonne begrüßen, roch die Frische des Morgens und den Rauch der Feuer, die angezündet wurden, um das Essen für den Tag zu kochen. Wenn es regnete, saß ich mit den Frauen zusammengekauert in einer Hütte, meist mit einem Kind auf dem Schoß. Zusammen warteten wir darauf, dass der Regen aufhörte.

Mein Körper wurde stärker, der Geist ruhiger, ich war viel weniger emotional. Ich fühlte mich zurückversetzt in den Kokon der Wärme und des Staunens, den ich aus meiner Kindheit kannte.

Ich konnte wieder frei atmen. Eines Abends sagte mir Micky, dass er mich noch nie so glücklich gesehen hatte. Ich schaute ihn an und erwiderte. »Wie könnte ich nicht glücklich sein? Ich bin zu Hause!«

Endlich kamen die Symptome zurück. Sie waren etwas länger ausgeblieben als sonst. Wir warteten etwa eine Woche, bis sie ihren Höhepunkt erreichten. Dann war es so weit. An einem Nachmittag ließen wir uns auf der hölzernen Plattform vor unserer Dorfhütte nieder. Durch den Nebel in meinem Kopf beobachtete ich, wie der Saft aus den Baumrinden zubereitet wurde. Der noch klare Teil meines Verstandes freute sich auf die Aussicht, endlich gesund zu werden. Ich hoffte es so sehr. Die klebrige, leuchtend rote Substanz schmeckte überwältigend bitter. Schnell kippte ich ein paar Schlucke Wasser hinterher, um den Geschmack aus meinem Mund zu spülen. Ich legte mich wieder hin. Die Vögel zwitscherten, ich schlief ein.

Dann geschah etwas, das ganz anders war als alles, was ich in den letzten Jahren nach der Einnahme irgendeines der unzähligen Heilmittel erlebt hatte. Die Worte von Robus Onkel, dass ich mich fühlen werde, als wenn ich sterbe, sollten sich bewahrheiten. Die nächsten Tage hindurch befand ich mich in einem Delirium, irgendwo zwischen Leben und Tod. Ich konnte nichts bei mir behalten, auch den kleinsten Schluck Wasser, der mir eingeflößt wurde, musste ich sofort erbrechen. Ich litt Höllenqualen, hatte glühendes Fieber, mein Körper war ein einziger Schmerz, mein Kopf explodierte. Anstatt dass der Saft der Baumrinden mich heilte, ging es mir von Tag zu Tag schlechter. Am dritten Tag fühlte ich mich nicht mehr wie ein Mensch, ich war nur noch ein wimmerndes Stück Fleisch, ohne Kontrolle über meine Körperfunktionen.

Offenbar waren die Dorfbewohner inzwischen fest davon überzeugt, dass mich der Baumrindensaft töten würde. Sie hatten bereits die Trauergesänge angestimmt, mit denen sie meine Seele in die jenseitige Welt begleiten wollten. Auch Micky hatte mich offenbar aufgegeben. Er saß bei mir, hielt meine Hand und in seiner gequälten Miene war die pure Verzweiflung zu sehen. »Es tut mir leid, es tut mir leid«, war alles, was er immer wieder in mein Ohr flüsterte. Ich selbst war ganz ruhig, fast teilnahmslos hatte ich mich in mein Schicksal ergeben, zu sterben. Ich würde wenigstens nicht allein sein, wenn ich meinen letzten Atemzug tat. Meine Kinder tauchten vor meinem geistigen Auge auf. »Es tut mir leid«, hauchte ich. Dann wurde alles schwarz.

# Ein neues Leben

Um mich herum herrschte Dunkelheit, aber ich konnte sehen. Ich hatte keinen Boden unter den Füßen, aber ich konnte stehen. Die Sonne schien nicht, aber es war warm. Da war kein Sauerstoff, aber ich konnte atmen. Ich konnte meinen Körper sehen, aber ihn nicht spüren. Ich war nackt, aber ich war weder Frau noch Mann. Ich schwebte in einem Reich, in dem es weder Raum noch Zeit gab. Irgendwo zwischen der Welt der Lebenden und der Welt der Toten. Die schöne Dunkelheit umhüllte meinen Körper wie glatte Seide. Die Leere war befreiend. Da war kein Schmerz, keine Empfindung, keine Erinnerung. Nur die Unendlichkeit des Nichts. Ich ließ mich durch diese Leere treiben, ohne Gedanken und Wünsche, ohne Qual und Trauer. Da war nur Stille, sie umgab mich nicht, ich ging ganz in ihr auf. Es war, als hätte ich mich in Nichts aufgelöst. Plötzlich fing ich an zu fallen. Ich versuchte, mich an etwas festzuhalten, aber da war nichts. Ich fiel weiter, bis ein elektrischer Schlag durch meinen Körper fuhr. Ich öffnete den Mund, um zu schreien, aber kein Laut erklang. Mir wurde heiß, wie wenn ein Feuer in mir brannte. Dann war alles wieder schwarz.

Als ich zu Bewusstsein kam, lag ich auf etwas Hartem. Aus der Ferne drang eine Stimme zu mir. Langsam öffnete ich die Augen. Ich sah ein Palmendach über mir. Sonnenstrahlen bahnten sich einen Weg durch die Risse in den Wänden. Jemand hielt mich fest. Als ich den Kopf drehte, sah ich Mickys Gesicht. Hinter ihm standen noch mehr Menschen. Als sich meine Augen an das Licht gewöhnt hatten, erkannte ich sie. »Warum weinen sie?«, war mein erster Gedanke. Ich hörte Mickys Stimme, die mich bat, Arme und

Beine zu bewegen. Doch die fühlten sich an, als würden schwere Gewichte sie nach unten drücken. Dann schaffte ich es, einen Arm ein Stück weit zu heben, ließ ihn aber gleich wieder fallen. Mein Mund war trocken, meine Lippen ausgedörrt, ich hatte schrecklichen Durst. Micky stützte meinen Kopf und gab mir zu trinken. Jeder Muskel im Körper schmerzte, als wäre ich gerade einen doppelten Marathon gelaufen. Ich schloss die Augen und schlief wieder ein. Ich war zu erschöpft, um zu registrieren, dass ich noch am Leben war. Das Heilmittel hatte mich also doch nicht getötet.

Als ich wieder aufwachte, war es Mittag. Die Luft war heiß und schwül. Eine der älteren Frauen des Dorfes, Toria, saß neben mir. Als sie sah, dass ich wach war, lächelte sie mich an und strich mir übers Gesicht. Mir liefen Tränen über die Wangen. Die Erkenntnis, dass ich lebte, war noch nicht ganz zu mir durchgedrungen. Aber ich war so glücklich, Toria zu sehen. Sie verabreichte mir eine Mixtur aus verschiedenen Kräutern und Pflanzen, die Micky für mich zubereitet hatte. Wieder schlief ich ein.

Etwa eine Woche lang blieb ich in der Hütte, unfähig, mich zu bewegen. Die Frauen saßen abwechselnd neben mir, sodass ich nie allein war. Jedes Mal, wenn ich aufwachte, flößten sie mir ein paar Schlucke von der Mischung ein. Micky hatte Toria den Topf und ein Handtuch gegeben, um mich zu waschen, was sie jeden Tag gewissenhaft tat. Ich hatte sehr abgenommen und konnte mich noch immer nicht aufsetzen. Micky bereitete mir kleine Mahlzeiten aus pürierten Bananen und gekochten Süßkartoffeln zu. Jeden Tag konnte ich mehr davon essen, meine Kraft kehrte langsam zurück.

Bald konnte ich draußen auf der Plattform liegen, wo es kühler war und mehr Menschen um mich herum waren. Ich schaute in den Himmel und fragte mich, wie ich das alles überlebt hatte und ob ich tatsächlich geheilt war. Noch wussten wir es nicht, wir mussten mindestens drei Monate warten, um zu sehen, ob die Symptome endgültig verschwunden waren. So froh ich war, am Leben zu sein, so hielt ich mich doch innerlich zurück. Noch war nichts sicher. Wenigstens schien ich keine Nebenwirkungen mehr von dem roten Saft zu haben, der mich fast umgebracht hätte.

Es dauerte einen ganzen Monat, ehe ich wieder laufen konnte. Langsam machte ich die ersten Schritte. Nach ein paar weiteren Tagen ging ich wieder in den Garten, fing an, mit den Frauen zu arbeiten. Das hatte ich immer geliebt. Ich mochte es, wie sich die Pflanzen zwischen meinen Fingern anfühlten. Ich liebte die weiche Erde und den Duft der Natur um mich herum. Ich wurde immer kräftiger. Und war glücklich mit dem einfachen Dorfleben. Meine Haare waren lang und ausgefranst, meine Kleidung war zerrissen und schmutzig, aber es machte mir nichts aus. An heißen Tagen ging ich mit den Kindern im Fluss schwimmen. Abends saß ich am Feuer und lauschte den Geschichten, obwohl ich sie wegen der fremden Sprache nicht verstand.

Ich verlor mein Zeitgefühl, dachte weder an die Vergangenheit noch an die Zukunft. Ich lebte im Augenblick, so wie ich es in meiner Kindheit bei den Fayu getan hatte. Eine Welt da draußen gab es für mich nicht mehr, ich hatte sie vergessen. Immer tiefer tauchte ich in die Welt ein, in der ich nun lebte. Ich wurde eine Stammesfrau, ein Teil der Kultur und des Urwaldes. Ich fühlte mich unendlich frei.

Doch da war noch etwas anders. Langsam wuchs eine unbändige Sehnsucht in mir. Oft schaute ich mir die Pfeile und Bögen an, die die Männer trugen. Ich sehnte mich danach, sie zu berühren, die weichen Bambuspfeile und die raue Sehne, die am Bogen befestigt ist. Ich wollte ein Messer nehmen und mein Motiv in die Pfeile ritzen, wie ich es als Kind getan hatte. Ich wollte wieder töten. Ich wollte spüren, wie das Leben einen Körper verlässt, so wie es beinahe meinen verlassen hatte. Aber wie bei allen Stämmen, bei denen ich gewesen war, gingen die Frauen nicht auf die Jagd. Micky weigerte sich, für mich um eine Sondererlaubnis zu bitten, es sei absolut unpassend. Ich war verärgert und sprach tagelang nicht mit ihm.

Ohne dass ich es bemerkte, verging ein weiterer Monat. Noch immer keine Symptome. Micky wollte noch etwas länger warten. Später erzählte er mir, dass er mich in dieser Zeit genau beobachtet hatte. Wie ich mich veränderte. Wie ich wilder wurde. Weniger

Interesse daran hatte, mit ihm zu reden, sondern meine Zeit lieber mit den Frauen verbrachte oder durch den Dschungel streifte. Mit den älteren Kindern erkundete ich den umliegenden Regenwald. Ich studierte die verschiedenen Pflanzen, Blumen, Insekten und Spinnen. Spazierte am Flussufer entlang. Erforschte nahe gelegene Höhlen. Es war wunderschön.

Eines Nachmittages brachten die Männer ein erlegtes Wildschwein ins Dorf, am Abend sollte es ein großes Festessen geben. Ich konnte das Blut in der Luft riechen, als das Schwein gehäutet, in große Stücke geschnitten und in eine Grube mit heißen Steinen gelegt wurde. Ich sah, wie die Dingos das rote Blut aufleckten, das von den Bananenblättern auf den Boden tropfte. Ich beobachtete, wie der Rauch des Feuers in den blauen Himmel stieg. Ich roch das brennende Fleisch, das den Geistern geopfert wurde. Ich spürte, wie Adrenalin durch meine Adern schoss, schmeckte Blut in meinem Mund, fühlte das Kribbeln in meinen Fingern. Ein brennendes Verlangen machte sich in mir breit. Es fühlte sich gut an, es machte mich stark. In diesem Moment fasste ich einen Entschluss: Egal wie ich es anstellen sollte, ich würde noch einmal auf die Jagd gehen, ein letztes Mal.

Ein paar Tage später ging ich zu David und bat ihn, mir zu folgen. Micky war in den Wäldern unterwegs und ich wusste, meine Chance war gekommen. Ich führte David zum Häuptling, der mit einigen seiner Männer sprach. Da ich Micky schon unzählige Male beobachtet hatte, wusste ich genau, was ich zu tun hatte. Ich setzte mich mit gesenktem Kopf vor den Häuptling und wartete. Er war überrascht, als er mich sah. Alle hielten inne und beobachteten die Szene. Schließlich fragte er mich, was ich von ihm wolle. David fühlte sich sichtlich unwohl. Nicht so sehr, weil ich mich dem Häuptling näherte, sondern weil ich es auf die traditionelle Art der Männer tat.

Ich schwieg einige Augenblicke. Dann schaute ich dem Häuptling direkt in die Augen und begann zu sprechen. Ich dankte ihm, dass er mich in seinem Stamm aufgenommen hatte. Dass er sich um mich gekümmert hatte, als ich krank war. Ich sagte ihm, wie viel ich ihm verdankte, weil er den roten Baumsaft gefunden hatte. Ich sagte ihm, wie glücklich ich war, hier zu sein. Wie sehr es mich an meine Kindheit erinnerte. Ich lobte die Freundlichkeit seines Volkes, die Großzügigkeit und Herzlichkeit der Frauen. Ich hielt inne, bevor ich fortfuhr: »Aber mein Herz ist noch immer schwer, denn als ich ein Kind war, hielt mich mein Stamm für einen Jungen und erlaubte mir zu lernen, wie man jagt. Sie lehrten mich die Sprache der Natur und den Umgang mit Pfeil und Bogen. Ich habe das Blut der Tiere geschmeckt. Ich roch ihren Tod. Ich opferte den Geistern die besten Stücke. Ich spürte das Verlangen in meinen Adern, ein Verlangen, das noch immer in mir brennt. Jetzt bitte ich dich um Erlaubnis, mich mit deinen Männern jagen zu lassen, nur einmal, damit mein Herz wieder leicht wird.«

Ich senkte den Kopf und wartete. Schockiertes Schweigen herrschte. So etwas hatten sie noch nie erlebt: eine Frau, die darum bat, auf die Jagd gehen zu dürfen. Nach einigen Augenblicken des Schweigens begann der Häuptling zu sprechen. Er sagte, es sei eine ungewöhnliche Bitte, die ich vorgebracht hatte. Aber die Geister müssten mit mir zufrieden sein, weil ich aus dem Land der Toten zurückgekehrt war. Wenn ich es wirklich wollte, würden sie mich mit auf die Jagd nehmen. Ich war so aufgeregt, dass ich es kaum glauben konnte. Ich bedankte mich und ging.

Als Micky zurückkam, hatte er die Nachricht schon gehört. Er war nicht begeistert von dem, was ich getan hatte. Missbilligend schüttelte er den Kopf. »Aber wenigstens hast du von mir gelernt, wie man sich einem Häuptling zu nähern hat«, sagte er schließlich etwas versöhnlicher. Er hatte nur eine einzige Bedingung, und zwar, dass er mich begleitete. An den Gesichtern der Dorfbewohner konnte ich ablesen, dass ich das Gesprächsthema Nummer eins war. Die Frauen lachten, schüttelten ungläubig den Kopf und fragten sich, warum um Himmels Willen eine Frau auf die Jagd gehen wollte. Für sie war das anstrengend und gehörte in die Welt der Männer. Warum ich nicht bei ihnen im Dorf bleiben wollte, wo es bequem und sicher ist, fragten sie mich. Ich konnte es ihnen nicht erklären und lächelte nur.

Einige Tage später wurde eine kleine Jagdgruppe zusammengestellt. Vier Männer aus dem Dorf, alle erfahrene Jäger, Micky und ich. Und einige ihrer Dingos, die waren unentbehrlich für die Jagd. Jeder Jäger besaß ein oder zwei von ihnen. Die Tiere waren sehr gut trainiert und konnten unglaublich schnell laufen. Ihre Aufgabe war es, Wildschweine nicht nur aufzuspüren, sondern auch in eine bestimmte Richtung zu treiben. Nachts warnten sie ihren Besitzer vor Gefahren, vor Schlangen oder wilden Tieren. Ich wusste, dass ich sie nicht anfassen durfte, sie würden es auch gar nicht zulassen. Anders als Haushunde bellten sie nicht, sondern gaben eine Art Heulen von sich. Als Kind hatte ich einmal einen Dingowelpen geschenkt bekommen. Ich wollte ihn zu meinem Haustier machen, aber diese Hunde sind viel zu wild dafür. Schließlich nahmen die Fayu ihn mir ab und trainierten ihn für die Jagd. Einen Dingo zu besitzen, bedeutete für sie bessere Chancen bei der Nahrungssuche. Sie nahmen eine so hohe Stellung ein, dass sie sogar von den Stammesfrauen gestillt wurden, wenn die Dingomutter zu früh gestorben war.

Micky fragte mich immer wieder, warum ich nicht ein paar kleinere Tiere oder Vögel jagen wollte. Warum es unbedingt ein Wildschwein sein musste. Aber er konnte mich nicht davon abbringen. Ich bestand auf dem Wildschwein, weil es meine einzige Chance war, etwas zu tun, was mir als Kind verwehrt geblieben war. Damals, bevor ich so weit war, auch größere Tiere zu jagen, hatten die Fayu mich als Mädchen eingeordnet und mich von der Jagd ausgeschlossen.

Die Jagd würde mehrere Tage dauern. Ich machte mir keine Sorgen, denn die Arbeit in den Gärten, die täglichen Aktivitäten im Dorf und die Erkundung der Umgebung hatten mich nach meiner langen Krankheit stark gemacht. Ich fühlte mich so kräftig wie kaum zuvor, etwas hatte sich in meinem Körper verändert. Ich spürte es, wusste aber nicht, was es war. Irgendwie fühlte sich mein Körper leicht an, wie von einer schweren Last befreit.

Einer der jungen Männer brachte mir Pfeil und Bogen zum Ausprobieren. Er hatte den Bogen erst vor Kurzem gebaut. Obwohl ich größer war als er, hatte er gerade noch die richtige Größe für mich. Es war wundervoll, den Bogen in meinen Händen zu halten, die Pfeile zu berühren und zu prüfen, ob sie gut gemacht waren. Zu testen, wie biegsam und gerade sie waren. Das war wichtig, der Bambus für die Pfeile musste die passende Größe und Länge und den richtigen Durchmesser haben und so gerade wie möglich sein. Die Dorfbewohner schauten mir erstaunt zu und schüttelten die Köpfe, sie hatten noch nie eine Frau mit solchen Fähigkeiten gesehen. Ich bat den jungen Mann, ein paar kleine Änderungen vorzunehmen. Nur noch ein paar Tage, dann sollte es losgehen

Endlich war der Tag gekommen. Ich war aufgeregt und voller Tatendrang. Adrenalin pumpte durch meinen Körper, als wir das Dorf verließen. Wir würden zwei Tage brauchen, um das Tal zu erreichen, von dem einer der Jäger sagte, dass es dort von wilden Tieren wimmelte. Dort sollte die Wildschweinjagd stattfinden. Ich war mit Pfeil und Bogen und einem Rucksack ausgerüstet und trug Tennisschuhe, auf die Micky bestanden hatte. Ich hatte schon vor Monaten aufgehört, Schuhe zu tragen. Ich fand es lästig, die Erde nicht unter den Füßen zu spüren, aber ich verstand, dass die Schuhe mich vor Insekten und Schlangen schützen sollten.

Wir folgten einem schmalen Dschungelpfad. Voller Vertrauen, dass mein Körper dieses Mal den Strapazen standhalten würde, folgte ich den Männern und trainierte die Sinne, die ich als Kind gelernt hatte. Ich konzentrierte mich auf die Gerüche, die Geräusche, die Atmosphäre. Ich löschte alle Gedanken, Erinnerungen und Gefühle aus meinem Kopf, es gab nur noch meinen physischen Körper. Ich wurde zu einem Tier, voll auf die Außenwelt fokussiert, stand unter Hochspannung. Ich lauschte den Stimmen der Vögel und versuchte zu verstehen, was sie sagten. Ich hörte Hunderte von Insekten, aber konzentrierte mich auf eines, um festzustellen, ob es sich sicher oder in Gefahr fühlte. Ich beobachtete die Dingos, die sich lautlos mit den Männern bewegten, ab und zu im Busch verschwanden und irgendwann wiederkamen.

Immer tiefer tauchten wir in eine Welt ein, die sich über Jahrtausende entwickelt hatte. Die Bäume waren so hoch, dass ich ihre

Kronen nicht sehen konnte. Das Unterholz war dicht, der Boden feucht und mit Laub und Ästen bedeckt. Als die Sonne unterging, machten die Männer mit ihren Buschmessern einen Platz frei, um das Nachtlager aufzuschlagen.

Wir hatten Gemüsesorten wie Kochbananen und Süßkartoffeln im Gepäck. Ich hatte außerdem Erdnüsse dabei, die ich im Garten geerntet hatte. Wir machten ein Feuer, um uns warm zu halten und uns vor Moskitos, Insekten und Schlangen zu schützen. Da ich die einzige Frau in der Gruppe war, bekam ich den besten Platz zum Schlafen, der direkt neben dem Feuer lag. Dort rollte ich meine Matte aus. Das Feuer hielt mich warm und sicher, denn im Dschungel kann es nachts sehr kalt werden. Ich liebte es, unter freiem Himmel zu schlafen. Und bis heute schlafe ich auf dem Boden besser als in einem Bett. Sehr bald würde es so weit sein. Dann würde ich es wieder spüren, das Jagdadrenalin, das mich so viele Jahre verfolgt hatte.

# Auf der Jagd

Ich habe nie wirklich verstanden, was der Ausdruck »Mir gefriert das Blut in den Adern« bedeutet – bis zu dem Tag, an dem ich einen Umemu sah. Seit meiner frühen Kindheit hatte ich Geschichten über seltsame Kreaturen gehört, die tief im Dschungel und in den Bergen von Neuguinea lebten. Ein Teil von mir wollte diese Geschichten glauben, und als Kind war ich wirklich von ihrer Existenz überzeugt. Ich wünschte mir oft, ihnen zu begegnen, stellte mir vor, sie kennenzulernen und zu erforschen.

Während der vielen Regentage im Fayu-Dorf, an denen wir nicht zum Spielen nach draußen gehen konnten und gelangweilt stundenlang dem Regen zusahen, schweiften meine Gedanken ab in diese geheimnisvolle Welt, von der ich gehört hatte. Als ich älter wurde und schon viele Jahre in Europa verbracht hatte, begann ein Teil von mir zu zweifeln. Vielleicht war das alles nur der Fantasie der Stämme entsprungen, die sich langweilten, wie ich als Kind, und sich spannende Geschichten ausdachten, um die Zeit zu vertreiben. Doch das alles änderte sich in dieser Nacht.

Es war schon spät geworden, als wir uns zum Schlafen niederließen. Der Boden war noch feucht vom Regen. Ich war müde vom langen Fußmarsch und froh, mich endlich hinlegen zu können. Ich wandte mein Gesicht dem Feuer zu und sah, wie die Flammen flackerten. Ich sog den Geruch des brennenden Holzes tief ein, lauschte dem Knistern der Flammen und sah ihrem Tanz in der Dunkelheit der Nacht zu. Das Feuer hatte eine beruhigende Wirkung auf mich. Ich hörte das Schnarchen der anderen aus unserer Gruppe, die bereits eingeschlafen waren. Langsam driftete auch ich weg.

Plötzlich reagierten meine Instinkte. Irgendetwas stimmte nicht. Wenig später nahm ich einen seltsamen, sehr intensiven Geruch wahr, den ich nicht kannte. Es war ein scharfer, schwefeliger Geruch. Eine Mischung aus Sumpfboden und verrottetem Laub. Wir befanden uns aber nicht in einem sumpfigen Gebiet, woher also kam dieser Geruch? Und da war noch etwas, das ich nicht identifizieren konnte, etwas, das ich noch nie zuvor gespürt hatte. Ich war auf einmal hellwach, meine Muskeln spannten sich an. Warum schlugen die Dingos nicht an? Mussten sie uns nicht warnen? Sie mussten das doch auch gerochen haben mit ihren feinen Nasen. Vermutlich waren sie noch auf Nahrungssuche im Wald und zu weit weg. Ich lag mucksmäuschenstill da und wagte nicht, mich zu bewegen. Denn als Kind hatte ich gelernt, ruhig zu bleiben, mich unsichtbar zu machen, den Verstand abzuschalten und meinen Instinkten die Kontrolle zu überlassen, sobald ich etwas sah, roch oder hörte, was ich nicht einordnen konnte. Ich hielt den Atem an, schloss die Augen und ließ meine Instinkte übernehmen.

Auf einmal spürte ich eine Präsenz hinter mir. Es war kein Mensch und auch kein Tier, das hätte ich sofort gespürt, auch ohne es zu sehen. Es war etwas, dem ich noch nie zuvor begegnet war. Meine Angst wuchs, all meine Warnsignale sprangen an, und ganz langsam drehte ich den Kopf. Was ich sah, ließ mir die Haare zu Berge stehen. Obwohl ich in der Vergangenheit unzählige Geschichten darüber gehört hatte, war ich nicht auf diese Begegnung vorbereitet.

Direkt vor mir, im Schein des Feuers, stand ein kleines Wesen. Es war etwa so groß wie ein dreijähriges Menschenkind. Seine Haut war dunkel, es war völlig nackt. Sein Rumpf war winzig, die Arme und Beine im Verhältnis dazu extrem lang. Die Füße an den dürren Beinen waren nach außen gedreht, die ebenfalls dünnen Arme reichten bis unter die Knie. Sein Körper erinnerte an eine Spinne. Die Haare hatten die Struktur von dicken Dreadlocks und waren noch länger als seine Arme. Sein Körper und sein Gesicht waren mit Schmutz bedeckt, die Haare mit Schlamm überzogen.

Es hatte ein wunderschönes Gesicht, dessen Züge eine fast perfekte Symmetrie aufwiesen, nahezu elfenhaft. Doch seine Augen schockierten mich, sie waren die eines angsteinflößenden Tieres, wild, intensiv, gefährlich, schwarz. Wie angewurzelt stand dieses Wesen vor mir und starrte mich mit diesen Augen an, ich starrte zurück. Es schien genauso erschrocken wie ich. Dann schrie ich und zog mir die Decke über den Kopf

Als sie meine Schreie hörten, sprangen die anderen Mitglieder unserer Gruppe auf, schnappten sich ihre Buschmesser und rannten zu mir. Mein Herz raste, mein Kopf war leer. In diesem Moment konnte ich nicht verarbeiten, was ich gerade gesehen hatte. Micky zog mir die Decke weg. »Was ist los? Hast du eine Schlange gesehen?« Ich blickte auf und sah die Männer, die um mich herumstanden, bereit, in Aktion zu treten. Mit zitternder Hand deutete ich auf die Stelle, an der ich das Wesen gerade gesehen hatte, aber es war weg.

Als ich mich etwas beruhigt hatte, schilderte ich den Männern, was ich gesehen hatte. Zu meiner Überraschung brachen sie in Gelächter aus. »Warum hast du so viel Angst?«, fragten sie mich, »das war doch nur ein Umemu.« »Das war ein Umemu?«, fragte ich sie erstaunt. »Das sind die ursprünglichen Bewohner dieses Landes, sie waren schon hier, bevor wir Menschen kamen. Umemu bedeutet ›menschliche Spinne‹, in einer alten Sprache, die längst ausgestorben ist«, erklärten sie mir.

Einer der Männer berichtete mir, dass auch er erst an diesem Abend einem Umemu begegnet war. Er hatte seinen Dingo, der im Wald auf der Suche nach Nahrung war, heftig heulen hören. Also ging er nachsehen und fand ihn, wie er vor einem Baum stand. In den Ästen des Baumes erblickte er einen verängstigten Umemu. Er rief den Dingo zurück und versteckte sich im Gebüsch. Dort beobachtete er, wie der Umemu herunterkletterte, auf allen Vieren ins Unterholz kroch und verschwand.

In dieser Nacht war mein Interesse an den Geschichten, die ich früher über die menschenartigen Wesen gehört hatte, aber nie überprüfen konnte, wieder voll entflammt. Nach all den Jahren begann ich zu ahnen, dass in ihnen eine Menge Wahrheit steckte. Ich fragte mich, was wirklich dran ist an diesen Geschichten. Nicht nur an der von Pao aus dem Bergstamm auf den Salomonen, sondern auch an denen der zahlreichen anderen Personen, die mir von ihren Begegnungen mit den Wesen berichtet hatten. Ich war nun überzeugt, dass nicht alle frei erfunden gewesen war, sondern auch Augenzeugenberichte darunter waren. Es war wohl tatsächlich so, dass diese menschenartigen Wesen noch unter uns lebten. Denn nun hatte ich mit eigenen Augen gesehen, was ich bisher nicht für möglich gehalten hätte.

Es fiel mir schwer, wieder einzuschlafen, doch schließlich übermannte mich die Müdigkeit. Am Morgen standen wir früh auf und machten uns auf den Weg zu den Jagdgebieten. Je näher wir kamen, desto mehr Adrenalin strömte durch meinen Körper. Wir folgten einem schmalen Pfad, der von hohen Bäumen, dichtem Gebüsch, Lianen und herabgefallenen Ästen gesäumt war. Meine Jagdsinne schärften sich, die Welt um mich herum erwachte zum Leben. Gegen Abend erreichten wir unser Ziel, das Tal der Jäger. Die Baumwipfel ragten in den Himmel, Vögel flogen über uns hinweg und kreisten auf der Suche nach Beute. Der Abendhimmel schillerte in den verschiedensten Farben. Bald fanden wir die kleine Hütte, die den Jägern als Jagdunterkunft diente. Sie war baufällig und hatte keine Wände, sondern war nur eine Plattform aus dünnen Baumstämmen und vier dickeren Stämmen, die in den Ecken aufgestellt waren und ein altes Palmendach hielten. Einer der Jäger bereitete über dem Feuer ein Abendessen, dann rollte ich meine Matte aus und schlief ein. Unsere Jagd sollte bei Sonnenaufgang beginnen.

Ich erwachte, als die Männer bereits das Frühstück vorbereiteten. Es war dasselbe, was wir auch am Abend zuvor gegessen hatten: Süßkartoffeln und gekochte Bananen. Es war ungewöhnlich still. Das morgendliche Konzert der Frösche, Insekten und Vögel hatte noch nicht begonnen, es dämmerte gerade erst. Es war kalt und ich war dankbar für das Feuer und den Zitronengras-Tee, den Micky zubereitet hatte. Micky als Häuptling war kein Jäger und hatte deshalb beschlossen, im Camp zu bleiben und auf unsere Rückkehr zu warten. Bald begannen die vier Jäger und ich den Abstieg in das große, bewaldete Tal.

Als wir an einen kleinen Bach kamen, sah ich mich am Ufer um, denn ich musste noch etwas erledigen, bevor wir mit der Jagd beginnen konnten. Bald fand ich, wonach ich suchte, eine besondere Art von Lehm, der unter der obersten Erdschicht verborgen lag. Ich schmierte ihn auf Haare, Gesicht, Hals und Arme. Obwohl ich schon einige Zeit unter den Stämmen lebte, roch mein Körper immer noch anders als der der Einheimischen. Es war der gleiche Lehm, mit dem sich die Fayu in der Trauerzeit bedeckten. Schon aus meiner Kindheit kannte ich die wohltuende Wirkung dieses Lehms. Er überdeckte nicht nur den Geruch meines Körpers, sondern schützte mich auch vor Insekten und Sonne und ließ mich trotz meiner hellen Haut optisch mit der Umgebung verschmelzen. Ich wurde ein Teil der Natur und konnte mich nun bewegen, ohne gesehen oder gerochen zu werden.

Ich folgte den Jägern mit Pfeil und Bogen den Weg hinunter. Ich wollte meine Schuhe ausziehen, aber Micky hatte darauf bestanden, dass ich sie anbehielt. Barfuß zu gehen sei zwar leiser, aber meine Sicherheit gehe vor, hatte er mir am Morgen eingeschärft. Ich war gereizt, denn bei jedem Schritt, den ich machte, war das Aufschlagen der Turnschuhe auf dem Boden kilometerweit zu hören. Ich spürte den Unmut der Männer und hatte schließlich genug. Ich setzte mich hin, zog die Schuhe aus und hängte sie an einen niedrigen Ast. Dann nickte ich den Jägern zu, ich war bereit, barfuß weiterzugehen. Es war ein unglaubliches Gefühl, die Erde unter meinen Füßen zu spüren, die weichen Blätter, die sie bedeckten. Schweigend folgte ich den Jägern. Ich behielt den Boden im Auge und hielt gleichzeitig Ausschau nach einem Wildschwein.

Inzwischen war auch die Tierwelt erwacht, ihr Zwitschern, Zirpen und Summen hüllte uns ein. Wir waren seit etwa einer Stunde unterwegs, als sich einer der Männer umdrehte und uns ein Zeichen gab, anzuhalten. Vor uns lag ein schmaler Fluss, der ideale Ort, auf ein Wildschwein zu stoßen. Sie liebten es, bei Tagesanbruch im Schlamm zu baden. Das hielt sie kühl und schützte ihre

Haut vor blutsaugenden Insekten und Moskitos. Ich wurde aufgefordert zu bleiben, während sich einer der Männer leise zum Fluss schlich. Die Dingos folgten ihm dicht auf den Fersen und beobachteten jede seiner Bewegungen, bereit, seine Befehle zu befolgen.

Ich schloss die Augen und versuchte, Veränderungen in der Atmosphäre wahrzunehmen, die auf die Anwesenheit eines Wildschweins hindeuteten, konzentrierte mich auf alle Gerüche, die ich ausmachen konnte. Doch da war nichts. Nach einigen Minuten kam der Jäger zurück. Auch er hatte nichts entdeckt. Wir gingen weiter am Fluss entlang, bemüht, keine Geräusche zu machen. Ab und zu schlich einer der Jäger zum Flussufer, um Ausschau nach Wildschweinen zu halten. Wir achteten auf Anzeichen für ihre Gegenwart, wie abgebrochene Äste, Fußspuren oder platt gedrückte Büsche, auf denen die Tiere geschlafen hatten.

Bis zum Mittag hatten wir weder ein Wildschwein noch seine Spuren gesehen. Wir beschlossen, am Fluss zu Mittag zu essen. Micky hatte einem der Jäger seinen Rucksack voll mit gekochten Süßkartoffeln mitgegeben, die in große Blätter gewickelt waren. Es war heiß und ich wollte mich abkühlen, bevor wir weitergingen, also sprang ich in den Fluss. Das Wasser war flach, es reichte bis zu meinen Hüften. Es war erfrischend. Ich beobachtete Kaulquappen, die um einen Felsen herumflatterten. Kleine Fischchen knabberten an meinen Zehen und Libellen bewegten sich über das Wasser. Ranken hingen von niedrigen Ästen, sie reichten bis ins Wasser hinein, Bäume ragten hoch in den Himmel. Die Luft war erfüllt vom Geruch des Wassers, der Blätter und Zweige, der Insekten, vermischt mit feuchtem Boden und Laub. Ich konnte die Würmer riechen, die sich durch die verrottenden Baumstämme wühlten. Die kleinen Säugetiere, die sich im Unterholz versteckten, und die exotischen Blumen, deren süßer Duft sich mit den vielen erdigen Gerüchen vermischte.

Für mich war es das Paradies auf Erden. In den letzten Monaten hatte sich meine Haut schon ein wenig der Umgebung angepasst. Da ich mich nicht mehr mit Seife wusch und keinen Zucker aß, zog ich die Mücken und Insekten zwar stärker an als die Einheimischen, aber nicht mehr so stark wie früher. Ausgestattet mit den Fähigkeiten, die ich als Kind erworben hatte, um mich der Umwelt anzupassen, besaß ich einen gewissen Schutz in dieser rauen, aber schönen Umgebung. Eine Welt, die sich warm, sicher und vertraut anfühlte.

Nachdem ich mich abgekühlt hatte, schmierte ich mich erneut mit Schlamm ein. Belustigt fragte ich mich, wie wild ich wohl aussah, so über und über mit Schlamm bedeckt, und wie schockiert meine Kinder wären, wenn sie mich jetzt sehen könnten. In diesem Augenblick war ich nicht mehr der Mensch, der ich einmal war. Ich hatte mich verändert, nicht nur innerlich, sondern auch äußerlich. Bald zogen wir weiter. Während die Sonne über den Himmel wanderte, schlichen wir vorwärts, ohne zu sprechen, ohne einen Laut von uns zu geben. Trotz der Bemühungen der Jäger fanden wir kein Wildschein und kehrten zum Lager zurück, bevor es dunkel wurde. Auf dem Rückweg sammelte ich meine Schuhe auf und zog sie wieder an.

Im Lager angekommen, pflückte ich eine besondere Art von Blättern, die an einer Liane wuchsen. Ich hatte Schnittwunden an Beinen, Armen und Füßen. Ich zerrieb die Blätter in meiner Handfläche und gab den Saft auf die Verletzungen. So beugte ich Infektionen vor, die in den Tropen aufgrund der Hitze und der hohen Luftfeuchte schnell entstehen können. Wir beschlossen, morgen noch einmal zu probieren, ein Wildschwein aufzuspüren. Erst wenn wir auch dann keinen Erfolg hätten, würden wir ins Dorf zurückkehren.

Am nächsten Morgen brachen wir unser Lager ab und wanderten etwa eine Stunde am Bergkamm entlang, bis wir eine weitere ihrer Jagdhütten erreichten. Nachdem wir unser neues Lager aufgeschlagen hatten, ging ich mit den Männern und den Dingos zurück ins Tal. Wieder ließ ich meine Schuhe auf einem Ast zurück, bedeckte meinen Körper mit Schlamm und folgte den Jägern auf einem anderen einsamen Jagdpfad. Stunden vergingen, und noch immer keine Spur eines Wildschweins. Die Männer hatten beschlossen, sich in zwei Zweiergruppen aufzuteilen. Ich schloss mich der einen an, während die andere in die entgegengesetzte Richtung ging. So konnten wir ein größeres Gebiet abdecken. Ich war schon ein wenig ernüchtert, so hatte ich mir das nicht vorgestellt. Wir waren die ganzen letzten Tage gelaufen, und obwohl ich wieder bei Kräften war, war ich müde. Die Begeisterung vom Vortag war verflogen. Es war schon später Nachmittag, als einer der Jäger plötzlich anhielt und in die Hocke ging. Die Dingos wurden unruhig. Er schob ein wenig Gestrüpp beiseite, und da waren sie: die Spuren eines Wildschweins.

Aufgeregt bückte ich mich, um sie zu begutachten. Sie waren frisch, die kleinen Grashalme noch nicht wieder ganz aufgerichtet. Der Größe des Abdrucks nach musste es ein mittelgroßes Schwein sein und es schien allein unterwegs zu sein. Einer der Jäger ahmte einen Vogellaut nach. Das war das Signal für das andere Team, dass wir etwas gefunden hatten. Wir folgten der Spur ins dichte Unterholz. Alle paar Meter blieb der Jäger stehen und brachte an den Büschen Wegweiser an, die aus zusammengeflochtenen Blättern bestanden und den anderen Jägern anzeigten, wohin wir gegangen waren. Es war schwierig, außerhalb des Pfads voranzukommen. Ich wusste, dass das Schwein nicht weit war, und schlich leise hinter den Männern her. Dornen und scharfe Pflanzenteile stachen in meinen Fuß, und jetzt bedauerte ich, dass ich meine Schuhe zurückgelassen hatte. Während wir uns langsam, Stück für Stück, vorwärtsbewegten, dehnte sich die Zeit in meiner Wahrnehmung unendlich aus.

Plötzlich gab der Jäger, der die Gruppe anführte, das Zeichen zum Anhalten. Er hatte das Wildschwein entdeckt. Ich kauerte mich nieder und wir warteten, bis die anderen Jäger uns erreichten. Ich wagte nicht, mich zu bewegen, und atmete langsam und flach. Plötzlich sah ich einen Schatten im Augenwinkel und wäre fast zusammengezuckt. Es war das andere Team, das der Spur der Blätter gefolgt war, die wir hinterlassen hatten. Sie bewegten sich so leise, dass ich sie erst bemerkte, als sie schon fast bei mir waren. Einer der Jäger bedeutete mir mit einer Geste, zu bleiben, wo ich war. Er hockte sich neben mich und behielt das Wildschwein fest im Auge. Die anderen Männer verschwanden in unterschiedlichen Richtungen im Unterholz, um es einzukreisen. Meine Knie schmerzten in der geduckten Haltung, Ameisen krabbelten meine Hosenbeine hoch, Mücken schwirrten um mich herum, aber ich rührte mich nicht. Ich schloss die Augen und konzentrierte mich auf meine anderen Sinne. Eine gefühlte Ewigkeit verging. Dann gab es ein lautes Krachen. Der Jäger neben mir sprang auf und sprintete in atemberaubender Geschwindigkeit los.

Nun war ich ganz allein. Keine Jäger, keine Dingos. Ich bekam Angst, als mir das bewusst wurde. Ein merkwürdiges Kribbeln durchfuhr meinen Körper. Ab und zu hörte ich ein krachendes Geräusch aus ihrer Richtung oder das Heulen eines Dingos, dann wieder Stille. Ich stand auf, fegte Ameisen und andere Insekten weg. So weit abseits des Pfades war das Unterholz sehr dicht. Ich betrachtete meine Umgebung. Es würde schwierig werden, voranzukommen, ohne gegen Büsche oder Bäume zu stoßen oder über Baumstämme zu stolpern, die verstreut auf dem Boden lagen. Ich hatte mich in Spinnweben verfangen, die sorgfältig zwischen den Blättern und Zweigen gesponnen waren. Das Gezwitscher der Vögel über mir vermischte sich mit dem Brummen der unzähligen Insekten.

Meine innere Anspannung wuchs und verwandelte sich in pure Energie, die sich steigerte, bis ich das Gefühl hatte zu platzen. Plötzlich überkam mich der Drang zu rennen. Ich wollte laufen, ich musste laufen. Energie floss wie Elektrizität durch meinen Körper. Ich vergaß, dass man mir gesagt hatte, ich solle bleiben, wo ich war. Die Angst verflog, das Jagdadrenalin war zurückgekehrt. Ich stand auf, folgte den Blätterwegweisern der Jäger und fand leicht den Weg zurück zum Jagdpfad. Ich lief los, rannte in die Richtung, aus der ich die letzten Geräusche gehört hatte.

Und dann, nach über dreißig Jahren, wie ein explodierendes Feuerwerk, sah ich die Farben wieder. Sie waren wunderschön. Es waren die Energiefarben, die ich seit meiner Kindheit, als ich bei den Fayu für die Jagd ausgebildet worden war, nicht mehr gesehen hatte. Sie legten sich wie ein durchscheinender, farbiger Schimmer auf jedes Blatt, jeden Ast, jeden Zweig, jeden Farn, jede Pflanze, jeden Stein und die Baumwurzeln, die sich in die Erde hinein- und wieder herausschlängelten. Die Farben veränderten sich, als ich vorbeilief. Wie ein zarter Nebel schwebten sie in der Luft, intensivierten ihren Farbton, um sich dann wieder zu legen. Mein Herz schlug heftig, mein Blut floss schnell, und der Drang zu töten wurde übermächtig. Ich konnte Blut riechen, ich konnte es schmecken. Ein intensiver Rausch erfasste Geist und Körper, ähnlich einer intensiven sexuellen Erregung. Ich fühlte mich begehrenswert, unbesiegbar, mächtig. Meine Sinne waren schärfer als je zuvor, kein Geräusch, kein Geruch entging meiner Aufmerksamkeit, alles spielte sich in Zeitlupe ab. Ich hatte das Gefühl, ewig laufen zu können, ohne jemals anzuhalten.

Durch die unzähligen Geräusche hindurch, die an mein Ohr drangen, hörte ich plötzlich ein vertrautes Pfeifen, das Zeichen der Jäger. Ich rannte in ihre Richtung und folgte dabei dem Pfad, der sich durch den dichten Dschungel schlängelte. Vor mir hörte ich das entsetzliche Kreischen des Wildschweins, es war in Todesangst. Trotzdem empfand ich keinerlei Mitleid, keinerlei Mitgefühl. In diesem Moment war ich vollkommen gefühlskalt. Ich rannte, so schnell ich konnte, darauf zu. Plötzlich öffnete sich der Weg in eine Lichtung. Und da stand es, das Wildschwein.

Es war ein junges Schwein, ein Eber, seine Hauer waren noch nicht groß. Die Jäger wollten mir die Ehre erweisen, es zu erlegen, und hatten es deshalb an einen Baum gebunden. Es wand sich heftig und versuchte, sich zu befreien. Immer noch außer Atem hob ich einen langen Ast vom Boden auf und ging langsam auf das Wildschwein zu. So wie ich es damals schon bei den Fayu gemacht hatte, kratzte ich das Schwein damit, vorsichtig und ohne ihm zu nahe zu kommen, seitlich am Bauch, um es zu beruhigen. Nach etwa zehn Minuten legte es sich auf den Boden.

Ich ging langsam ein paar Schritte zurück, fand die optimale Schussposition und legte einen Pfeil in meinen Bogen. Jetzt musste ich warten. Das Wildschwein zitterte am ganzen Körper, denn es spürte die Gefahr, es spürte den Tod. Ich wusste, dass ich nur wenige Sekunden Zeit haben würde, sobald der Eber wieder auf den Beinen war. Ich zielte auf die Stelle nahe seiner Schulter, wo der Pfeil direkt in sein Herz eindringen konnte. Ich atmete mehrmals tief durch, um mich voll und ganz konzentrieren zu können. Ich zog die Sehne des Bogens weit zurück, der Pfeil war schussbereit. Meine Muskeln spannten sich unter dem Druck an. Dann sprang das Wildschwein mit einem Satz auf. Ich zählte im Kopf bis drei, zielte und schoss. Der Pfeil trat in den Körper. Es quietschte laut auf. Einer der Jäger schoss einen weiteren Pfeil auf das Wildschwein ab. Dann war es still.

Völlig überwältigt sank ich auf den Boden, ich fühlte mich wie bei einem Orgasmus. Und doch war es ganz anders. Ich schaute in den Himmel und ließ mich ganz gehen. Es war eine Art von Glück, das ich seit Jahren nicht mehr erlebt hatte. Ich fühlte mich unbändig frei, so als wäre ich aus einem tiefen, dunklen Loch gestiegen und hätte nun zum ersten Mal das Sonnenlicht gesehen. Die Jäger beobachteten mich, wie ich auf dem Boden saß. Ich spürte, dass sie nicht wussten, wie sie reagieren sollten. Ich war nicht nur eine Frau, sondern auch eine Fremde. Ich spürte ihre Verwirrung, aber auch ihre Lust. Wie ich hatten sie das Adrenalin der Jagd in sich. Ich war eine Außenseiterin, aber in diesem Moment war ich Teil ihrer Jagdwelt geworden. Ich war weder weiß noch schwarz, weder weiblich noch männlich. Ich konnte sehen, dass sie sich unwohl fühlten. Spürte bei ihnen einen Hauch von Wut darüber, dass ich in ihre Welt eingedrungen war, eine Welt, die Frauen normalerweise nicht betreten durften, und doch waren sie auch beeindruckt.

Ich stand auf und ging zu dem Wildschwein, um mich zu vergewissern, dass es tot war. Ich hatte die richtige Stelle nur um wenige Zentimeter verfehlt, mir fehlte die Übung. Aber der Pfeil des Jägers hatte sein Ziel getroffen. Ich zog ihn heraus und sah zu, wie das Blut aus der Wunde floss. Ich kniete mich neben das Wildschwein, legte meine Hände auf die Wunde und fühlte die Wärme des Blutes, das durch meine Finger rann. Für mich war es das Leben, es war Schönheit, es war Euphorie.

Die Männer sammelten einige große Blätter, legten das Schwein darauf und begannen, es in Einzelteile zu zerlegen. Es wäre zu schwierig gewesen, es als Ganzes zurückzutragen, der Weg war zu weit. Bald wurde ein Feuer angezündet, denn noch vor der Rückkehr ins Lager musste den Geistern ein Opfer dargebracht werden. Dabei ging es nicht darum, zu ihnen zu beten oder Dank zu sagen. Es geht vielmehr darum, mit ihnen das zu teilen, was man sich von der Natur genommen hatte. Ein besonders schönes Stück Fleisch wurde direkt in die Flammen gelegt und verbrannt, bis es schwarz verkohlt war. Der Geruch des verbrannten Fleisches stieg mit dem Rauch in den blauen Himmel auf. Ich saß still daneben schaute zu.

Dann plötzlich musste ich weinen, Tränen strömten über meine Wangen, ich schluchzte. Die Jäger sagten nichts, drehten sich weg und ließen mich in Ruhe. Ich weiß nicht genau, warum ich weinte, es war, als ob all der Schmerz und die Angst der letzten Jahrzehnte in diesem Moment aus mir herausbrachen. All die dunklen Erinnerungen kamen hoch. Seit meinem Umzug in das Schweizer Internat vor fast dreißig Jahren hatte ich mir antrainiert, meine Gefühle zu verbergen, war immer beherrscht. Das Adrenalin der Jagd hatte einen Staudamm gebrochen, schutzlos stand ich meiner ganzen Verzweiflung gegenüber.

Ich saß da und weinte, wütend und erbittert. Voller Selbstmitleid über das, was das Leben mir angetan hatte. Ich weinte um die junge Frau, die vor so vielen Jahren ihre Heimat verlassen hatte, die unzählige Male gescheitert war, die so sehr versucht hatte, mutig zu sein und sich an eine Kultur anzupassen, die sie nie wirklich verstanden hatte. Nach einer Weile waren meine Tränen versiegt. Ich schaute mich um, sah die Farben, die mich umgaben, roch die Rohheit des Regenwaldes und spürte das Leben, das überall vibrierte. Unbewusst fasste ich da schon einen Entschluss. Warum sollte ich in ein Leben zurückkehren, das mir so viel Schmerz und Angst, so viele Tränen gebracht hatte? Hier war ich sicher. Hier war ich zu Hause. Ich wollte nicht zurück. Nie mehr. Ich wollte für immer hierbleiben.

Das Fleisch, es waren sicher vierzig Kilogramm, wurde in große Blätter gewickelt und in Netzbeutel gesteckt, die unter den Männern aufgeteilt wurden. Wir machten uns auf den Rückweg zum Lager. Als das Adrenalin nach und nach meinen Körper verließ, senkte sich bleierne Müdigkeit und völlige Erschöpfung über mich. Ich stolperte den Weg entlang, war wie benebelt und hätte auf der Stelle einschlafen können. Einem der Jäger fiel auf, wie ich darum kämpfte, Schritt zu halten, und er ließ die anderen anhalten. Er legte seinen Beutel ab und verschwand im Gebüsch. Ich stand da, meine Augenlider fielen immer wieder herunter, als würde etwas Schweres an ihnen hängen. Kurze Zeit später tauchte der Jäger wieder auf, mit ein paar Farnen und kleinen Blättern.

Er forderte mich auf, meine Hosenbeine hochzuziehen. Die Farne rieb er an meinen nackten Beinen, nach ein paar Minuten begannen sie zu kribbeln. Dann nahm er zwei der Blättchen und legte sie mir hinter die Ohren, mit der Blattspitze nach vorne zeigend. Dasselbe machte er mit den anderen Jägern. Ich weiß nicht, welche Substanzen die Farne und Blätter enthielten, aber sie zeigten Wirkung. Meine Beine fühlten sich auf einmal schwerelos an. Mein Körper wurde kraftvoll vorwärts gezogen, in die Richtung, in die die Blattspitzen zeigten. Ich bewegte mich nun leicht und mühelos, wie eine Feder im Wind. Dennoch fühlte ich mich weder berauscht, noch war mir schwindlig. Die Müdigkeit und die Schmerzen in den Beinen waren verflogen. Ohne Energie aufzuwenden, machte ich einen riesigen Schritt nach dem anderen. Die Strecke, für die wir auf dem Hinweg mehr als fünf Stunden gebraucht hatten, dauerte nur etwa zwei Stunden. »Wie ist das möglich?«, fragte ich mich. »Was war hier los?« Es fühlte sich ganz anderes an als das, was die Happy Leaves von Mountain John mit mir gemacht hatten. Damals war ich im Rausch, jetzt fühlte ich mich vollkommen nüchtern.

Als wir den letzten Pfad zum Lager hinaufstiegen, drehte ich mich um und blickte ins Tal. Ja, dachte ich, das war meine Welt. Die Welt draußen war hart und gefährlich. Aber hier, inmitten des unberührten Regenwaldes, mit Kulturen, die mir vertraut waren und die die Sprache der Natur sprachen, hier fühlte ich mich sicher.

Ich dachte zurück an all das, was mir passiert war, was ich in der westlichen Welt erlebt hatte. Plötzlich kamen Wut und Bitterkeit hoch, die begannen, meinen Geist zu vergiften. Ich erinnerte mich an all die Missverständnisse, die es gegeben hatte, an die endlosen durchweinten Nächte, an die Angst, die mein ständiger Begleiter gewesen war. In diesem Moment war ich mit Hass erfüllt. Warum sollte ich mir das noch einmal antun und zurückkehren in die Welt, in der ich so viel Leid erlebt hatte, fragte ich mich.

Ich dachte daran, wie ich mir die westliche Welt in meiner Kindheit vorgestellt hatte. An die wunderschönen Geschichten, die meine Mutter uns über Deutschland erzählt hatte. Wie ich glaubte, dass alle Menschen dort glücklich und zufrieden sein müssten mit dem Luxus, den sie besaßen. Und dann an die Enttäuschung, als ich mit dieser Welt konfrontiert wurde, in der dann doch alles ganz anders war. Für mich waren die Jahre im Westen ein reiner Überlebenskampf gewesen, ein sinnentleertes Dasein. Ich hatte mich hinter einer Maske versteckt, hatte mein wahres Ich tief in mir selbst vergraben. Ich betrachtete die untergehende Sonne und war auf einmal ganz klar. Ich war dem Tod entkommen und hatte eine neue Chance zu leben bekommen. Ich wollte dieses Leben nicht vergeuden, indem ich in eine Gesellschaft zurückkehrte, in der ich so viel Schmerz, so viel Leid erlebt hatte. Zu ihr wollte ich nicht mehr gehören. Ich wollte in einer Kultur leben, die ich liebte, und dafür war ich bereit, das Einzige aufzugeben, was ich noch hatte: meine Kinder.

# Eskalation

Ein Monat war seit dem Jagdausflug vergangen. Die Symptome waren nicht mehr zurückgekehrt, obwohl die Behandlung mit dem Wurzelsaft schon mehr als vier Monate zurücklag. So lange am Stück war ich seit Ausbruch der Krankheit vor vielen Jahren nicht mehr symptomfrei geblieben. Das, worauf ich über Jahre so verzweifelt gehofft hatte, wonach wir so lange gesucht hatten, das, wofür ich mein Leben im Europa aufgegeben hatte, war endlich eingetreten. Wir hatten ein Heilmittel gefunden und ich war geheilt. Und doch registrierte ich es kaum.

Ich war damals in den Urwald zurückgekehrt und schließlich jahrelang dortgeblieben, weil ich unbedingt gesund werden wollte, um meine Kinder weiter aufwachsen zu sehen und für sie da zu sein. Dieser Antrieb war fort. Meine Kinder waren aus meinen Gedanken verschwunden, der Wunsch, wieder bei ihnen zu sein, existierte nicht mehr. Das Leben, das ich hinter mir gelassen hatte, war nur noch eine ferne Erinnerung, tief in meinem Hinterkopf vergraben. Ich war völlig in das Leben und die Kultur des Stammes eingetaucht, hatte meine individuelle Persönlichkeit aufgegeben. All meine Bedürfnisse lösten sich zusammen mit meiner Identität auf, jetzt zählte nur noch die Gruppe. Nichts aus meinen früheren Leben hatte noch eine Bedeutung, ich war nur noch darauf fokussiert, in dieser Stammeskultur zu leben und der rauen Natur zu trotzen. Ich verlor mich vollkommen in den immer wiederkehrenden alltäglichen Tätigkeiten: Feuer machen, kochen, pflanzen, ernten, den Regenwald erkunden. An heißen Tagen saß ich mit den Frauen und Kindern im Schatten eines Baumes. Wenn es regnete, suchten wir Schutz in einer Hütte. Mit der Zeit akzeptierten mich die Dorfbewohner als eine von ihnen.

Ich schlief auf dem nackten Fußboden. Weil ich meine Haare nie wusch oder ausbürstete, waren sie voller Läuse. Meine Haut war mit einer Schmutzschicht bedeckt. So zog ich kaum noch Ungeziefer an, ich war Teil der Welt um mich herum geworden. Meine Fingernägel waren lang und kaputt. Meine Kleidung zerfledderte immer mehr, sie war voller Löcher. Mir war das alles egal, ich fühlte mich glücklich. Vergangenheit und Zukunft gab es nicht mehr für mich, der gegenwärtige Moment war meine einzige Realität. Freiwillig hatte ich jegliche Verantwortung für mich selbst abgegeben. Fest eingebunden in das Gefüge der Stammesgesellschaft war ich eine von vielen, tat, was mir die Stammesleute sagten, und erfüllte gewissenhaft meine Pflichten.

Ich hatte zwar einen weiteren Versuch gemacht, wieder auf die Jagd gehen zu dürfen, aber diesmal war ich nicht erfolgreich damit. Ich hatte die Jäger gebeten, mich auf ihren nächsten Jagdausflug mitzunehmen, doch sie schüttelten nur stumm die Köpfe. Pfeil und Bogen wurden ihrem Besitzer zurückgegeben, und jeder meiner Versuche, sie mir wieder zurückzuholen, scheiterte. Ich ging sogar noch einmal zum Häuptling, aber diesmal ließ er sich nicht erweichen. Wie ich später erfuhr, hatte Micky ohne mein Wissen mit ihm gesprochen und ihn davon überzeugt, mich nicht mehr jagen zu lassen. Schließlich gab ich auf und fügte mich in die Rolle, die ich im Stamm als Frau einzunehmen hatte.

Mehrfach versuchte Micky, mit mir über unsere Heimreise zu sprechen, er in sein Dorf, ich nach Europa. Jedes Mal weigerte ich mich, ihm überhaupt zuzuhören. Der Gedanke an eine Rückkehr in mein früheres Leben machte mir zu viel Angst. Ich wollte nicht in die Welt zurück, in der ich mich nicht sicher fühlte, in der ich einsam und traurig war, in der ich schlimme Dinge erlebt hatte. Ich wollte hierbleiben, in Sicherheit. Schließlich sagte ich Micky, dass ich nicht mit ihm zurückkehren würde. Er reagierte nicht darauf, wartete stattdessen ein paar Tage ab, in der Hoffnung, dass ich zur Besinnung kommen würde, und suchte erneut das Gespräch. Ich gab ihm die gleiche Antwort, wieder und wieder. Im Laufe der Wochen wurde ihm klar, dass er mich so nicht umstimmen konnte.

In all den Jahren, die ich Micky kenne, hatte ich nie erlebt, dass er wütend wurde oder die Beherrschung verlor, bis zu jenem Nachmittag, an dem er mich wieder einmal zur Rede stellte: »Sabine, ich muss zurück zu meiner Familie. Wir müssen uns auf die Abreise vorbereiten.« »Geh allein, ich werde dich nicht aufhalten«, erwiderte ich. »Ich kann nicht ohne dich zurück, ich bin für dich verantwortlich«, gab er zurück.

Wir fingen einen Streit an, der bald eskalierte. Ich beharrte darauf, zu bleiben. Doch Micky ließ nicht locker, bestand darauf, dass ich mitkam. So ging es hin und her. Als er einsehen musste, dass er mich nicht überzeugen konnte, hielt er mich fest und blickte mir in die Augen:

»Glaubst du wirklich, du bist eine von uns? Sieh dich an. Du redest davon, ein Stammesmensch zu sein, doch du benimmst dich genauso wie die, die du angeblich verachtest. Alles, was dich interessiert, sind deine eigenen Wünsche, dein eigenes Glück, dein eigenes Wohlergehen. Dir geht es nur darum, was du fühlst und was du willst. Du gehörst nicht hierher, du hast es verspielt, einen festen Platz in diesem Stamm zu bekommen, als du auf die Jagd gegangen bist. Dies ist nicht deine Welt und sie wird es nie sein. Und glaubst du wirklich, dass du jemals irgendwo ganz dazugehören wirst? Du bist und bleibst weder weiß noch schwarz, weder Melanesier noch Europäer. Du läufst vor dir selbst weg, vor deiner Verantwortung, vor deinen Ängsten und deinen Schwächen. Hast du überhaupt eine Ahnung, was es heißt, Verantwortung zu tragen? Werde endlich erwachsen und kapiere, worum es im Leben wirklich geht, anstatt dich hier zu verstecken und den einfachen Weg zu wählen, deinen Ängsten und deinem Schicksal zu entkommen. Es ist an der Zeit, dass du lernst, dich dem Leben zu stellen, anstatt dich wie ein Feigling zu verkriechen. Das, was du machst, ist unfair – mir gegenüber, dem Stamm, der dein Leben gerettet hat, und deinen Kindern gegenüber.«

Er schrie nun beinahe. Die Dorfbewohner hielten inne und beobachteten die Szene. Als ich seine Worte hörte, stiegen angestaute Wut und Bitterkeit in mir hoch. Ich geriet in Rage. In diesem Augenblick hasste ich ihn abgrundtief. Ich fühlte mich von Micky bedroht, bedrängt, mir mein neues Leben wieder zu nehmen. Etwas in mir explodierte. Ich drehte mich um und sah Pfeil und Bogen an einem Baum lehnen, die jemand dort zurückgelassen hatte. »Nein«, dachte ich bei mir, »ich lasse mich von niemandem aus diesem Leben reißen.« Ich machte einen Satz zum Baum, griff nach dem Bogen und drehte mich zurück zu Micky.

Ich spürte den Schock der Menschen um uns herum, als ich den Pfeil spannte, auf ihn zielte und die Sehne losließ. Ich hörte Mickys lauten Schrei, als der Pfeil in sein Bein eindrang. Ich sah seine Wut, als er ihn herauszog, sich auf mich stürzte und mir den Bogen aus der Hand riss. Dann holte er weit aus und schlug zu. Er traf mich so hart, dass ich rückwärts taumelte. Ich fühlte den brennenden Schmerz, als meine Ohren unter der Wucht seiner Hand explodierten, und auf eine seltsame Weise fühlte es sich gut an. Es verstärkte meine Wut noch. Mich überkam ein dunkles, wildes, überwältigendes Verlangen zu töten. Es war noch viel intensiver, mächtiger und unkontrollierbarer als das, was ich vor einigen Wochen auf der Jagd gespürt hatte. »Ich werde dich umbringen«, schrie ich und stürzte mich auf ihn.

»Ayo, ayo, sie kämpfen!«, riefen die Frauen aufgeregt. Andere, die am Rande des Dorfes wohnten, hörten die Schreie und eilten zu dem Tumult. Bald war das ganze Dorf in Aufruhr. Einige Frauen sprangen vor und hielten mich fest. Ich war außer mir vor Wut. In meinem Mund schmeckte ich Blut, diesmal war es aber nicht nur ein Gefühl, das Blut war tatsächlich da. Ich versuchte, mich zu befreien, aber der Griff der Frauen war zu fest. Sie banden mich an einen Baum, um mich zu beruhigen. Dort sollte ich bleiben, bis der Häuptling entschieden hatte, was mit mir geschehen sollte. Wie ich bestraft werden musste. Ich hatte ein Verbrechen begangen, aus Sicht des Stammes gab es keinen legitimen Grund für mich, auf Micky zu schießen. Inzwischen war einer der Männer losgelaufen und pflückte ein paar spezielle Blätter im nahen Busch. Er rieb sie zwischen seinen Handflächen, presste den Saft heraus und rieb ihn in Mickys Pfeilwunde. Es stoppte die Blutung sofort, desinfizierte die Wunde und linderte den Schmerz.

Die Sonne ging langsam unter, ich war noch immer an den Baum gebunden. Der Häuptling war nicht im Dorf und ich musste auf seine Rückkehr warten. Eine der Frauen brachte mir ein paar Süßkartoffeln zu essen. Ich ließ sie stehen, konnte nichts herunterbekommen. Als mein Zorn und meine Wut langsam nachließen, trat an ihre Stelle eine schreckliche Leere. Ich war von Schuldgefühlen überwältigt und fühlte mich einsamer denn je. Warum war mir das passiert? Wie konnte ich derart die Kontrolle verlieren und auf den Mann schießen, der alles aufgegeben hatte, um mich zu retten? Ich verachtete mich selbst und schämte mich zutiefst für das, was ich getan hatte.

Jemand kam und machte ein Feuer neben mir, aber ich beachtete es kaum. Ich saß da, starrte auf die Bäume und die untergehende Sonne. Die Worte, die Micky zu mir gesagt hatte, hatten mich tief getroffen. Ich fühlte mich, als würde ich allmählich aus einem langen Traum erwachen. Es war schmerzhaft, der Realität ins Auge zu sehen, dem ins Auge zu sehen, was aus mir geworden war. Wie konnte ich bloß so egoistisch sein und meine Kinder vergessen, die ich zurückgelassen hatte? Meine Kinder, für die ich all die Strapazen auf mich genommen hatte, um Heilung zu finden?

Es war schon dunkel, als Micky zu mir trat und sich neben mich setzte. Seinem Bein ging es inzwischen besser. Ich wusste nicht, was ich sagen sollte, Tränen liefen mir über die Wangen. Er reichte mir ein nasses Handtuch für meine aufgeplatzte Lippe. Eine Weile saßen wir schweigend da. Er entschuldigte sich dafür, mich geschlagen zu haben. Er hatte noch nie eine Frau geschlagen und fühlte sich schrecklich deswegen. Aber er habe nicht gewusst, wie er mich anders habe bremsen können, mich aus meiner Rage habe herausholen können. Eigentlich war ich ihm sogar dankbar. Ich weiß nicht, ob ich nicht noch einen weiteren Pfeil auf ihn geschossen und ihn noch ernsthafter verletzt hätte.

»Wir müssen von hier fortgehen«, sagte er schließlich. »Ich weiß«, antwortete ich. »Der Häuptling hat entschieden, dass du den Stamm verlassen musst und nicht zurückkommen darfst«, sagte er.

Verbannt zu werden ist in der Stammeskultur ein sehr hartes Urteil, denn in der Regel bedeutet es für den Ausgestoßenen den sicheren Tod. Außerhalb des Dorfes allein im Regenwald zu überleben, war fast unmöglich. Bei mir war das etwas anders, da der Häuptling wusste, dass Micky mit mir gehen und mich in Sicherheit bringen würde. Dennoch war es eine harte Strafe. Nicht nur der tätliche Angriff auf Micky hatte den Häuptling dazu bewogen. Dazu kam, dass eine jagende Frau, die sich auch im Dorf nicht unter Kontrolle hatte, das soziale Miteinander gefährdete.

»Es tut mir so leid!«, war alles, was ich sagen konnte. An diesem Abend unterhielten wir uns noch stundenlang. Über all das, was uns in den letzten Jahren widerfahren war. Über die jahrelange Suche nach einem Heilmittel, das Bangen und Hoffen, die großen Enttäuschungen, die stets folgten. Wie wir am Ende doch erfolgreich waren und ich wieder gesund geworden war. War das nicht ein Grund zur Freude? Stattdessen hatte ich mit ihm gestritten, war auf ihn losgegangen, hatte ihn verletzt. Micky entschuldigte sich für die harten Worte in seiner Ansprache am Nachmittag, die mich sehr verletzt hatten. Aber er hatte mir diese Dinge gesagt, weil er wollte, dass ich mein Leben wieder in den Griff bekam. Dass ich aufhörte, mich vor mir selbst und meiner Verantwortung zu verstecken.

»Du hast die Fähigkeit, eine Brücke zwischen verschiedenen Kulturen zu bauen. Nutze sie und bewirke Gutes damit. Mach etwas aus den Gaben und Talenten, die dir gegeben wurden. Da liegt dein wahres Glück. Nicht darin, dir selbstsüchtig deine Wünsche zu erfüllen. Geh zurück nach Europa, zu deinen Kindern. Finde deinen Platz im Leben«, sagte er zu mir.

Er erinnerte mich daran, wie entschlossen ich damals war, einen Weg zu finde, wieder gesund zu werden. Wie es mir das Herz zerrissen hatte, von meinen Kindern getrennt zu sein, und wie sehr ich sie liebte. Wie verzweifelt ich überall, wo wir hinkamen, nach einem Mobilfunknetz gesucht hatte, um sie anzurufen. An die Nächte, in denen ich geweint und mich danach gesehnt hatte, sie wieder in meine Arme zu schließen.

Ich dachte eine Weile nach. Ich wollte dieses Dorf nicht verlassen. Aber die Zeit war gekommen, ich musste zurück. Mich meinen Ängsten stellen und lernen, stark zu sein. Verstecken war keine Lösung. Ich hatte eine neue Chance zu leben bekommen und wollte sie nicht wegwerfen, sondern etwas Gutes daraus machen.

Am nächsten Tag wurde im Dorf eine Zeremonie abgehalten, denn obwohl ich verbannt werden sollte, musste ich meine Taten wiedergutmachen. Als Kompensation für die Verletzung, die ich ihm zugefügt hatte, gab ich Micky von dem Gemüse, das ich aus dem Garten geerntet hatte, und Muschelgeld, das ich noch bei mir hatte. Dabei entschuldigte ich mich bei ihm, für alle hörbar. Ich entschuldigte mich auch beim Häuptling, dann bei den Männern und Frauen des Dorfes. Denn ich hatte ihnen allen geschadet, indem ich Unruhe in ihrer Stammesstruktur gestiftet hatte. Später gab es ein gemeinsames Essen. Ich wusste, dass die Dorfbewohner mir nicht böse waren. Ich konnte sehen, wie sehr sie mich in ihr Herz geschlossen hatten. Und doch musste ich die Konsequenzen für mein Verhalten tragen.

Ein paar Tage später, es war noch früh am Morgen, packten wir unsere wenigen Habseligkeiten zusammen. Das ganze Dorf war gekommen, um Abschied zu nehmen. Die Frauen sangen Trauerlieder, es waren dieselben Lieder, die sie gesungen hatten, als sie vor ein paar Monaten dachten, ich würde sterben. Ich sah ihre Tränen und hörte das Wehklagen, als ich mich ein letztes Mal umdrehte und auf den Ort blickte, der in den vielen Monaten zu meinem Zuhause geworden war. Der Ort, an dem ich wieder gesund geworden war. Der Häuptling sah mich direkt an und nickte mir zu, ein Zeichen des Respekts und des Abschieds. Für sie war dieser Abschied wie der Tod. Wir gingen fort und würden nie mehr zurückkehren.

Als wir in den dichten Regenwald hineingingen, hörte ich die vertrauten Geräusche. Vögel und Insekten, vermischt mit den Klängen der Trauerlieder. Ich hatte das Gefühl, einen Teil von mir zurückzulassen, als wäre etwas in mir gestorben. Wir folgten dem Pfad zum Fluss. Ich vergoss ein paar letzte Tränen, atmete die frische Luft ein. Die bunten Farben des Regenwalds, die mich in meiner Kindheit so intensiv begleitet hatten, die ich erst lange verloren und schließlich hier wiederentdeckt hatte, nach denen ich mich so sehr gesehnt hatte, begannen zu verblassen. In diesem Moment wurde mir klar, dass ich dabei war, erwachsen zu werden.

Ich beschloss, endlich Verantwortung für mich und mein Leben zu übernehmen. Als Kind, das in einem Stamm aufgewachsen war, hatte ich nicht gelernt, für mich selbst verantwortlich zu sein. Ich war in einer Welt aufgewachsen, in der Entscheidungen von der Gruppe getroffen wurden, in der alle die Last des Lebens gemeinsam trugen. Wie das Leben im Westen funktionierte, hatte ich in all den Jahren nie richtig verstanden. Vielleicht habe ich es auch nicht wirklich versucht. Ich hatte mich zu sehr an den Teil meiner Persönlichkeit geklammert, der die Stammesvergangenheit nicht loslassen wollte. So hatte ich kaum eine Chance, mich weiterzuentwickeln. Ich begriff nun, dass ich diesen Teil in mir loslassen musste, wenn ich meine neue Chance, die mir durch die Heilung geschenkt worden war, wirklich nutzen wollte.

Ich wollte stark in der westlichen Welt werden, die Kultur verstehen und ihre Überlebenstechniken erlernen. Wenn es dort keinen Stamm gab, der eine Struktur für mich aufbaute, wenn es keinen Clan gab, der mich beschützte, dann musste ich diese Struktur eben selbst aufbauen. Ich musste selbst etwas um mich herum organisieren, um mich zu schützen. So wie ich im Dschungel körperlich stark geworden war, wollte ich im Westen lernen, emotional und mental stark zu werden.

Mit diesem Gedanken verließ ich Papua-Neuguinea einige Wochen später, im Frühjahr 2017. Der Abschied von Micky war hart. Er hatte mich so viele Jahre begleitet. Er hatte mich geschützt, mich getragen, wenn ich nicht mehr laufen konnte. Er hatte mir so viel beigebracht und mir geholfen, ein neues Leben zu bekommen. Ich versprach, ihn zu besuchen, sobald ich konnte. Als ich mich umdrehte und ihn ein letztes Mal anschaute, sah ich seine Tränen. Was für ein ungewöhnlicher und besonderer Mensch er war, dachte ich mir, während auch ich mit den Tränen kämpfte. Ich drehte mich um und ging den Gang hinunter zum Gate. Als ich im Flugzeug saß, aus dem Fenster auf die Insel blickte und sah, wie die Berge, der Dschungel, die Strände und die Dörfer schrumpften und verschwanden, lehnte ich mich in meinem Sitz zurück und schloss die Augen. Diesmal würde ich es schaffen.

# Die Rückkehr

## *Katar, 2017*

In Port Moresby war ich einkaufen gegangen, hatte Hosen, Pullover und T-Shirts, Socken und Unterwäsche gekauft. Ich hatte mich gründlich gewaschen, die Haare entlaust und stand nun ordentlich angezogen am Flughafen. Ich hatte einen langen Flug vor mir, von Port Moresby in die Schweiz, mit einem Zwischenstopp in Katar. Einerseits konnte ich es kaum erwarten, meine Kinder nach all den Jahren endlich wiederzusehen. Die Aussicht, sie schon in wenigen Stunden wieder in meine Arme schließen zu können, erschien mir fast unwirklich. Andererseits hatte ich Angst. Ich war so lange nicht mehr in Europa gewesen und wusste nicht, was mich erwartete und wie ich reagieren würde. Ich hatte mehr als fünf Jahre im Südpazifik verbracht, meist auf einsamen Inseln, unter isolierten Stämmen und in abgelegenen Dörfern. Mein Geist und mein Körper hatten sich dem langsamen Rhythmus der Natur angepasst. Es war ein von der Natur beherrschtes Leben, und ich war ein Teil davon geworden. Im Westen würde alles anders sein.

Während des Fluges sah ich mir die neuesten Filme an. Von vielen der Schauspieler hatte ich noch nie etwas gehört, sie waren erst vor Kurzem bekannt geworden. In den letzten Jahren hatte ich davon nichts mitbekommen. Ich war nur selten online gewesen. Und wenn, dann lediglich, um meine E-Mails abzurufen. Denn Zugang zum Internet war selten und sehr teuer. Ich hatte weder ferngesehen noch Filme geschaut, geschweige denn Zeitungen gelesen. Ich versuchte, mir ein Bild zu machen von den wesentlichen Ereignissen, die ich verpasst hatte. Ich las über die neuesten politischen Entwicklungen, über pikanten Promi-Klatsch und Sportergebnisse. Ich fühlte mich wieder wie mit 17 Jahren, als ich in der Schweiz ins Internat kam. Damals wusste ich fast gar nichts über die Welt außerhalb von West-Papua und verschlang jede Zeitschrift oder Zeitung, die mir in die Finger kam, um mehr über die mir so fremde Welt zu erfahren.

Wir landeten in Katar, wo ich einen mehrstündigen Aufenthalt hatte. Ich folgte den anderen Passagieren aus dem Flugzeug und betrat eine Welt, die mich überwältigte. Es war nicht so, als wäre ich in den letzten Jahren nicht oft auf Flughäfen gewesen. Aber die Flughäfen in Papua-Neuguinea und auf den Salomonen waren winzig klein und einfach. Sie waren kein Vergleich zu dem gigantischen Konstrukt aus Beton, Stahl und Glas, mit den vielen Terminals und Gates, das ich nun betrat. Benommen lief ich an zahllosen Geschäften mit einer endlosen Auswahl an Waren vorbei, an belebten Restaurants, bunten Werbetafeln und leuchtenden Schildern. Ich bahnte mir einen Weg durch bunt gekleidete Menschenmassen. Aus allen Richtungen dröhnten schrille Stimmen aus den Lautsprechern und grelle Lichter blendeten mich.

Ich fand einen leeren Stuhl und setzte mich. Ich starrte auf die Szenerie um mich herum und fühlte mich plötzlich schrecklich verloren. Ich hatte keine Ahnung, wohin ich gehen oder was ich tun sollte. Das hektische Treiben um mich herum ging unablässig weiter. Laute Wortfetzen drangen an meine Ohren, die meisten in einer mir fremden Sprache. Kahle, glatte Wände, endlose Gänge, Rolltreppen und ein unübersichtliches Gewimmel von Menschen. Es war viel zu viel für mich, um alles auf einmal zu verarbeiten. Meine Sensoren waren überreizt, sie waren an die gedeckten Grün- und Brauntöne des Dschungels gewöhnt, nun wurden sie beschossen von den grellen, flackernden Farben, die die Menschen einhüllten und mich von Werbetafeln und Plakaten ansprangen. Wohin ich auch blickte, alles, was ich sah, war fremd und ungewohnt, es überforderte mich. Mein Puls raste und mir wurde schwindelig. Ich schloss die Augen, als ich spürte, wie Panik in mir aufstieg, und ich musste tief durchatmen, um ruhig zu bleiben. Es war, als wäre ich mit einer Zeitmaschine in die Zukunft katapultiert worden, als wäre ich auf einem anderen Planeten gelandet.

Und dann, wie eine Welle, die mich zu ertränken drohte, schwappten die Emotionen der Menschen, die vorüberhasteten, über mich hinweg. Ich konnte alles genau spüren, als würde ich es selbst erleben. Ein junger Teenager, der mit schweren Depressionen kämpfte und Selbstmordgedanken hegte. Eine Frau, die voller Verbitterung und Wut an der Seite ihres Mannes an mir vorbeilief. Ein Geschäftsmann, der von Sorgen geplagt kurz vor dem Burnout stand. Ein Kind, das sich einsam und verlassen fühlte, obwohl es von seiner Familie umgeben war. Ich fühlte die nicht vergossenen Tränen, hörte die unausgesprochenen Worte, sah die schmerzhaften und traurigen Erinnerungen. Ich versuchte, sie auszublenden, aber sie waren zu stark und es waren zu viele. Mein Kopf schien zu zerplatzen.

Ich brauchte etwas, das mich ablenkte, und beschloss, mir einen Kaffee zu holen. Ich ging in Richtung der vielen Cafés, die an einer Seite des unendlich langen Ganges auf dem Weg zu den Gates untergebracht waren. Warum gab es bloß so viele verschiedene davon? Ich versuchte herauszufinden, was das eine vom anderen unterschied, abgesehen vom Namen und der Einrichtung. Welches hatte wohl den Kaffee, der mir am besten schmecken würde? Schließlich hielt ich vor einem der Cafés an, vor dem die Schlange der Wartenden etwas kürzer schien als bei den anderen, und stellte mich an.

Mein Herz raste, meine Handflächen waren schweißnass und ich kämpfte gegen die Panik an, die mich überkommen wollte. Ich blickte zu den anderen Gästen um mich herum, zu den jungen Frauen hinter der Theke. Niemand lächelte, da waren keine freundlichen Gesichter, nur Stress, Bitterkeit, Erschöpfung und abweisende Kälte stand in den Gesichtern geschrieben. Es schien, als existierten sie isoliert von den anderen, obwohl sie dicht gedrängt standen. Niemand schien von seiner Umgebung und den Menschen neben sich gestört, sie schienen sie nicht einmal wahrzunehmen.

Schließlich war ich an der Reihe und bat um einen Kaffee. »Welchen wollen Sie denn?«, fragte mich die junge Frau und zeigte auf die große Tafel, die hinter ihr an der Wand hing. Als ich die Auswahl betrachtete, wurde mir ganz heiß, ich hatte das Gefühl von

Watte im Kopf. Auf der Tafel waren unzählige Kaffeevarianten aufgeführt, bezeichnet mit Wörtern, die ich noch nie gehört hatte. Ich brachte kein Wort heraus. »Sie müssen sich entscheiden oder aus der Reihe treten!«, rief sie angespannt. Der Druck in mir wuchs, und ich spürte die Ungeduld der anderen in der Schlange hinter mir. »Ich möchte einfach einen normalen Kaffee«, sagte ich vorsichtig. Gereizt schleuderte die Frau hinter der Theke mir unbekannte Worte zu: Größenangaben, Milchvarianten, Zuckerzusätze, Geschmacksorten, Stärkeoptionen. Mir stiegen die Tränen in die Augen. Ich konnte damit nichts anfangen, wusste keine Antworten auf ihre Fragen. Ich drehte mich um und lief weg, verfolgt von ihrem wütenden Blick. Ich ging einfach weiter, ohne zu wissen, welches Ziel ich hatte.

Nach einer Weile fand ich schließlich eine etwas ruhigere Ecke und setzte mich auf den Boden. Ich begann, leise zu weinen. Am liebsten wäre ich weggelaufen und hätte mich versteckt, aber ich wusste nicht wo. Meine Sinne nahmen alle Reize ungefiltert auf, ich wurde regelrecht von ihnen bombardiert. Schutzlos war ich dem Chaos um mich herum ausgeliefert. Ich bekam schreckliche Kopfschmerzen. Was hatte ich bloß getan? Warum war ich in diese Welt zurückgekehrt?

Mittlerweile hatte ich nicht nur Durst, sondern auch Hunger. Aber nach dem niederschmetternden Erlebnis an der Kaffeetheke fühlte ich mich nicht in der Lage, mir etwas zu essen zu besorgen. Denn auch die Auswahl an Speisen, an Salaten, Sandwiches und Wraps schien endlos. Ich atmete tief ein und aus und versuchte, mich auf ein Geräusch, einen Geruch oder einen Anblick zu konzentrieren, an dem ich mich festhalten konnte. Wenn ich nur einen Weg fände, mich an eine solche Sinneswahrnehmung zu klammern, könnte ich vielleicht meinen Geist beruhigen und alles andere ausblenden. Aber je mehr ich es versuchte, desto mehr geriet ich in einen Rausch aus Angst und Panik. Ich schaffte es nicht, die Dinge zu sortieren, mit denen ich konfrontiert wurde.

Dann bemerkte ich ein etwa vierjähriges Mädchen, das in der Nähe auf dem Boden neben ein paar Stühlen spielte. Ich beobachtete, wie sie glücklich und gedankenverloren mit ihren Spielsachen in eine eigene Fantasiewelt versunken war. Neben dem kleinen Mädchen saß eine junge Frau auf einem Stuhl. Sie trug Kopfhörer und wippte lächelnd im Takt der Musik, die sie hörte. Auch sie schien völlig mit sich im Reinen und zufrieden. Den beiden gelang es offenbar, sich von dem Chaos um sie herum abzugrenzen. Sie schafften es, sich ihrem Tun vollkommen hinzugeben und eins zu werden damit. Sie waren in der Lage, sich von der Unruhe um sie herum zu lösen. Dann dachte ich an die Menschen, mit denen ich in der Schlange vor dem Café gestanden hatte. Auch sie schienen wie in einen Kokon gehüllt, losgelöst von der Hektik. Sie schienen ihre Sinne ausgeschaltet zu haben, ohne die Gefühle und Empfindungen anderer wahrzunehmen. Sie bewegten sich mühelos durch die Menge, trafen ihre Entscheidungen mit unglaublicher Geschwindigkeit und schienen instinktiv zu wissen, wie sie sich zu verhalten hatten und wie sie sich in dem Durcheinander um sie herum zurechtfinden konnten.

Ich dagegen kam gerade aus dem Urwald, hatte mich jahrelang zwischen hohen Bäumen, dichtem Unterholz, tiefen Sümpfen und langen Flüssen mit reißenden Strömungen zurechtgefunden. Hatte dort überlebt, weil meine Sinne jedes Geräusch, jede Bewegung und jeden Geruch wahrnehmen konnten. Hier aber fühlte ich mich unendlich fehl am Platz und verloren. Ich fragte mich, ob es mir gelingen könnte, so wie das Mädchen und die Frau zu werden. Könnte auch ich Teil einer modernen Kultur und Gesellschaft werden? Ich bestieg das Flugzeug, das mich in die Schweiz bringen sollte, und war fest entschlossen, so viel wie möglich zu lernen, neu anzufangen und meinen Platz zu finden. Egal, wie lange es dauern würde, und egal, wie sehr ich mich anstrengen müsste. Als sich das Flugzeug in die Lüfte erhob, durch die Wolken brach und am blauen Himmel in Richtung Europa flog, gingen mir viele Gedanken durch den Kopf. Ich dachte an die Abenteuer meines Lebens.

Dann schaute ich nach vorne. Ein Neuanfang würde nicht leicht werden, aber für meine Kinder und für mich musste ich es versuchen. Schon damals, mit 17 Jahren, hatte ich einen Neuanfang gewagt, aber diesmal war es anders. Ich hatte durch meine jahrelange Rückkehr in den Urwald Erfahrungen gemacht, die ich als junge Frau nicht gehabt hatte. Ich hatte endlich verstanden, wie stark und auf welche Weise der Einfluss der Kultur, ich der ich aufgewachsen war, mein Denken und Verhalten beeinflusste. Wie und warum ich damit aneckte. Ich hatte verstanden, dass ich, obwohl meine Haut weiß war, obwohl ich wie eine Europäerin aussah, innerlich eine Stammesfrau war. Ich fühlte mich in der Lage, nun ganz anders damit umzugehen, viel bewusster. Und noch etwas verstand ich endlich. Ich hatte im Westen eine Freiheit, die ich in einem Stamm nie haben würde. Ich hatte die Freiheit, mein Leben so zu gestalten, wie ich es wollte. Ich war ein Individuum mit besonderen Fähigkeiten, mit Stärken und auch Schwächen. Das wollte ich mir zunutze machen.

Einige Stunden später landeten wir in der Schweiz. Ich holte meinen Koffer vom Gepäckband und ging zum Ausgang. Und da waren sie, meine wunderschönen Kinder. Nach Jahren hielt ich sie endlich wieder fest in meinen Armen. Ich war zurückgekehrt, wie ich es versprochen hatte. Ich war wieder vollkommen gesund und bereit, ein neues Leben zu beginnen. Aber diesmal sollte es ein Leben voller Freude, voller Glück und Harmonie sein.

# Epilog

## *Deutschland, Herbst 2023*

Seit meiner Rückkehr nach Europa sind nun schon fast sieben Jahre vergangen. Ich habe vor allem viel Zeit mit meinen vier Kindern verbracht, wir hatten so vieles nachzuholen, wollten die lange Trennung aufarbeiten. Wir haben unzählige wunderbare Momente miteinander verlebt, über das Leben gesprochen und all das, was uns in den Jahren passiert ist. Heute erscheint es mir unwirklich und unendlich weit weg, dass ich tatsächlich mal im Sinn gehabt hatte, nicht mehr zu ihnen zurückzukehren und stattdessen in einem Urwalddorf zu bleiben. Ich liebe meine Kinder über alles. Und auch die große Unterstützung und die Liebe, die ich von ihnen erfahre, ist überwältigend und hat mir unglaublich viel Kraft gegeben, um all die Schwierigkeiten zu überwinden, mit denen ich nach meiner Rückkehr, bei der erneuten oder, besser gesagt, eigentlich erstmals richtigen Eingewöhnung in das Leben in Europa, konfrontiert war. Denn trotz meiner Entschlossenheit, mich anzupassen, hier zurechtzukommen und ein glückliches Leben zu haben, war es ein langer und harter Kampf.

Inzwischen lebe ich in Deutschland, ich bin nach Hamburg gezogen, wo ein Teil meiner Familie lebt. Ich habe mir ein neues Leben aufgebaut, habe wunderbare Freunde gefunden, die für mich wie ein kleiner Stamm geworden sind. Ich habe gelernt, die positiven Aspekte und guten Seiten der zwei verschiedenen Kulturen zu akzeptieren. Ich genieße den unglaublichen Luxus, den ich hier habe, wie etwa fließendes, warmes Wasser, Strom aus der Steckdose, die unterschiedlichsten Lebensmittel, die an jeder Ecke erhältlich sind, WLAN beinahe überall, schöne Restaurants, Geschäfte und das große Kulturangebot. All das hatte ich im Urwald nicht. Das Leben dort dagegen ist entspannter, ich war mental und emotional besser geschützt. Ich war nie allein, war fest in ein soziales Gefüge eingebettet, das im Stamm automatisch da ist und nicht erst aufgebaut werden muss. Es gibt dort nicht den Zeitdruck und den Stress, den wir fast alle im Westen haben. Ich habe einige Seiten der westlichen Kultur neu für mich entdeckt, die ich zuvor als selbstverständlich genommen hatte und die ich heute viel mehr zu schätzen weiß. Ich denke tatsächlich, dass ich mich langsam ein wenig eingelebt habe.

Oft bin ich gefragt worden, ob ich nicht ein weiteres Buch schreiben möchte. Ich hätte doch so viele spannende neue Abenteuer erlebt, hätte noch so viel zu erzählen. Ich lehnte immer ab, ich hatte ja bereits einige Bücher verfasst. Eines Abends aber saß ich mit ein paar Freunden zusammen und wir sprachen über meine Zeit im Internat, die ersten Wochen und Monate nach dem Verlassen des Fayu-Stammes. Über meine Schwierigkeiten, die ich hatte, hier im Westen anzukommen. Zu verstehen, warum ich so anders war als all die anderen, obwohl ich doch ihre Sprache sprach und so aussah wie sie. Plötzlich wurde mir klar, wie viel einfacher es gewesen wäre, wenn ich damals schon das gewusst hätte, was ich heute weiß. Über die Unterschiede der Kulturen, über das, was es mit Menschen macht, wenn sie einen Kulturschock erleben, und wie sie damit umgehen können. Ich dachte darüber nach, wie anders mein Leben verlaufen wäre, wenn ich damals ein Buch wie dieses, das Sie gerade lesen, zur Verfügung gehabt hätte.

Ich fasste den Entschluss, dass ich es wagen musste. Aufzuschreiben, was ich durchgemacht habe, meine Leserinnen und Leser mit auf meine sehr persönliche Reise zu nehmen, Dinge mit ihnen zu teilen, die bisher im Verborgenen geblieben waren. Wenn ich damit einen Beitrag dazu leisten kann, dass Menschen sich besser in unsere Gesellschaft einfügen, oder sie ermutigen kann, ihren Platz im Leben zu finden und ihnen so wenigstens einige der Kämpfe zu ersparen, die ich geführt habe, dann wäre es das wert.

Doch was es für mich bedeuten sollte, dieses Buch zu schreiben, das wurde mir erst im Prozess der Entstehung nach und nach klar.

Als ich anfing, das Buch zu schreiben, beim Verfassen der ersten Kapitel, bekam ich schreckliches Heimweh. Ich wollte zurück in den Urwald und wünschte mir wochenlang nichts sehnlicher, als dorthin zurückkehren zu können. Ich schlief schlecht, war missmutig, deprimiert und frustriert. Ich zweifelte, ob ich die richtige Entscheidung getroffen hatte, und wenn ich nicht bereits den unterschriebenen Buchvertrag in der Tasche gehabt hätte, wer weiß? Aber mit jeder Seite, die ich schrieb, mit jeder Erinnerung, den Erfahrungen und den Emotionen dieser verrückten langen Reise, die ich dadurch wieder zum Leben erweckte, veränderte ich mich, Stück für Stück.

Jeden Tag ließ ich ein wenig von dem los, was mich zurückhielt, und begann, mich zu befreien. Dadurch, dass ich gezwungen war, zurückzublicken und genau hinzusehen, verstand ich Dinge, die mir bis dahin verborgen geblieben waren. Ich begriff, dass ich selbst es war, die mich daran hinderte, das Leben zu führen, das ich mir immer gewünscht hatte. Es waren meine Ängste, die mir im Weg standen, ausgedrückt in meiner Weigerung, die Stammesfrau in mir loszulassen, die mir im Urwald so gute Dienste erwiesen hatte. Es war meine Weigerung, die westliche Seite in mir, die mir meine Eltern mitgegeben hatten, zum Vorschein treten zu lassen. Das war zu einem Käfig geworden, den ich mir selbst geschaffen hatte. Ich hatte immer davon geträumt, frei zu fliegen wie die Vögel am Himmel, durch die Wolken zu schweben und das Leben aus einer höheren Perspektive zu sehen. Aber dafür musste ich mich aus dem Käfig befreien, den ich für mich selbst gebaut hatte und dessen Tür ich fest verschlossen hatte.

Mir wurde klar, dass, egal wie viel Zeit vergehen würde, ich in beiden Welten auf eine gewisse Weise dazugehörte und gleichzeitig auch nicht. Weder im Urwald noch im Westen war ich eine Einheimische. Ich war aber auch keine Fremde. Ich verstand, dass ich in beiden Welten zu Hause sein, aber dennoch Heimweh nach der jeweils anderen Welt haben konnte. Ich war in vielerlei Hinsicht vertraut mit den Kulturen des Urwaldes und mit der modernen Welt, und doch war ich immer wieder überrascht, wie wenig ich eigentlich wirklich davon verstand.

Ich fing an, die Welt, in der ich nun lebte, mit anderen Augen zu sehen. Ich entdeckte in der westlichen Gesellschaft, die mir früher düster und gefährlich erschienen war, nun die Schönheit und Einzigartigkeit, die ich nie hatte sehen können oder wollen. Ich erkannte, dass das, wovor ich mich so gefürchtet hatte, genau das war, was ich nicht verstanden hatte, was mir fremd, undurchschaubar und verborgen geblieben war. Als ich genau hinsah, erkannte ich auch die Strukturen des Lebens im Westen. Es sind ganz andere als im Stammessystem.

Es sind Strukturen, die hier das Leben des Einzelnen und das soziale Miteinander definieren, die es den Menschen ermöglichen, glücklich und erfolgreich zu sein. Hier ist jeder Mensch sein eigenes System, das unabhängig von denen der anderen agiert und funktionsfähig ist, während der Stamm ein in sich geschlossenes System ist, das auch nur als Ganzes überleben kann. Das zu erkennen war in etwa so, wie es damals für mich war, als ich plötzlich die Farben im Urwald sehen konnte. Sie eröffneten mir einen völlig neuen Horizont. Sie halfen mir, mich in Urwald und in der Stammeswelt zurechtzufinden. Nun halfen die neu entdeckten Strukturen mir, ein Leben im Westen aufzubauen.

Mir wurde die einzigartige Chance klar, die sich mir geboten hatte, als ich als Erwachsene in die Kultur meiner Kindheit zurückzukehren konnte. Es gab mir die Möglichkeit, die beiden Kulturen, in denen ich, in jeder auf ihre Art, verwurzelt war, zu vergleichen und zu verstehen. Denn obwohl ich den Großteil meiner Kindheit und Jugend im Urwald verbracht hatte, obwohl ich komplett darauf programmiert worden war, dort in der Gemeinschaft zu leben und in der Wildnis zu überleben, so trug ich doch auch die Kultur meiner Eltern in mir. Beides hatte einen nicht zu unterschätzenden Einfluss.

Ich trage zwei einzigartige Kulturen in mir, die unterschiedlicher kaum sein könnten: eine Stammeskultur und eine der modernen westlichen Welt. Das löste einen inneren Konflikt aus, der jahrelang in mir tobte. Erst als ich lernte, das Dasein beider in mir zu akzeptieren, konnte der Friedensprozess beginnen. Dafür legte ich die Maske ab, hinter der ich mich jeweils versteckt hatte, sowohl im Westen als auch im Stamm. Und zeigte mich so, wie ich war, stark und verletzlich, ängstlich und zupackend, wild und sanft.

Nach meiner Rückkehr erkannte ich, wie sich die Überlebenstechniken dieser beiden Welten unterschieden. In der einen Gesellschaft, der Stammesgesellschaft, bedeutet Überleben, unsichtbar zu sein; in der westlichen Kultur dagegen kann nur gut und sicher überleben, wer sichtbar wird.

Um im Stamm zu überleben, muss man als Individuum unsichtbar werden. Man muss sich so sehr an die Gemeinschaft anpassen, dass man als eigenständiges Wesen mit individuellen Wünschen und Bedürfnissen nicht mehr existiert. Ohne dieses absolute Verschmelzen mit der Gruppe kann niemand in der rauen Umgebung des Urwaldes überleben. Nur das Stammessystem bildet dort eine Struktur, die den Menschen körperliches und seelisches Wohlergehen und die Aussicht auf ausreichend Nahrung bietet. Es ist ein fragiles Gebilde, das nur intakt bleibt, solange jeder seinen Platz einnimmt und behält. Jedes Stammesmitglied trägt auf seine, teilweise vielfältige Weise zum Stammesleben bei, sei es beim Jagen oder Sammeln von Nahrung, bei der Zeugung, Pflege und Erziehung von Nachkommen, bei der Zubereitung von Speisen oder bei der Aufrechterhaltung und dem Schutz der Stammesordnung. Diese Ordnung muss sorgfältig austariert sein.

Gibt es zu viele Jäger, gerät das Gleichgewicht aus den Fugen. Durch miteinander konkurrierende Krieger geht der Schutz des Stammes am Ende verloren. Und wenn mehrere für sich beanspruchen, Häuptling zu sein, ist das Chaos vorprogrammiert. Dieses System der geteilten Verantwortung hatte sich über Hunderte von Jahren entwickelt und war so selbstverständlich geworden, dass niemand mehr darüber nachdachte. Es funktionierte wie eine gut geölte Maschine und sorgte dafür, dass der Stamm stark und wohlhabend war, dass die Nachkommen dort gut und sicher aufwachsen konnten und die Zukunft gesichert war.

Ging dieses Gleichgewicht verloren, wie es bei den Fayu der Fall war, geriet der Stamm in große Gefahr auszusterben. Denn die

Struktur der Fayu, die den Stammesfrauen einen sicheren Hafen geboten hatte, um ihre Kinder zu bekommen und sie aufzuziehen, war zerbrochen. Die Fayu investierten damals, als wir 1978 dort angekommen waren, so viel Zeit und Mühe in die Kriegsführung untereinander und mit den umliegenden Stämmen, dass wenig oder gar keine Zeit mehr blieb, um Gemüse anzubauen und zu ernten, zu jagen oder irgendetwas anderes zum Wohle der Stammesgesellschaft zu tun, sodass nach und nach ihre Geschichte, ihre Legenden, ihr medizinisches Wissen und vieles mehr zerstört wurde. Die ständigen Kriege raubten ihnen die Zeit, die sie brauchten, um sich ausreichend mit Nahrung zu versorgen, ihre Kultur weiterzuentwickeln, den vorhandenen Wissensschatz an die Kinder weiterzugeben, und trugen zusammen mit anderen Faktoren dazu bei, dass die Kultur des Stammes verkam, anstatt zu gedeihen. Sogar ihre Sprache war von diesem Niedergang betroffen. Wörter wurden vergessen, die Möglichkeiten des sprachlichen Ausdrucks waren mehr und mehr eingeschränkt.

Doch so sehr diese feste Struktur im Stamm ihren Wert hat, so hat sie auch ihren Preis: das Fehlen von Individualität und persönlicher Freiheit, bedingungslose Unterordnung unter vorgegebene Regeln, geringste Wahlmöglichkeiten, was die eigene Rolle und Zukunft angeht, kaum Chancen für den Einzelnen auf Weiterentwicklung und darauf, sozialen und wirtschaftlichen Aufstieg zu erreichen. Alles wird untereinander geteilt, niemand besitzt viel mehr als sein Nachbar. Wenn der Fischer fischen geht, gibt er die Hälfte ab. Wenn der Jäger ein Schwein erlegt, wird es mit allen geteilt. Persönlicher Besitz beschränkt sich auf ein Minimum. Hat irgendjemand mehr, als er braucht, wird mit einem anderen geteilt, der weniger hat. So sozial und fürsorglich das klingen mag – das ist es tatsächlich auch –, so hält es den Einzelnen doch auch davon ab, sich persönlich weiterzuentwickeln und somit den Stamm stark zu machen, durch besondere Leistungen, Innovationen und technologische Entwicklungen. Denn es hat große Auswirkungen darauf, wie Kreativität und Risikobereitschaft gedeihen. Auffallen, herausstechen, sich von anderen abheben, all das ist gefährlich, denn es zerstört die natürliche Ordnung im Stamm. Es bedeutet Gefahr für den ganzen Stamm, es bedeutet wehr- und hilflos zu sein, vielleicht sogar den Tod.

Um im Westen zu überleben, musste ich dagegen als Individuum sichtbar werden. Ich musste lernen, auf eigenen Füßen zu stehen, unabhängig zu werden und Verantwortung für mein Leben zu übernehmen. Denn es existieren hier keine Stammesstrukturen, die mir das abnehmen. Für den Einzelnen ist das ein starker Antrieb, es motiviert dazu, aus eigener Kraft Fortschritt, Innovation und Entwicklung voranzutreiben. Und damit die Gesellschaft stark zu machen. Doch es hat auch seinen Preis: eine Gesellschaft, in der Einsamkeit, Depression, Burn-out und emotionale Erschöpfung zur Pandemie geworden sind.

Die Mitglieder eines Stammes sind nicht frei, über sich selbst und ihren Lebensweg zu bestimmen. Alle bekommen eine feste Position in der Gemeinschaft zugewiesen, die sie einzunehmen haben, und eine Funktion, die sie zu erfüllen haben und damit das Überleben und das Wohlergehen des Stammes sichern. Dieser Mangel an Freiheit wird allerdings kompensiert, durch emotionale Sicherheit, Geborgenheit und bedingungslosen Schutz durch die Gemeinschaft. Die Stammesangehörigen sind sich ihrer persönlichen Unfreiheit kaum bewusst; ich habe nie erlebt, wie sie sich dagegen auflehnen oder das System auch nur in Frage stellen.

In Deutschland hingegen ist das Recht auf freie Entfaltung sogar im Grundgesetz verankert, es kann und wird vor den Gerichten eingeklagt. Selbstbestimmung ist für viele Menschen im Westen ein hoher Wert und den leben sie aus. Doch ich habe beobachtet, dass nicht wenige damit auch überfordert sind. Sie tragen schwer an der Last der Verantwortung, werden lethargisch und krank angesichts der vielen Wahlmöglichkeiten.

Als ich mit 17 Jahren nach Europa kam, waren die Stammesmuster meiner Kindheit tief in mir verwurzelt. Sie liefen wie ein unsichtbares Programm ab, automatisch und ohne dass ich es überhaupt bemerkte. Zu diesen Mustern gehörte eben auch die Gewissheit, dass ein Ausleben der persönlichen Freiheit, die ich hier im Westen auf einmal besaß, im Stamm meinen Tod bedeutet hätte. Ich hatte daher wahnsinnige Angst vor der Freiheit und davor, als individuelles Wesen sichtbar zu werden. Also hielt ich mich zurück, blieb in Deckung, versuchte, so wenig wie möglich aufzufallen. Es hat Jahrzehnte gedauert, bis ich das überhaupt begriffen habe, bis ich verstand, warum ich so panische Angst vor dem Leben im Westen hatte.

Erst durch die lange Zeit im Urwald zwischen 2012 und 2017, die erneute Rückkehr nach Europa und das Nachdenken über mein westliches Leben aus der Stammesperspektive, verstand ich, welche Freiheit ich hier hatte und wie sie mir eine ganz neue Welt eröffnen konnte. Ich erkannte all die unglaublichen Möglichkeiten, die sich mir bieten. Mir wurde bewusst, dass diese Freiheit eine große Verantwortung für mein eigenes Leben bedeutete, die ich bisher von mir geschoben und anderen überlassen hatte, und dass ich gleichzeitig bestimmte emotionale Schutzmechanismen vermisste, die ich in der Stammesgesellschaft genossen hatte, die hier aber plötzlich fehlten. Als Kind hatte ich gelernt, mich körperlich zu schützen, jetzt musste ich lernen, mich emotional zu schützen, damit ich die neue Freiheit, die ich entdeckt habe, in vollen Zügen genießen kann. Und das wollte ich, unbedingt.

Es gibt und wird immer wieder Momente geben, in denen ich Heimweh habe, aber diese Momente werden seltener. In manchen Situationen schießt noch immer das Adrenalin der Jagd in meinen Körper. Aber jetzt kann ich es einordnen, weiß endlich, was es ist und wo es herkommt. Mit einem Lächeln denke ich dann an mein verrücktes Jagderlebnis im Nomansland zurück. Ich sehe es als Teil dessen, was mich einzigartig macht. Ich kämpfe nicht mehr dagegen an und lasse mich nicht mehr davon auffressen. Es ist einfach so, wie es ist. Das Jagdadrenalin ist ein wichtiges Werkzeug, um im Dschungel zu überleben, es hat seine Berechtigung. Hier aber brauche ich neue Werkzeuge, die ich mir aneignen muss, allen voran die Fähigkeit, mich emotional zu schützen.

Ich habe auch verstanden, dass ich nicht unbedingt tiefe Wurzeln brauche, um stabil und fest im Leben zu stehen. Meine Wurzeln gehen nicht so sehr in die Tiefe, aber sie sind weit verzweigt. Sie umfassen die unterschiedlichsten Aspekte, die das menschliche Leben auf diesem Planeten nur bieten kann. Daran kann ich mich festhalten. Sie geben mir ein Verständnis von der Einzigartigkeit und gleichzeitig der Vielfalt der Welt und der Menschen, das ich nie hätte, wenn ich tief verwurzelt wäre, aber eben nur an einer Stelle. Ein Breitwurzler zu sein, ist meine Identität, es ist das, was mich zu der Person macht, die ich heute bin, mit all meinen Schwächen, Stärken, Eigenheiten und Persönlichkeitsmerkmalen.

Ich habe viele Menschen getroffen, die eine ähnliche Wurzelstruktur haben wie ich. Menschen, die in anderen Kulturen aufgewachsen sind oder deren Eltern einen anderen kulturellen Hintergrund haben. Viele sind in ein anderes Land gezogen oder auch nur vom Dorf in die Stadt oder umgekehrt. Ihre kulturelle Veränderung war vielleicht nicht so extrem wie meine, sie haben möglicherweise keinen so heftigen Kulturschock erlebt wie ich. Aber auch in ihnen tobt oder tobte wie einst in mir ein innerer Konflikt, der überall in der modernen Welt zu finden ist. Spätestens mit der industriellen Revolution, dem technischen Fortschritt und der Möglichkeit, mühelos große Entfernungen zurückzulegen, kam es zu Massenmigrationen und zum Zusammenprall der Kulturen. In diesem Zusammenprall gibt es also unzählige Menschen, die zwei oder mehr Welten und Kulturen in sich tragen.

Als ich anfing, die Menschen um mich herum mit offenen Augen zu betrachten, mit ihnen zu interagieren, als ich die Gefühle und Kämpfe der anderen verstand, entdeckte ich bei ihnen viele Ähnlichkeiten mit dem Konflikt, der auch einmal ein bestimmender Teil meines Lebens war. Es war gut, sich nicht mehr so allein zu fühlen. Es tat gut, Menschen zu treffen, die gelernt hatten, sowohl in der westlichen Kultur als auch an den entferntesten Orten erfolgreich zu leben. Sie waren an den Orten angekommen, an denen sie lebten, hatten keine Angst, fühlten sich wohl in ihrer Haut, hatten das Leben verstanden, in dem sie sich befanden. Ich traf auch Menschen, die daran scheiterten, aber viele haben es geschafft, ihren inneren Konflikt zu lösen, und noch mehr werden es in der Zukunft schaffen, ihren Platz in dieser Welt, in der wir leben, zu finden.

Es gibt eine Sache, mit der ich noch zu kämpfen habe, es ist meine persönliche Herausforderung. Dadurch, dass meine Sinne so anders entwickelt sind als die der meisten Menschen, die ausschließlich in der westlichen Welt aufgewachsen sind, ist meine Art der Kommunikation noch immer anders als ihre. Ich ertappe mich immer wieder dabei, dass ich in Gesprächen den nonverbalen Teil des Austauschs sehr überschätze. Ich spüre ja deutlich, was mein Gegenüber meint oder fühlt, auch ohne dass es ausgesprochen wird. Und gehe davon aus, dass es umgekehrt genauso sein muss, was meistens aber nicht der Fall ist. Es passiert mir dann, dass ich manches weglasse, was zu einer guten Verständigung notwendig wäre, oder dass ich stärker auf die Emotionen meiner Gesprächspartner achte als auf ihre Worte. Denn genau darauf sind meine Sinne trainiert, das unterscheidet mich von vielen anderen. Es kann hilfreich sein, ist aber nicht immer angenehm, weder für mich, noch für mein Gegenüber. Ich mache mir dann bewusst, dass die Menschen im Westen sich nicht nur, aber vor allem über das gesprochene Wort mitteilen, allenfalls noch über Gestik und Mimik. Höre ich nur auf die Worte und beobachte die Körpersprache, dann ist es für mich manchmal so, als würden nur Wortfetzen, also nur ein Teil der Kommunikation bei mir ankommen.

Ich muss auch lernen, mich von dem abzugrenzen, was bei Unterhaltungen und menschlichen Begegnungen an Emotionen auf mich überschwappt. Denn ich fühle sie dann manchmal genauso, als wären sie meine eigenen. Ich erinnere mich noch gut an ein Abendessen einige Monate vor der Drucklegung dieses Buchs, zu dem ich eingeladen war. Neben mir saß eine Person mit einer sehr brutalen Familiengeschichte, die allerdings gar nicht Thema unserer Unterhaltung war. Als ich schon längst zu Hause war und im Bett lag, überkam mich plötzlich ein wahnsinnig intensives Gefühl von Selbsthass. Ich war verwirrt, weil ich nicht verstand, woher das auf einmal kam. So etwas hatte ich noch nie empfunden, und es war auch nichts vorgefallen, was dieses Gefühl bei mir hätte auslösen können. Erst als ich genau hinfühlte, konnte ich dieses Gefühl der anderen Person zuordnen, ich wusste dann, dass es das war, was sie fühlte. Und im Nachhinein, als ich mehr über die Lebensgeschichte erfuhr, wurde mir klar, woher es kam. Über ähnliche Vorfälle könnte ich noch viel berichten.

Manchmal sitze ich jemandem gegenüber, der mir das Gegenteil von dem erzählt, was er oder sie fühlt. Mit der Zeit verstehe ich immer besser, dass es Menschen gibt, die ihre Gefühle so erfolgreich verdrängen, dass es ihnen überhaupt nicht mehr bewusst ist. Andere möchten nicht darüber sprechen, was sie durchmachen, oder möchten ihre Gedanken und Emotionen für sich behalten. Was selbstverständlich vollkommen akzeptabel und nachvollziehbar ist. Viele wollen oder können sich der Wahrheit nicht stellen, weil sie zu schmerzhaft ist. Zu schmerzhaft, um funktionieren können. Und meistens geht es mich auch einfach nichts an. Dann fühle ich mich manchmal wie jemand, der unbefugt in die Privatsphäre anderer Menschen eindringt. Je länger ich aber wieder hier bin, desto besser schaffe ich es, bewusst »wegzuhören«, also die Stimmungen und Emotionen nicht oder nur abgeschwächt wahrzunehmen.

Eine Zeit lang verachtete ich diese Sinne und wünschte, ich könnte sie ausknipsen. Mittlerweile aber lerne ich, auch diesen Teil von mir nicht nur zu akzeptieren, sondern auch zu schätzen. Ich weiß nun, dass es eine Gabe ist, um die mich viele beneiden. Und viele bitten mich, sie zu nutzen, um ihnen zu helfen, auf Dinge in ihrem Inneren zu stoßen, die sie nicht oder nicht klar sehen können. Ich nutze sie auch immer stärker, um mich selbst in dieser Welt zurechtzufinden, mir selbst den Weg zu weisen. Denn die Emotionen hinter der äußerlichen Fassade zu erkennen, kann ein gewaltiger Informationsvorsprung sein. Ich habe einen Weg gefunden, diese Sinne in den Situationen auszuschalten, in denen sie hinderlich sind, weil sie mich überwältigen und überfordern. Oder in denen ich sie schlicht und einfach nicht brauche. Aber diese Sinne sind auch ein Schutz für mich, denn sie warnen mich vor Gefahren und Unstimmigkeiten und lassen mich Dinge wissen, die wichtig für mich sind und die ohne sie vor mir verborgen wären.

Dinge, die für Menschen, die hier aufgewachsen sind, manchmal völlig offensichtlich sind, für mich aber nicht.

Die Fayu haben uns damals bei unserem Bad im Fluss nicht darauf hingewiesen, dass wir im Krokodilfluss schwimmen, weil sie ganz selbstverständlich davon ausgingen, dass wir das genau wussten, es aber trotzdem taten. Sie waren nicht in der Lage, sich in die Perspektive von Menschen zu versetzen, die mit Krokodilen im Fluss nicht vertraut waren. Genauso wie die Menschen in Europa davon ausgehen, dass ich all die Dinge weiß und kenne, die unsere westliche Kultur und unser Leben hier ausmachen und die für sie ganz offensichtlich sind. Erst recht, weil sie mir nicht ansehen, dass ich an einem ganz anderen Ort aufgewachsen bin als sie. Denn meine Haut ist hell und meine Haare sind blond. Beste Voraussetzungen also, um schnell ein Teil der Gemeinschaft hier im Westen zu werden. Könnte man denken.

Doch ich hatte mich geirrt. Weil ich so aussehe wie all die anderen und sogar ihre Sprache spreche, stößt es bei ihnen noch heute manchmal auf Unverständnis oder sogar auf Wut, wenn sie merken, dass ich ganz anders bin als sie. Sie verstehen nicht, dass ich trotz äußerlicher Ähnlichkeiten mit ihnen einen völlig anderen kulturellen Hintergrund habe. Ich bin kein Teil von ihnen, ich fühle und denke anders. Doch auf eine andere Weise, oberflächlicher betrachtet, erleichtert mein Äußeres meine Integration im Westen auch. Man sieht mir ja nicht an, dass ich aus einer völlig anderen Kultur stamme, nicht auf den ersten Blick.

Im Urwald wusste ich bald, wo die Krokodile sind, und ich konnte sie meiden. Hier bin ich auch auf einem sehr guten Weg, nicht mehr da zu schwimmen, wo die Krokodile sind. Ich erkenne die Gefahren in dieser Welt, physischer oder emotionaler Art – nicht immer, aber immer besser und öfter. Weil es mir immer mehr gelingt, das Leben aus der Vogelperspektive zu betrachten. Für mich ist das der Weg, zu verstehen, zu begreifen, wer ich wirklich bin, die Teile noch einmal zusammenzusetzen, einen Schritt zurückzutreten, um ein klareres Bild vom Leben selbst mit all seinen Nuancen zu bekommen. Und wenn es gut geht, dann werde ich die

Antworten, die irgendwo tief im Inneren vergraben sind, finden, irgendwann.

Ich habe keine Ahnung, wohin mich das Leben führen und was es noch für mich bereithalten wird. Aber ich weiß jetzt, dass ich alles, was das Leben von mir verlangt, mit Selbstvertrauen und Kraft bewältigen kann. Denn ich habe eine neue Chance im Leben bekommen. Als ich an der Schwelle des Todes stand, habe ich begriffen, was für mich im Leben wirklich zählt, nämlich Familie und Freunde sowie mein Beitrag dazu, diese Welt zu einem besseren Ort zu machen. So wie der Adler hoch über der Erde schwebt, so möchte auch ich mich in die Lüfte erheben und mein Leben darauf ausrichten, meine Träume zu verwirklichen. So wie ein Adler seine Beute ins Visier nimmt und sich auf sie stürzt, um sie zu greifen, so will auch im richtigen Augenblick zuschlagen, wenn sich mir im Leben Chancen bieten.

Ich wünsche Ihnen, liebe Leserinnen und Leser, dass auch Sie sich wie der Adler in die Lüfte erheben und Sie Ihre Möglichkeiten und Ihre Talente entdecken. Dass Sie die schönen Seiten des Lebens sehen, denn egal ob im Urwald bei den Stämmen oder in der modernen Welt im Westen, wir alle sind als Menschen ein Teil dieser unglaublichen Welt und ihrer wunderbaren Natur. Und wir alle können lernen, nicht mehr da zu schwimmen, wo die Krokodile sind.

# Dank

Das Buch, das die unglaublichste Reise meines Lebens erzählt, ist fertig. Mich haben sehr viele Menschen auf dem Weg bis hierher unterstützt, auf ganz unterschiedliche Art und Weise. Dafür ganz herzlichen Dank! Ich möchte einige von ihnen nennen und bitte gleichzeitig um Nachsicht – die Liste ist nicht vollständig.

Micky, ohne den ich diese Reise durch Papua-Neuguinea und die Salomonen gar nicht hätte machen können. Er hat mir geholfen, manche Erinnerungslücke zu stopfen, in der Chronologie und bei den Details der damaligen Ereignisse.

Katja Suding, die dieses Buch gemeinsam mit mir geschrieben hat, für ihren Support, das ständige Antreiben, nächtelange Schreibgelage und Unmengen von Kaffee, Wein und Berge von Essen, die wir dabei konsumiert haben.

Stefan Mucha für die jahrelange Freundschaft, seinen juristischen Rat und die wertvollen Impulse beim Schreiben.

Ken Spiro für seine fachliche und emotionale Unterstützung. Er hat mir dabei geholfen, mich so zu akzeptieren, wie ich bin.

Dr. Hermann Wirtz für seine unermüdliche Unterstützung in den schweren Jahren und dafür, dass er meine Liebe zum Leben und zum Abenteuer teilt.

Antje Urbe dafür, dass sie in harten Zeiten an meiner Seite war – während meiner Krankheit, der ersten Zeit auf meiner Reise und später in Europa.

Das Team, das mich beim Westend-Verlag bestens um- und versorgt hat, allen voran meine Lektorin Dr. Claudia Sabic und Rüdiger Grünhagen bei der Presse- und Öffentlichkeitsarbeit.

Zuletzt danke ich den vielen Menschen, denen ich auf meiner Reise begegnet bin und die mir geholfen haben. Viele von ihnen kommen in meinem Buch vor, manche tauchen namentlich auf, andere bleiben anonym.

*Sabine mit Micky, der sie auf ihrer Reise begleitet hat.*

ISBN: 978-3-86489-379-7
Preis: EUR 25,00/EUA 25,70
272 S.

**Lecker essen – länger leben**

In seinem neuen Buch richtet der erfahrene Onkologe Prof. Dr. Volkmar Nüssler den Blick auf unser tägliches Essen und die heilende Kraft einer guten Ernährung. Denn: Falsche Ernährung ist heute weltweit die Todesursache Nummer eins. Anschaulich erklärt Volkmar Nüssler, wie wir mit Selberkochen unsere Gesundheit und den Planeten schützen können und welchen Einfluss Fleisch, Milchprodukte oder Gemüse auf unser Wohlbefinden haben. Nüssler fordert ein radikales Umdenken und bleibt nicht bei der kompetenten Wissensvermittlung stehen. Gemeinsam mit ausgewählten Spitzenköchinnen und -köchen hat er genussvolle Rezepte zum Nachkochen entwickelt, denn die beste Medizin kommt aus der Küche.
Nicht nur, aber besonders auch für Krebspatientinnen und -patienten, für deren Wohlbefinden und Heilung die Ernährung eine Schlüsselrolle spielt. Mutmachgeschichten von Menschen, die mit der Krebsdiagnose leben, unterstreichen den Tenor dieses Buches: die Lust am Leben selbst!

ISBN 978-3-86489-920-1
Preis: EUR 14,00/EUA 14,40
288 S.

Irgendwann kommen wir alle an den Punkt, an dem wir uns fragen: Soll mein Leben so weitergehen wie bisher oder soll es anders werden? Wer taugt dann als Kompass? Influencer, die sich super finden? Aktivisten, die in der Tagesschau landen? Oder die Stillen, die in der zweiten Reihe sitzen? Für die Journalistin Gisela Steinhauer ist die Antwort klar: Die originellsten Wege zeigen »schräge Vögel«, die ihre Flugrichtung ändern. In diesem Buch treffen sie aufeinander. Vom U-Boot-Kommandanten, der zum Schamanen wurde, über eine Bembel-Töpferin, die in den Sinai zog und Touristen durch die Wüste führt, bis zum TV-Moderator Hape Kerkeling. Vom Bestatter, der unsere Art zu trauern revolutionierte, über Cornelia Funke, die mit Fantasie Groß und Klein den Weg ins Leben erleichtert, bis zum Balletttänzer, der Lebensmittel vom Acker rettet. All diese Menschen können begeistern – vielleicht auch zu einem eigenen Neuanfang.